成为你自己

〔美〕亚伯拉罕·马斯洛◎著

张草霞◎译

河北科学技术出版社

·石家庄·

图书在版编目（CIP）数据

成为你自己 / （美）亚伯拉罕·马斯洛著 ； 张草霞译. -- 石家庄 ： 河北科学技术出版社， 2024. 8.
ISBN 978-7-5717-1434-5

Ⅰ. B84

中国国家版本馆CIP数据核字第2024YC3365号

成为你自己

CHENGWEI NI ZIJI

（美）亚伯拉罕·马斯洛　著　　张草霞　译

责任编辑	李　虎
责任校对	徐艳硕
美术编辑	张　帆
封面设计	寒　露
出版发行	河北科学技术出版社
地　　址	石家庄市友谊北大街 330 号（邮编：050061）
印　　刷	河北万卷印刷有限公司
开　　本	880mm×1230mm　1/32
印　　张	12
字　　数	270 千字
版　　次	2024 年 8 月第 1 版
印　　次	2024 年 8 月第 1 次印刷
书　　号	ISBN 978-7-5717-1434-5
定　　价	78.00 元

译者序

人性自古就是一个复杂而深刻的话题，古今中外，无数先贤学者对它展开深入探讨，亚伯拉罕·马斯洛（Abraham Maslow）就是其中的杰出代表。作为心理学和管理学大师，马斯洛从人本主义心理学角度出发，对人性展开了深切探讨。英文经典心理学著作 *The Farther Reaches of Human Nature* 就是这样一本关于人性与社会关系研究的心理学著作。

在这个广袤的宇宙中，在这颗孤独的星球上，人性独属于人类，却又从未被人类定论。在生存之内，人性似乎是简单的，仅仅表现为活着；而在生存之外，人性又是饥渴的，渴望获得金钱、地位、名誉，以及他人的尊重和认可。这些看似外在的追求，究其根本都是个体对自身价值的进一步追求。

然而，同样为人，为何有的人只能维系生存，有的人却能走得更远，或者说为什么有的人只能做力所能及的事，而有的人能超越自我？为什么有的人总能积极向上地面对生活，有的人面临同样的境遇却选择逃避成长？为什么同样一个人，既有善良、热情的一面，又有邪恶、消极的一面？人性究竟该约束还是该放任自流？

这一连串的疑问都可以汇总为一句话：一个人究竟能达到怎样的境界？

这也是本书的原作者马斯洛对人性发出的灵魂拷问。马斯洛是20世纪50年代人本主义心理学的主要创始人，有“人本主义心理学之父”之称。“人本主义”即以人为本，主张研究以人为中心的心理学，它强调人的本性，肯定人的积极价值，并认为心理学研究要以“优秀样本”（优秀的人）作为研究对象，这不同于以精神病者等为研究对象的弗洛伊德精神分析学流派，更不同于以小白鼠为研究对象的行为主义心理学流派。可以说，马斯洛的人本主义心理学将人类对人性的探讨推向了更高的层面。《纽约时报》评价马斯洛的心理学研究其实研究的正是人类自己。

在翻译本书的过程中，笔者的确深刻意识到马斯洛将人性研究推向了自我研究，如他提到了个人成长的问题、对人性的理解问题、个人的生活态度问题、人类探寻生命意义的问题，并将这些问题从低到高罗列为著名的人类需求层次理论。

The Farther Reaches of Human Nature 向读者传达了一个更为积极的信息，即抛开一切外部因素，人性最本质的问题就是如何发掘和实现个人价值，如何成为真正的自己。无疑，这不仅仅是一本心理学著作，还是一本关乎个人成长的书。正因如此，我并没有像同类书一样，将书名翻译为《人性能达到的境界》，而是译为《成为你自己》，以呼应作者强调个体独特性和个人发展的初衷，同时让读者倍感亲切，引起共鸣，激发人们的阅读兴趣。

本书超越了心理学范畴，揭示了人性与自我实现的本质，马斯洛所提出的理论更是鼓舞人心。笔者在翻译过程中尽力遵循原著，力争还原作者本意，故在此将本书推荐给心理学研究者和爱好者，以及咨询、管理等与心理学相关的各个领域的工作者和学者。

译者

2024 年 1 月

目 录

第四部分 教育

第五部分 社会

第六部分 存在一认知

第七部分 超越与存在心理学

第八部分 超越动机

Part 1

第一部分

健康与病理

第一章　向人本主义生物学而生[①]

我在心理学方面的探索引领我走向不同的方向，有些甚至超越了传统心理学范畴。

在20世纪30年代，我对一些心理问题产生了兴趣，我发现当时的经典科学架构（行为主义、实证主义、“科学”、无价值论、机械模型心理学）无法很好地回答或处理这些心理问题，于是我不得不另辟蹊径，试图用其他方法来解答这些心理问题。这种方法慢慢地就成为一种通用于心理学的、一般科学的、宗教的、工作的、管理的甚至生物学的哲学，进而逐渐发展成为一种世界观。

如今的心理学被割裂为三个（或更多）分离的、没有交集的科学领域或科学家群体。首先，是行为主义、客观主义、机械主义、实证主义群体；其次，是以弗洛伊德和精神分析为代表的起源心理学群体；最后，是人本主义心理学，也称为“第三力量”的群体，它是由心理学各个分支汇合成

---

① 这段文字摘自我在1968年3月和4月期间写的一系列备忘录，应生物学研究萨尔克研究所所长的要求，期望这些备忘录能帮助我们从一个无价值的技术导向转向人本化的生物学哲学。在这些备忘录中，我把所有突出的生物学前沿问题都放在一边，仅将自己的讨论范围限定在我认为被忽视、被误解的内容——所有这些都来自我作为心理学家的特殊立场。

的一个独立的哲学。我要说一下第三种心理学。第三种心理学包括了第一和第二种心理学，并创造了“超行为主义（epi-behavioristic）”和“超弗洛伊德主义（epi-Freudian）”这两个新概念。这样就避免了简单的二元对立倾向，如要么亲弗洛伊德，要么反弗洛伊德。我既是弗洛伊德主义者，又是行为主义者，还是人本主义者，事实上，我正在发展的超越心理学，也可以称为第四种心理学。

在此，我谨代表我自己说几句——有些人本主义心理学家将自己与行为主义和精神分析学对立起来，并没有将这些心理学放在更宏观的结构中。他们中的一些人在尝试新“体验”的热情中，徘徊在反科学甚至反理性的边缘。我认为“体验”仅仅是知识的起点（必要但不充分），还有知识的进步，并且更广泛的科学才是人类的终极希望，因此，我最好只以个人名义发言。

我个人倾向“自由推测”——建立理论，依靠直觉，推测未来。它强调的状态是专注于开拓、探索、创新，而不是应用、验证、检查、核实。当然，后者是科学的主心骨。但我认为，如果科学家只把自己当成验证者，将是一个巨大的错误。

自古以来，开拓者、创造家、探索家大多是孤独的个体，他们从不会想要抱团。他们想要独自战胜内心的冲突和恐惧，抵御傲慢和自大，甚至避免成为偏执狂。开创者必须是一个勇敢的人，不畏艰险，允许犯错，他需要清楚地知道自己将成为“赌徒”，就如波兰尼所强调的，他需要在缺乏事实的情况下给出初步的结论，然后花费几年的时间去证实自己的预感是正确的，当然也可能是错误的。但凡他还有一点理智，他都会害怕自己的想法和鲁莽，因为他深知，此时此刻自己正在做的，是他很难证明的东西。

在这种意义上，我提出我个人的预感、直觉和肯定。

我认为，规范生物学的问题无法逃避，即使问题的讨论会引发对西方整个科学历史和哲学的质疑。我认为从物理学、化学和天文学那里继承下来的科学模型——避免价值、中立价值、否定价值的模型对生命的科学研究毫无意义，这些领域本应该保持数据的客观性，并且避免让教会插手。更为戏剧性的是，这种无价值的科学哲学无法解释人类问题，它无法理解任何人，也实现不了科学的目标——预测和控制。反而个人的价值观、目标、意图和计划在其中起着重要的作用。

在演化理论中，关于方向、目标、目的论、活力论、终极因果等问题的争论一向很激烈——我必须说，这些争论一直很混乱——我认为从人类心理层面讨论这些问题，会直击要害。关于人类进化方向是自我生成还是纯粹的偶然性结合这个问题，人们一直在反复讨论。但当我们处理人类个体时，这种争论就失去了意义——你不可能说一个人成长为一名优秀的医生纯属偶然，是时候停止这种不可能的想法了。对我而言，我已经远离了这些机械决定论的辩论，避免卷入其中。

优质样本和“生长尖端统计”

我提出用精选的优质样本（优秀样本）开展生物学检测，研究人类物种所具有的最佳能力。例如，我在探索性研究中发现，能自我实现的人，也是心理健康、心理上“优越”的人，他们的认知和感知能力更强。感官层面上也是如此；如果说他们在区分细微色差方面更敏锐，我并不会感到惊讶。我曾经组织过一个实验（目前尚未最终完成），可以作为这种“生物学验证”的实验模型。我的计划是用当时最好的技术——精神病学访谈、投射性测试、表现测试——从布兰迪斯大学的新生中选择 2% 身体最健康的，2% 身体良好的，2% 身体不健康的进行测试。然后让这三组实验对象进行十二项有关感官、感知和认知的测试，来验证我先前的临床、人格学的猜想是否正确，即健康的人是否更能准确地感知现实。我预计这些猜想会得到广泛支持。我的计划是在他们大学四年的时间里持续关注这些人，将最初的测试结果与其在大学里的实际表现、成就和成功进行关联，形成一个全面的评估体系。我还想过要组建一个研究团队对他们进行纵向研究，这项研究的时间将长过你我的寿命——通过跟踪整个群体的一生，寻求对健康观念的最终验证。有些问题显然是能说明这一点的，例如，人的寿命、有关身心疾病的抵抗力，以及对感染的抵抗力等。我们也预计，这次跟进会揭示一些不可预测的特征。这项研究的思路与刘易斯·特曼的研究不谋而合。大约 40 年前，他在加利福尼亚选择了一些智商较高的儿童，然后在接下来的几十年里一直跟进这群接受测试的孩子们，直到现在。他发现，这些在智力上表现优越的孩子，在其他方面也表现得十分优越。他得出的结论是，人类所有的优秀特质都成正比。

这种研究设计的初衷是为了改变现在的统计学，特别是抽样理论。坦率地说，我一直支持被我称为“生长尖端统计”的概念，这个概念取自以下事实，即植物的生长尖端是遗传作用最强的地方。就像年轻人所说的：“那是行动的起点。”如果我想问人类具备什么能力，我会将这个问题抛给小而精的优秀群体，而不是整个人类。我认为享乐主义理论和伦理理论之所以失败，是因为哲学家们将病态动机带来的愉悦和健康动机带来的愉悦混为一谈，将介于病态和健康、优良和劣质、好与坏、生物学上健全与不健全的样本通通计算在内，得出了一个所谓的平均值。

想要探索人类能长多高的问题，显然，最好的办法就是挑选出最高的群体并研究他们。如果想知道一个人能跑多快，那么求证人类的平均速度显然是不对的，准确的办法是收集奥运会金牌得主的数据，看看他们能跑多快。如果想知道人类在精神成长、价值成长或道德发展上的空间，我坚信可以通过研究最有道德、最注重伦理或最圣洁的人来获得数据。

总的来说，人类的历史就这样将人性低估了。即使历史上有那些“良好样本”——圣人、贤者、伟大的领导者，我们在研究时，也往往更倾向把他们归为超自然天赋的一类，而不在普通人类范畴内。

人本主义生物学与和谐社会

现在已经非常清楚，只有在“和谐条件”下，人类潜能才可能最大限度地发挥。更直接地说，优秀的人通常需要一个和谐的社会来成就。相反，我认为，生物学中也需要包含和谐社会的理论，并将其定义为“和谐的社会能够促进人类潜能的充分发挥，从而使人类达到人性的最高境界”。我想这可能会让经典描述生物学家震惊，虽然他们已经学会避免使用“好”“坏”这样的词。但稍加思考会发现，这些东西在生物学的一些经典领域早已被视为理所当然。例如，人们认为基因可以被称为“潜能”，潜能能否实现，取决于它们的基因本身、细胞质、生物体的直接环境以及所处的地理环境。

一些实验表明：对于白鼠、猴子和人类而言，个体早期生活环境的刺激对大脑皮层的发育影响有着特定的作用，前者对后者的影响可以称为预期的方向。哈洛的灵长类实验室的行为学研究得出了相同的结论——被孤立的动物会失去各种能力，一旦超过限度，这种能力的丧失往往会变得不可逆。再举一个例子，巴哈港的杰克逊实验室研究发现，不与人类接触的野外流浪狗，会逐渐丧失驯化的可能，也就是说，它们无法再成为人类的宠物。

最后，如果报道所言不虚，印度的孩子因为饮食中缺乏蛋白质正遭受着不可逆转的大脑损伤，且这种匮乏与印度的政治、历史、经济和文化相关，那么显然，人类需要更好的社会环境，只有这样，才能让他们在自我实现的道路上，发展成更为优秀的个体。

你能想象生物学哲学会在社会中孤立发展，能在政治上完全中立，不需要成为乌托邦、优心态文化主义者、改革主义者或革命者吗？我并不是说生物学家的研究任务需要转变为社会行动，我认为这是个人倾向问题。据我了解，一些生物学家会因为他们的研究被无视，而将研究转向政治实施。我对生物学家的建议是，一旦学习了人类或其他物种的规范化方法，一旦承担起发展优秀个体的义务，那么研究所有促进和阻碍优秀个体发展的条件，就成了他们科学上的义务了。显然，这意味着生物学家们需要从实验室走向社会。

优良物种是物竞天择的结果

总结 20 世纪 30 年代的一系列探索性研究，我发现那些最健康（或者说最有创造力、最强壮、最有智慧、最圣洁）的人往往可以作为生物学的测试样本，或者可以说，他们可以作为先行侦查员或敏感的感知者，告诉感知较弱的人们真正需要珍视的是什么。结果就是，我可以很容易地找到那些对颜色和形状敏感的人，然后尊重他们对于颜色、款式、材质、家具等的判断。经验告诉我，如果不对这些优秀的感知者加以干扰，只坚信他们一眼就看中的东西，我可能需要一个月或两个月才能慢慢喜欢上。我们的喜好几乎是一样的，只是他们在这方面更敏感，或者说少了一些疑惑、困惑和不确定性。故此，我们可以把他们当作专家，就像艺术收藏家总会雇佣专业买手来帮助他们购买艺术品一样。（这一观点得到了查尔德的支持，他认为经验丰富的艺术家和专家级的艺术家有着相似的品位，这种相似性甚至跨越了文化。）我还推测那些具有优秀感知能力的人比普通人更不容易受到时尚潮流的影响。

同理，我们可以得出这样一个结论，心理健康的人，他们所喜欢的正是全人类所喜欢的。亚里士多德对此非常认同，他曾说："优秀的人认为好的，那就是真正的好。"

例如，自我实现的人有这样的显著特征，他们在是非对错上的疑惑比普通人要少，且他们并不会因为 95% 的人持不同的观点而感到困惑。我可以提一下，在我研究的群体中，他们倾向在对或错上达成一致，就好像他们需要感知真实的、超越人类的事物，而不在乎个体喜好。总之，我已经把他们当作价值决策者，或者说，我能通过他们了解到什么才是最有价值的。换句话说，伟大的人类所珍视的，我必然也会认同并追随，因为它们总有某种超越个人意义的价值，并最终被"数据"所支持。

我在第 23 章中阐述的元动机理论，其核心基本上也是依靠这样的操作，即选取那些不仅在事实认知上，而且在价值觉察上都优秀的人，然后以他们对最终价值的选择作为整个物种最终价值的参照。

我好像在故意引起争议似的。其实只要我愿意，完全可以以更平缓的方式提出这个问题："假设你选择了心理健康的个体，他们会偏好什么？是什么激励了他们？他们会为了什么而奋斗或努力？他们更珍视什么？"不过我认为，最好还是避免在此挑起争端。我只是在有意提出生物学家（以及心理学家和社会科学家）需要面对的规范和价值问题。

或许从另一个角度阐述这些观点能更好地说明这些问题。假如（如我所想的那样，且已经得到充分证明），人类是一个善于选择、决定、寻求的动物，那么我们在试图定义人类物种的任何努力中，必然涉及做出选择和决定的问题。但做出选择和决定又涉及程度的问题，这是一个关乎智慧、效能和效率的问题。于是问题接踵而至：谁是好的选择者？他从何而来？他有怎样的生活经历？我们能否教授这种技能？什么会阻碍这种技能？什么又会促进这种技能的发展？

当然，这些只不过是用新的方式在老生常谈那些古老的哲学问题罢了："什么是圣人？圣人是什么？"并且再次引发了古老的价值问题："什么是好的？什么是值得追求的？我们应该追求什么？"

我必须再次强调，我们已经来到生物学史上的这样一个节点，即现在必须为我们自身的演化负责。我们已经成了自我演化的生物，演化意味着优胜劣汰，因此，也就意味着我们必须做出选择和决定，意味着价值判断。

谈谈身与心的关联

在我看来，我们正站在一个全新的、亟待跨越的边缘，一个将我们的主观生活与外在的客观指标相关联的边缘。这些新的迹象，使我预见到神经系统的研究将取得巨大的进步。

有两个例子足以证明我们为未来的这项研究所做的准备

是有道理的。其中一项已广为人知的是奥尔兹进行的研究，这一研究是通过在嗅脑的中隔区植入电极，而发现这个区域实际上是一个“快乐中枢”。当实验室的白鼠以这样的方式被连接后，便能通过植入的电极自我刺激大脑，只要电极植入的是那个特定的快乐中心，它就会反复进行自我刺激。随后，不快和疼痛的区域也被发现了，但白鼠也很快学会了拒绝对这些区域的自我刺激。动物们显然更倾向对“快乐中枢”的自我刺激，它是如此的“有价值”（或者说是令人向往的，具有强化和奖励作用的，令人愉悦的，或者我们用来描述这种情况的任何其他美好词语），以至于使他们甘愿放弃曾经的任何外在快乐，如食物、性等。现在我们已经有足够的并行数据，可以推测出人类也有可能通过这种方式产生主观意义上的快乐体验。虽然这种研究才刚刚开始，但已经可以划分不同的“中枢”了，如睡眠中枢、食物饱足中枢、性刺激中枢、性满足中枢等。

如果我们将这种实验方法与其他类型的实验，例如神谷实验，结合在一起，那么就会开辟出新的可能性。神谷进行的是脑电图和操作性条件反射的研究，当受试者自身脑电图中的 α 波频率达到某一特定点时，受试者便会得到一个明显的反馈。人类受试者通过这种方式可将某个外部事件或信号同自身的某个主观感受联系起来，进而建立对自己脑电图的自主控制权。也就是说，神谷通过实验证明了人类或可自主将自己的 α 波频率调整到一个特定的理想水平。

这项极具开创性的研究，最激动人心之处在于，神谷偶然发现，将 α 波调整到特定的水平，可以让受试者达到宁静、幸福的冥想状态。一些后续研究显示，那些学过东方沉思冥想术的人，可以自发地发出脑电波，正如神谷能够令他的受试者达到那些宁静、安详的冥想状态。也就是说，我们现在已经能够教会人们如何感到快乐和宁静。这不仅对于人类的进步，而且对于生物学和心理学理论都将产生革命性的影响，其结果是多元且显而易见的。神谷所带来的研究项目足以让大批科学家忙碌到下个世纪。而过去一直困扰人类却难以攻克的身心问题，现在也终于有了可行的解决方法。

这些数据对于规范生物学的问题也至关重要。当然，现在我们也可以说，健康的有机体能自主发出明确而清晰的信号，表明它更偏好和想要选择什么，或者指出哪些状态是它认为的理想状态。

如果我把这些称为“价值”，会不会思路过于跳跃了？那么称其为生物学上的内在价值，或类似本能价值呢？我们不妨试着做出这样一个描述性的陈述：“实验室的老鼠，如果可以在两个能产生自我刺激的按钮之间做选择的话，几乎100%都会优先选择按‘快乐中枢’的按钮，而不是任何产生其他自我刺激的按钮。”那么这一表述与“老鼠更喜欢自我刺激‘快乐中枢’”这一表述有什么太大的区别吗？

所以我必须说，是否用“价值”这个词进行表述，对我来说并无太大区别。在不使用这个词的情况下，我完全可以描述我想要描述的一切。但或许作为一种更为科学严谨的策略，或至少是科学家与大众之间的沟通策略，不通过谈论价值而混淆问题，那么科学家的表述可能会更加得体。我想，这其实并不重要，真正重要的是，我们要非常认真地对待心理学和生物学中关于选择、偏好、强化、奖励等方面的新发现。

这里有个重要的观点需要强调：在研究和建立理论的过程中，我们经常会遇到一种似乎在原地打转的情况。这个问题对人类来说尤为明显，但我相信，动物世界里也存在相似的情况。举个例子，当我们说“选择某种事物的好样本或健康动物”时，就隐含了一种循环逻辑。但问题来了，我们怎样解释那些与所谓“健康的人类”所不同的人，比如虐待狂、变态者、受虐狂、同性恋者、神经症患者、精神病患者、自杀者等？如果我们将这个问题与实验室中去除了肾上腺的动物以及健康动物的不同选择相比较，这样做合适吗？我想强调的是，虽然这个问题挑战重重，但它并非无解。我们需要勇敢地面对和处理这个问题，而不是逃避或忽略。

对于人类来说，通过精神病学和心理学的测试技术（如罗夏墨迹测验或智力测试技术）选择出“健康”的人并不是什么难事，这些人往往也能在自选（食物）实验中做出好的选择。此时的选择标准与行为标准是完全不同的。实际上，我认为我们已经能够通过神经系统的自我刺激来证明，所谓的变态者、谋杀犯、虐待狂或恋物狂在实施过程中所得到的“快感”并不是在奥尔兹或神谷实验中指出的那种“快乐”。当然，这一点我们已经从主观精神病学技术中有了一定的主观认知。有经验的心理医生迟早会认识到，那些变态和神经性“快感”背后潜藏的是大量的痛苦、恐惧。这一点，我们从那些既经历过不健康的快感又经历过健康快感的人那里得到了主观领域的认知。心理医生们反映变态者本身大多也更偏爱后者，而对前者感到恐慌。柯林·威尔森早已清楚地证明了性犯罪者的性反应事实上非常微弱，柯肯达尔也证明了有爱的性行为相对于无爱的性行为更具有主观优越感。

我现在正在研究的是一套由我上述描述的人本主义心理学观点所定义的理论，这套理论可以明确展示人本主义生物学哲学的激进结果和影响。可以公正地说，这些数据主要支持的是自我调节、自我管理、自我选择的生物机制。我们发现，相比一百年前我们所理解的，生物体更倾向选择健康、成长和生物学上的成功，这一切都是反对权威主义、反对控制的。对我来说，它重新将道家的观点引入了严肃的讨论，使我们在当代生态学和行为学研究中，学会了不去干预和控制，但对于人类来说，这也意味着应更多地信任孩子本身就具有对成长和自我实现的冲动。也就是说，我们在引导孩子成长的过程中，应更多地强调自发性和自主性，而不是预测和外部控制。在此，我引用了我在《科学心理学》中的主要论点：

鉴于以上事实，我们是否还能继续将科学的目标定义为预测和控制呢？至少于人类而言，答案几乎是相反的。基于自身的考量，我们是否希望被预测和可预见，被控制和可控制呢？我不敢肯定自由意志的问题在此必然会以其古老的和经典的哲学形式出现，但我敢说，这里引发的一些问题与主观上感觉到的自由而非被决定的自由、自我选择而非被外部控制去做选择等因素有关。因为不管怎样，至少我可以肯定，“健康的人”不喜欢被控制，他们更喜欢真正的自由。

另一个有如“大气层”一样普遍存在着的影响就是，这种思考方式必然会改变科学家的形象，这种改变既包括他在自己眼中的形象，也包括他在普通人眼中的形象。已有数据表明，高中女生认为科学家是和怪物、恶魔一样恐怖的存在，从而把他们排除在好丈夫的人选之外。对此，我有必要表达一下我的观点：这不仅仅是好莱坞电影《疯狂科学家》带来的结果。虽然电影有夸张的嫌疑，但它在一定程度上也的确具有真实和合理之处。事实上，传统意识形态里的科学家就是一个操控者，他们极具影响力，不管是对人、动物，还是对事物，都具有操控权。他们甚至主宰着研究对象的命运。这个形象也符合我们所调查的“医生形象”，且画面更加清晰，因为在无意识或半意识层面，医生通常被视为主宰者、控制者、持刀者、以操控病痛牟利的人等。在病人面前，他是绝对的权威、专家、老板，是掌权人和发号施令的人。不过在我看来，这种形象在心理学家身上是最糟糕的，因为大学生普遍认为心理学家是心灵操纵者、骗子、控制者和隐藏真相的人。

想象一下，如果我们相信所有生命都拥有“生物智慧”，如果我们信任它们，认为这些生命体能够独立决策、自我管理，并且能够自主选择，那我们对科学家（更不用说医生、教师和父母）的看法将彻底改变，他们会更像是遵循道家哲学的指导者。这个观点可以简单地概括为“道家”形象，因为道家哲学总是更倾向提问，而不是布道，它讲究的是一种不干扰、不控制的态度。道家遵循在不干预的前提下观察事物，而不是通过控制来操纵事物，它倡导的是一种接纳和被动的态度，而不是主动侵犯或使用暴力。就像是说，如果你想真正了解鸭子，最好的方式是去询问鸭子，而不是对它们进行说教。同样，人们在教育孩子时，要了解“对孩子最好的东西”，最直接的方法就是询问孩子自己，让他们告诉你什么是最适合他们的。

事实上，我们已经有了这样的榜样，那就是优秀的心理医生所采用的工作方式。心理医生往往会故意克制想要将自己的意愿强加于患者的冲动，并尽力帮助患者，尤其是那些无法言表的、无意识的、半意识的患者，挖掘他们内心深处最想要或最期望的东西。这些东西对他而言是最好的，但对治疗师而言却不是最好的。这不同于以往传统教学所遵循的控制、宣传和塑造，它绝对依赖于我上文提到的那些含义和假设，尽管它们很少被提及。比如，对大多数个体的健康发展方向给予信任，给予他们更倾向健康而非疾病的信任；判断“对其最好”的依据是相信某人的主观幸福状态。以上这种态度意味着对生命体的教育更倾向自发性而非控制性，是信任而非不信任。它是一种正向的假设，即假设人们是追求完满的，并不是人们想要生病、想要疼痛或想要死亡。在医治过程中，如果医生确实发现生命体有死亡、受虐的倾向，有自我毁灭、自我施加痛苦的行为，就要学会假定这是“病态的”，因为如果个体有机会体验到更健康的状态，他肯定会倾向那个更健康的状态，而非痛苦的状态。事实上，有些医生甚至认为受虐、自杀冲动、自我惩罚等都是个体朝向健康的一种拙劣的、无效的挣扎。

类似的情况也体现在新型的道家式的老师、父母、朋友、爱人，以及更具道家倾向的科学家身上。

道家客观性和古典客观性

古典客观性的观念来源于科学研究的最早阶段，那时人们研究的是无生命体征的事物和对象。当我们将这种研究观察排除了自己的愿望、恐惧和希望，以及超自然神灵的愿望和安排时，我们就是客观的。这无疑是一大进步，也有望实现现代科学。然而，我们不应认为这种客观性只适用于处理非人类的研究对象。我们这种客观性和冷漠的态度在处理低等生物时十分有效，我们也足够冷漠，且不参与其中，这让我们可以成为相对不干预的观察者。对我们来说，阿米巴虫走向哪个方向，或者水螅更喜欢摄取什么，都无关紧要。然而，随着生物进化阶梯的上升，保持这种冷漠就越来越困难。比如，观察者在研究猫和狗时，很容易把人类的愿望、恐惧、希望、偏见投射到动物身上，这样一来，在我们研究猴子或猿类时，就变得更容易了。于是，当我们研究生物进化阶梯中更高级的人类时，可以肯定地说，观察者几乎不可能做到冷静、平稳、冷漠、不参与、不干预。堆积如山的心理学数据已经说明了问题，以至于几乎无人出来为这一立场进行辩护。

任何经验老到的社会科学家都明白，在他开始与任何社会或亚文化群体合作之前，他必须审视自己是否有偏见和既定概念。如果有，他就要提前找出它们，这是避免预判的一种行之有效的方法。

但我以为，世界上尚存在一条通向客观性的捷径，即在于更明晰、更准确地对我们自身和观察者之外的现实的感知。这种观念最初来源于这样一种观察，即爱的感知，情人之爱、父母之爱都能产生一些相爱者之外的人所无法获取的知识。从某种程度上说，我认为类似的情况似乎在动物行为学的文献中更为真实和客观。比如，我带着喜爱的情绪对猴子展开研究，那么我敢肯定，从某种意义上说，它一定比我在讨厌的情绪下对猴子展开的研究更为“真实”和“准确”，也更具客观性。事实上，我非常喜爱个别猴子，这是我在对待老鼠时无法产生的喜爱之情。我相信，洛伦兹、廷伯根、古道尔和沙勒的工作报告之所以出色，之所以具有启发性，之所以能揭示事实真相，是因为这些研究者“深爱”他们正在研究的动物。至少，这种爱会令观察者产生兴趣，甚至迷恋其中，使他们拥有长时间观察的耐心。母亲因迷恋她的宝宝，所以能做到反反复复、仔仔细细地检查宝宝身体的每一寸，所以注定要比对宝宝无感的人更了解她的宝宝。我发现，恋人之间也存在类似的情况。他们如此迷恋彼此，以至于把观察、聆听和探索彼此当成一个极其吸引人的活动，并心甘情愿为此花费无数的时间。如果对方是一个不曾深爱的人，则很少发生这种情况，也很快会对这样的观察和探索感到无聊。

然而，“爱的知识”（请允许我如此称呼它）也有其他的优点。对一个人的爱使他得以展现自我、打开心扉、放下防备，让自己在生理和心理上都赤诚相见。换句话说，他袒露自己让人观察，而不再隐藏自己。在一般的人际交往中，人与人之间的理解往往会适可而止，而在爱的关系中，我们都变成了“可解读”的。

最重要的是，如果深爱、迷恋对方，或对其产生了浓厚的兴趣，我们就很少想去干预、控制、改变或者改进它。我发现，人们对于自己所钟爱的，都愿意给其自由。在某些极端情况下，浪漫的爱情和祖父母的宠爱，甚至会将被爱者视为完美无缺。所以他们会将附加在被爱者身上的任何形式的改变和改进，当作不必要的，甚至当作对上帝的一种亵渎。

换言之，让事物按照它本来的样子发展足以，我们既对它没有任何要求，也不希望它变成其他什么模样，我们可以被动接受它的一切。这就意味着，我们可以更真实客观地看到它的本性，而不是希望看到它是什么样，以及害怕它成为什么样。认可它的存在，对它的现状表示赞同时，我们就会自然而然地做到不干涉、不操控、不抽象、不干预地感知。我们能做到多大程度的不干涉、不苛求、不期望、不改进，就能实现多大程度的客观性。

我始终认为，这是一种特定的去寻找某种真理的途径，通过这条路径，我们才能接近和实现真理。当然，我并不以为这是唯一的路径，也不认为所有的真理都可以通过这种方式获得。因为在同样的情况下，我们非常清楚，我们对研究对象的爱、兴趣、迷恋、专注，也可以扭曲自己对于他的客观认知。我只是在表述这样一个观点，即在科学方法的武装下，“爱的知识”或者“道家的客观性”在特定的情况下，对于特定的目的有其特殊的优点。如果我们能客观地意识到，对研究对象的爱会产生某种认知上的盲点和清晰度，那么我们就能对研究的客观性做出充分的预警了。

进一步来说，“对问题的热爱”也是如此。首先，很明显，你必须对精神分裂症着迷，或者至少对它感兴趣，才能将观察学习和研究坚持下去。其次，我们也知道，痴迷于精神分裂症问题，会使人在处理其他问题时出现某种程度的失衡。

关于大问题的问题

我在此引用了知名作家阿尔文·温伯格的著作《大科学的反思》中的一个章节标题，该书暗含了我希望明确阐述的许多观点。他书中的一些术语，能让我以更具戏剧性的形式表述我备忘录中的核心内容。我所建议的，是像曼哈顿计划一样针对我所观察到的这个时代真正的大问题进行全面攻击，而不仅仅只针对心理学问题，这些问题对所有具有历史紧迫感的人来说是真正的大问题（现在我会将判定其“重要性”的标准添加到传统标准中）。

首要且最重大的问题，就是如何塑造一个良善的人。人类必须让自己变得更好，否则我们这个物种可能就会被消灭，即使没有被消灭，也一定会生活在紧张和焦虑中。那么，前提必然要先给“良善的人”下定义，对此，我在备忘录中已做过各种陈述。必须说，我们已经有了一些初步的数据和指标，或许跟曼哈顿计划所得到的一样多。我对这个大规模计划的可行性满怀信心，甚至可以划分出一百个或两百个，甚至两千个细节问题，让许多人为此忙碌起来。这种良善的人也可以称为自我进化的人，对自己和自身进化负责的人，全面启蒙、觉醒的人，充分人性化的人，自我实现的人，等等。不过，我们也必须清楚地认识到，要想实现这一点，人们必须有足够的健康、足够的发展、足够的强大、足够的善良，足够理解并愿意以正确的方式将其付诸实践，否则任何叫嚣着的诸如社会改革、完善宪法、美化计划都将变得毫无意义。

与我刚才提到的问题同等重要和紧迫的另一个大问题，就是如何构建一个良善的社会。良善的社会和良善的人之间存在一种反馈关系，即他们互相需要，彼此不可或缺。这里，我们先不去纠结究竟哪个在先哪个在后，因为很明显，他们是协同发展的，两者缺一不可。当然，我们所说的良善的社会，终究是指一个物种、一个世界。关于自主社会的可能性，我们也获得了初步的信息，也就是说，我们已经很清楚地知道，在保持人的善良的情况下，我们可以通过做出一些社会安排，迫使这些人迁善或趋恶。重要的是，这种安排必须是社会机构的安排，而非心理干预，只有这样才能判断一个人的善良或邪恶是否由于他所处的社会机构的安排。

社会协同的关键概念是，无论原始文明还是大型工业文明，都存在着一些介于自私和无私之间的社会趋势。也就是说，一些社会安排必然会让人们彼此对立，而其他社会安排，会使一个人在寻求私利的过程中必然地要帮助他人，无论是否出于个人自愿。反之亦然，一个人在寻求利他主义时，也必然会通过帮助他人而收获私利。有一个典型的例子，就是我们的税收，通过所得税这种经济措施，将好运从某些人手中分流，从而供大众使用。这与销售税又形成了鲜明的对比，销售税从穷人那里拿走的要比从富人那里拿走的更多，因此并没有起到分流的效果，反而如鲁思·本尼迪克特所说的那样起到了漏斗效果。

在此，我必须郑重强调，这些才是终极大问题，是比其他问题都应得到重视的大问题。温伯格在其著作中提到的，以及其他人所谈到的大多数的生物技术产品和技术改进，本质上应该被看作实现这些目标的手段，而并不是目标本身。也就是说，这些生物技术和改进必须交给良善的人，否则它们将对实现目标毫无用处，甚至还存在一定的危害性，如攻克疾病、延长寿命、减轻痛苦等。毕竟，没有人想要让罪大恶极的人活得长久吧？也没有人想要让这种危险分子变强大吧？前车之鉴就是原子能的使用问题，它在纳粹之前就已经竞相出现在了军事用途中。无论是希特勒，还是现今诸多国家领导人，原子能在他们手中绝对不是一件值得庆祝的事，反而是一个巨大的潜在危险。任何其他技术改进也面临同样的问题。因此，这里不妨给出一个标准的质疑：这对希特勒来说是好还是坏？

技术改进所产生的负面效果是，先进技术往往能带来巨大的力量，这会让邪恶的人变得更具危险性，比人类历史上的任何时期都更具危险性。一个残酷的人得到了残酷的社会的支持，那么他将变得无敌。假设希特勒赢得了那场战争，那么他就成了无法反抗的存在，他的帝国可能会持续千年，甚至更长的时间。

所以，我有必要提醒和敦促所有生物学家和所有良善的人，请将他们的才能充分运用到解决这两个大问题上。

以上考虑恰恰论证了我对传统科学哲学的看法，即传统科学哲学长久以来的道德中立、价值中立、无价值取向的论调是错误的，且是极其危险的。它是非道德的，甚至是反道德的，它很可能会将我们陷入极大的危险中。因此，我必须重申波兰尼那精彩的阐述，科学本身来自人类的激情和兴趣。还有布洛诺夫斯基提出的那令人信服的观点——科学本身必须是一种道德规范，因为人类一旦承认真理的内在价值，并将自己投身这一内在价值的服务，那么各种后果将不请自来。我还需要再补充一点：科学是可以寻求价值的，并可以在人性中寻求到。尽管现在这一点还没有得到充分的证明，但我想，它至少已经在某种程度上看起来合情合理了。现在，我们已经可以利用技术找出对人类有益的东西，也就是已经有了几种不同的操作可以找出人性中的内在价值。我要重申的是，这既包含生存价值上的意义，也包含成长价值上的意义，即让人变得更健康、更聪明、更良善、更快乐、更满足的价值。

我们还可以换一种方式称呼它，即称它为生物学家未来的研究策略。这些研究策略的其中之一是研究精神健康和身体健康之间是否存在协同反馈机制。已经有不少的精神病学家、心理学家和生物学家进行了假设，他们认为所有的疾病，几乎毫不例外地都可以被称为身心疾病或机体疾病。因为当我们对任何“身体”疾病进行足够深入的研究，就不难发现，疾病的成因共同决定于心理、个人内在和社会变量。当然，这不是说把肺结核或骨折这种疾病神秘化了，是因为在对肺结核进行研究时，我们发现贫穷也是一种成因并在其中起到了决定作用。邓巴在对照多组骨折案例后，假设骨折的成因肯定不会涉及心理因素；但最后，她发现必须推翻这一假设。现在，我们已经积累了相关事故倾向人格及“事故养成环境”（姑且这么称呼它）的经验。那么，也就是说，一个骨折都属于身心疾病或“社会疾病”（我创造了这一学术词语）。这是否意味着传统的生物学家、医生或医学研究者，在寻求减轻人类病痛和疾病的过程中，应当对包括身心和社会在内的因素进行更为全面的理解和调查。例如，已有足够的数据表明，对抗癌症有效的光谱治疗应该包括所谓的“身心因素”。

换言之，这些迹象表明（主要是推测，而非硬数据），运用类似精神疗法这样的方式不仅能使人们提高心理健康程度、塑造良好的人格，或许还能增加他们的寿命并减少他们对疾病的易感性。

剥夺一个人的基本需求很可能导致一些传统意义上定义的“缺乏症”，这对于我在第 23 章将阐述的“元路径理论”也同样适用，即精神、哲学或存在主义失调的病症，这些也可以被称为缺乏症。

简单来说，安全感、归属感、爱、尊重、自尊、身份认同和自我实现等基本需求的缺失将导致身心疾病和缺乏症。将这些综合起来，就可以称为神经症和精神病。然而，基本需求已满足、已经开始自我实现，且具有真理、善良、美丽、公正、秩序、法则、团结等元动机的人，也可能会在元动机层面遭受缺失。元动机得不到满足，或这些价值观缺乏，人们就会产生我所描述的普遍和特定的元路径病理。我坚持认为这些是与坏血病、脚气病、情感渴求病等在同一个连续体上的缺乏症。这里需要补充的是，传统上证明身体对维生素、矿物质、基本氨基酸等的需求方式，首先是对抗一个未知原因的疾病，然后寻找出病因——如果人们因剥夺某事物而导致产生疾病，那么它就被视为一种需求。一直以来，我坚持的那些基本需求和超越需求在严格意义上也属于生物学需求，也就是说，剥夺它们也会导致疾病。正因为如此，我自创了术语“本能型”，以表明我坚定的信念。这些数据已经足够证明这些需求与人类生物体本身的基本结构密切相关，其中还多少涉及一点微弱的遗传基础。有朝一日，人类终能发现从生物化学、神经病学、内分泌机制或身体机能方面解释这些需求和疾病的方法，我对此充满信心。

预言未来

近年来，关于预言 2000 年或下个世纪的会议、书籍、座谈会层出不穷，更别提报纸和周日杂志专栏了。我曾大致翻阅过这些所谓的“文献”，如果可以把它们称为“文献”的话，但这些“文献”让我感到更多的是警觉而非启发。其中约 95% 的内容全然关注技术的变革，却完全忽视了关于对错、善恶的讨论。有时，整个议题看起来几乎完全是一种无道德的探索。许多人都在谈论新的机器、人造器官、新型汽车、火车、飞机等——其实这些问题就像在谈论冰箱和洗衣机变得更大更好罢了。当然，这种文献时不时也会震惊到我，比如轻松地讨论大规模毁灭力量的进步，甚至对于人类灭绝轻描淡写。

参与这些会议的人大多是非人本主义科学家，这种现象本身就反映出他们对真正问题的盲目性，而其中许多人竟是物理学家、化学家和地质学家。即便在生物学家中，也有大部分偏向分子生物学领域，也就是说，他们更多的是进行还原性的研究，而非描述性的研究。偶尔有机会发表对此问题看法的心理学家和社会学家，也大多是技术型的专家，这些“专家”都秉持着一种不涉及价值观的科学观念。

然而，不可忽视的是，“改进”的问题往往只停留在提升手段的层面，其忽视了目标，也忽视了一个明显的事实，即更强大的武器一旦落入愚蠢者或恶人手中，只会带来更大的愚蠢或更大的邪恶。换句话说，这些技术的“改进”可能实际上并不有益，反而十分危险。

也可以从另一个角度表达我的担忧：很多关于 2000 年的讨论仅仅停留在物质层面，比如工业化、现代化、财富增长、拥有更多物质财富，或者通过海洋养殖增加食物供应，以及通过建设更有效率的城市来应对人口激增等。

或者说，尚有另一种描述这种幼稚的预测性谈话的方式：许多人仅仅是基于现状做出无力的推断，简单地将当前的趋势无止境地延伸下去。比如，按照现在的人口增长速度，到 2000 年将会增长至多少人；按照现在城市的发展速度，到 2000 年将会出现某种城市状况等。这就像我们对未来毫无主宰力，也无法改变我们所反对的一切趋势一样。例如，我坚信人类未来的规划应当把减少世界人口考虑进去。

从生物学角度看，如果人类愿意，我们完全有可能做到这一点。城市结构、汽车结构或者航空旅行等方面也是如此。我怀疑，这种简单地从当前状况推导未来的预测方式，本身就是由不包含价值观的纯描述性科学观念产生的衍生品。

第二章　神经症——个人成长的绊脚石

我不准备对这个主题进行多么全面而深入的讨论，我只想关注某些特定的方面。一部分原因是我一直在这些领域内工作，另一部分原因是我认为它们非常重要，但主要的原因是这些方面常常被人们忽视。

在当前的普遍观念中，我们将神经症视作一种可被描述的、当前存在的病理状态，就如同医学范畴中的某种疾病、病痛或不适一样。然而，我们也学会了以一种辩证的方式来理解它——将其视为一种向前移动的过程，一种朝着健康和更完全的人性所进行的笨拙的、小心翼翼的探索尝试。这种探索往往是在满怀恐惧、缺少勇气的情形下进行的，并且现在看来，它既关乎当前，也影响未来。

我们所有的证据——主要是临床证据，但也包括一些其他类型的研究证据——都表明，我们可以合理地假设，所有人，特别是新生儿，都存在着一种积极的向健康进发、追求成长，或者说是实现人类潜能的冲动。然而，我们很快又会认识到一个令人沮丧的事实，那就是能实现这一目标的人实在是太少了。即使在我们当前这样一个幸运的社会，也只有极少数人能达到真正的自我认同、完全的人性，或者说是自我实现。这是一个巨大的悖论，即我们有着追求更完全人性发展的冲动，但奇怪的是这种现象又并不常见，为什么呢？是什么阻碍了它呢？

这就是探索人性的全新的方式——对它巨大的可能性充满赞赏，同时对这些可能性的难以实现深感遗憾。这种态度与“现实主义”者所持的态度形成了鲜明的对比，后者只是接受事情的现状并将其视为正常，就像金赛和今天的电视民调人员所做的那样。因此，我们可能会陷入一种观念，即从描述性的角度看，从科学的无价值观点看，这种常态或者平均状态就是我们所能期望的最佳结果，我们应该满足于此。然而，从我所阐述的观点来看，这种所谓的“正常”其实可能就是我们所有人共享着的，却丝毫察觉不到的一种疾病、残疾或缺陷。

我记得我在大学时期，曾读过一本可怕而诡异的心理学教科书，不过它的封面非常具有启发性。封面的下半部分是一排可爱而甜美的、粉粉嫩嫩的、瞪着无辜大眼睛的婴儿照片，而上半部分则是一群在地铁上沮丧而灰暗的、愁眉苦脸的乘客的照片。图片下方是一串标题，很简单：“究竟发生了什么？”而这正是我想要探讨的问题——究竟发生了什么？

我应该强调，一直以来，我所从事的一部分工作和我现在想要展开的研究工作，是关于策略和技巧方面的，以及为研究做准备的工作。我试图以某种方式阐述所有这些临床经验和个人主观体验，目标是通过科学的方式，对它们进行更为深入的探究，也就是进行验证、测试，以求更精确地了解真实情况，核实我们的直觉是否准确等。出于这个目的，同时也为了那些对哲学问题感兴趣的人，我想简单地引入几个理论观点，这些观点与接下来的讨论息息相关。这里牵涉一个古老的问题，即事实与价值之间、是与应该是之间、描述与规范之间的关系。这个问题对于那些自有哲学以来就一直在研究它的哲学家来说，是一个极为复杂的难题，他们至今也没有得出很好的解决方案。我想提出一些我在解决这个古老的哲学难题时的思考，你或许可以将其看作这个难题的第三种解答。

融合词的产生

我在这里要传达的是一个来自整体心理学家和临床心理治疗经验的综合见解，这个见解表明，事实往往以苏格拉底式的方式指引着我们。换句话说，事实是有方向性的，它们不会像饼一样静静地躺在那里无所作为，它们在某种程度上更像是一个路标，能给你提出建议，指引你向某个方向前进，而不至于走错了路。事实“召唤”性，有需求性，甚至具有“必需性”，就如同科勒所描述的那样。我经常这样想，只要我们掌握了足够的知识，就会知道应该做什么，或者至少对此有个清晰的认识；充足的知识通常能解决问题，帮助我们在道德和伦理间做出选择，即选择这个还是选择那个。例如，在治疗过程中，我们通常会发现，随着“知识”的增加，我们找到解决方案的过程，以及做出选择的过程将变得越来越容易，越来越自然。

我想要强调的观点是，有些事实和词汇本身就同时具有描述性和规定性。我暂时把这些称为“融合词”，它们代表了事实与价值的结合，我的以下论述应被视为试图解决“是”与“应该是”问题的一点努力。

我起初总是以明确而坦率的规范性方式讨论问题，如果与那时相比，我在这个领域已经有所进步了，比如以前我会这样问："什么是正常的？什么是健康的？"我以前的哲学教师，一个我深深敬爱着的，而他也以父爱对待我的人，偶尔会给我写信，以友善的方式批评我对待这些古老哲学问题的方法过于草率。他会说："你是否意识到你在这里做了什么？这个问题背后有两千年的思考历程，你却这么轻率地、随意地在'薄冰'上滑行。"我记得我马上回信解释道，我是在刻意避开哲学的复杂性，这正是科学家的处理方式，也是我研究策略的一部分。

我曾经写信告诉他，作为推动知识进步的策略者，我对哲学问题的态度必须是"坚定的天真"态度。此时此刻，这就是我们所该持有的态度。我认为，讨论正常和健康，讨论好和坏，甚至经常对这些问题进行武断的定义，是有启发性的，因此是完全可行的。我曾对一些画进行过研究，其中有好的画，也有坏的画，我毫不犹豫地在脚注中这样写道："在这里，好的画定义为我喜欢的画。"重要的是，如果我可以直接得出结论，或许能证明这个策略并没有那么差。在研究健康的人、自我实现的人方面，我们已经从公开的规定性和坦率的个人主观性过渡到了更多的描述性、客观性词汇，以至于现在我们已经有了一个标准化的自我实现测试。现在，自我实现可以像曾经我们定义"智慧"一样得到十分具体的定义，即自我实现就是那个测试所测量的内容，它与各种类型的外部变量保持着良好的相关性，而且这种相关性会持续累积下去。因此，我感觉以我的"决定性天真"为起点进行启发式推理是合理的。我能以直观、直接、私人角度去看的东西，现在大多正通过数字、表格和曲线得到证实。

完全人性

此刻，请容许我为大家介绍一个更接近该概念表达的融合词“完全人性”，它比“自我实现”这个词更具描述性和客观性，但同时也能满足我们所有的规范性需求。这一融合词的目的是通过直观的启发开始，逐步发展成更确切、更可靠、更易于外部验证的概念。反过来，这意味着这个概念在科学和理论上的应用将变得越来越广泛。这种表达和思考方式是我受到了罗伯特·哈特曼在十五年前的价值学著作的启发，他将“好”定义为一个对象满足其定义或概念的程度。这一观点启发了我或许将人性理解为一种可能的量化概念更适用于研究。比如，完全人性可以被定义为一种分类方式，即完全人性包括了抽象思考的能力、掌握语法语言的能力、爱的能力、具有特定类型的价值观以及自我超越的能力等等。如果想要的话，我们完全可以将这个分类定义列成一个清单。

我们可能惊讶于此观念，但如果我们的目标仅仅是让进行研究的科学家理解这个概念既可以是描述性的、量化的，同时也是规范性的，那么它可能非常有用。比如，我们可以说某个人比另一个人更接近完全的人性，或者我们甚至可以说：这个人比那个人更具人性。就像我之前提到的，这是一个融合词，它确实是客观的描述，因为它与我的愿望和口味、我的个性、我的神经质、我无意识的愿望或恐惧或焦虑或希望无关。事实上，我无意识的愿望或恐惧或焦虑或希望要比排除心理健康的概念容易得多。

如果你曾经使用过心理健康的概念——或者其他任何类型的健康，或者常态的概念——你就会发现，将自己的价值观投射出来，并将其转变为你自我描述，或者你想成为的样子，或者你认为人们应该成为的样子，是多么容易。你会不断地与这种冲动做斗争，然后发现，在这种工作中保持客观是十分困难的一件事，即使做到了，也无法完全确保不会犯抽样错误。毕竟，如果你根据个人判断和诊断来选择调查对象，那么出现这种抽样错误的可能性就比按照非个人化标准选择的要高。

显然，还有许多其他融合词，例如成熟、进化、发展、阻碍、残疾、功能完全、优雅、笨拙、紧张等。此外，还存在许多词语以不那么明显的方式融合了规范性和描述性的特征。也许有一天，我们会逐渐习惯将融合词视为典型的、正常的、常见的和核心的词汇。这样一来，更为纯粹的描述性词汇和规范性词汇将被视为边缘的和异常的。我相信，这种思维方式将作为新的人本主义世界观的一部分，并迅速以结构化的形式得以实现。

在我看来，“人性程度”这个概念比“社会能力”“人类效率”和类似的概念更有用。首先，正如我之前提到的，那些概念过于专注外在心理，而没有充分考虑意识质量、内心或主观能力的重要性。比如，对音乐的欣赏、冥想和思考、品味食物的能力，以及对内在声音的敏感等。在自己的内心世界中过得好可能和社会能力或现实能力一样重要。然而，从理论的优雅性和研究策略的角度来看，这些概念相较于构成人性概念的能力列表来说更不客观，并且难以量化。

我要补充的是，我认为这些模型都不是医学模型的对立面，因此没有必要将它们二元对立起来。医学上指出，疾病的确能降低人们的生活质量，因此，它们可以在人性程度的连续体上占据不同的位置。尽管医学模型对于处理肿瘤、细菌感染、溃疡等疾病是必要的，但它们并不能满足人们处理神经症、性格问题或心理困扰的需求。

人性的缺失

使用“全面人性”而不是“心理健康”这一词语的一个结果就是相应地使用“人性的缺失”，而非“神经质”，因为“神经质”一词在现代已经过时。“人性的缺失”的核心概念在于人性能力和潜力的缺失或未实现，这显然包含着程度和数量的问题。进一步说，它更接近外部可观察的行为，也就是说，焦虑、强迫症或压抑更容易研究。这个词语将所有由贫困、剥削、教育不良、奴役等引起的残缺、残疾和抑制，以及由经济特权者所得到的新的价值病理、存在问题、性格障碍等都予以分类，并置于同一条连续的线上。这种方法很好地处理了因药物成瘾、精神疾病、权威主义、犯罪和其他不被视为“疾病”的事件导致的功能缺失，就像医学上处理脑瘤等疾病一样。

这是一种远离医学模型的激进做法，这个举动早就应该实施了。严格来讲，神经质意味着神经疾病，这是我们今天可以完全摒弃的遗留物。此外，使用“心理疾病”这一标签会将神经质置于与溃疡、病变、细菌侵袭、骨折或肿瘤相同的论题领域中。但是现在，我们已经很明白，将神经质看作与精神障碍、失去意义、对生活目标的怀疑、失去爱人的悲痛和愤怒、以不同的方式看待生活、失去勇气或希望、对未来的绝望、不喜欢自己、认识到自己的生活正在被浪费，或者认识到没有可能感受到喜悦或爱等有关的问题，是更好的做法。

所有这些都是人性的完全发展和充分展现所剥夺的方面，它们代表了人类潜力的丧失，代表了那些可能存在的、也许有机会继续存在的东西的丧失。在这个心理病理生成的领域中，物理和化学的健康和预防确实有一定的作用，但与社会、经济、政治、宗教、教育、哲学、价值观以及家庭等决定性因素相比，它们却是微不足道的。

关于亚活性生物学

从心理—哲学—教育—精神转向这种综合使用有许多其他重要的优点。我认为其中最重要的一点是，它鼓励我们在讨论身份、真实自我、成长、揭示疗法、全人性或人性的缺失、自我超越等问题时，正确地使用生物和构成的基础。简单来说，我相信帮助一个人朝向完全人性的过程必然需要意识到自己的身份（以及其他事物的身份）。而在这个任务中，人们极为重要的是认识到自己在生物学、气质和构成上的本质，作为人类的一员意识到自己的能力、欲望、需求，以及自己适合从事的职业、自己的命运。

用直白的话来说，自我意识必须包括对自我内在生物性的认知，也就是我所称为“类本能”的一面，理解自我是一个生物，是属于某个物种的一部分。这也是精神分析的任务之一，也就是帮助我们认识到自身的动物本能、需求、压力、压抑、偏好以及焦虑。霍尼所描述的真实自我与伪自我的概念，也体现了这一点。这难道不是通过主观判断对一个人进行的真实性的理解吗？如果一个人首先被定义为他的身体，他的结构，他的功能，他的物种特征，那么他的真身到底是什么呢？

（作为一个理论家，我非常享受整合弗洛伊德、戈德斯坦、谢尔顿、霍尼、卡特尔、弗兰克尔、梅、罗杰斯、默里等人的思想。我怀疑，即使是斯金纳也可以被说服加入这个多元化的阵营，因为他的“内在强化剂”列表可能与我所提出的“本能基本需求和超越需求”的层次结构颇有相似之处！）

我坚信，即使在个人发展的最高层次，人们也能实现自我超越的理想，即超越自我中心的存在。我提出了一种理论，认为人们接纳自我最高价值的潜质可能具有本能的特征，这也被称为精神或哲学生活。我相信，这种个人对价值的发现，也可以包括在“自我本能的现象学”“主观生物学”“体验生物学”或其他类似的概念中。

设想一下，如果我们把所有的疾病和困扰，包括精神科医生和其他医生讨论的类型，以及存在主义者、哲学家、宗教思想家和社会改革者关心的所有问题，都放在一个连续的人性范围或尺度上，这将带来巨大的理论和科学优势。而且，我们还可以把所有已知的不同程度和类型的健康，以及超越健康以外的、神秘的自我超越，以及未来可能显示出来的更高的可能性，都放在同一个尺度上。

内在信号

采用这种思维方式至少给我带来了一个明显的优势，那就是它让我将注意力集中到我原先所说的“冲动之声”上面，准确来说，它应该被称为“内在信号”（或者提示、刺激）。我以前没有充分认识到这一点，即在大多数神经病态和其他许多心理困扰中，这些内在信号会变得微弱，乃至完全消失（如在严重的强迫症患者中），或者根本没有被察觉到，甚至无法被察觉到。在极端情况下，我们遇到的一些内心空虚、行尸走肉般的人，他们的内在是空洞的。人们要恢复自我，首要条件就是重新获得感知和认识这些内在信号的能力，知道自己喜欢什么、厌恶什么，什么是令人愉快的，什么不是，什么时候该吃，什么时候不该吃，什么时候该睡觉，什么时候需要上厕所，什么时候需要休息。

内心空虚的人，就会缺乏这些来自内在的指示，而这些来自真实自我的声音必须依赖外部的暗示来进行引导，例如，按照钟表的时间吃饭（尽管他们并没有真正的食欲）。就这样，这些人会让生活被钟表、规则、日历、时间表、计划，以及其他人的暗示和提示所指引。

我认为，神经症作为个人成长失败的解读，其特殊的含义现在应该已经很明显了。这是一个人未能达到他从生物学角度原本应该达到的成就，也就是说，如果一个人的成长和发展过程没有受到阻碍的话，他原本可以达到某种成就。人性的可能性和个人的潜力已经丧失，世界变得狭窄，意识也随之收窄，那么能力就会被抑制。这样的案例有很多，比如一位优秀的钢琴家无法在观众面前演奏，以及那些不得不避开高处或人群的恐高症或群体恐惧症患者。那些不能学习、不能睡觉、不能享受各种食物的人，他们的人性尽管不像失明的人那样明显，但同样也在一定程度上缺失了。

认知的缺失，愉悦、喜悦和狂喜的丧失，技能的减弱，无法放松，意志的削弱，以及对责任的恐惧——所有这些都是人性的缺失。①

我已经提到了将心理健康和疾病的概念替换为更实用、更公开、更具定量性的全面或受限的人性概念的一些优点。我相信，这种观念在生物学和哲学上更为健全。然而，在我继续之前，我想再次强调，人性的缺失可以是可逆的，也可以是不可逆的。例如，我们对于偏执症患者的康复抱有的希望，远不及对于那些亲切、可爱的癔症患者多。并且，人性的缺失是一个动态过程，这符合弗洛伊德的理论。原始的弗洛伊德模型描述了冲动与冲动防御之间的内在对话。同样地，人性的缺失也会引发一系列的后果，尽管这些缺失并不常常以一种简单的描述性方式达到终点或完成。在大多数人中，这些损失不仅会引发各种由弗洛伊德和其他精神分析派别详细描述的防御机制，如压抑、否认、冲突等，也会引发我早前强调过的应对反应。

毫无疑问，冲突本身其实是健康的一种表征。如果你曾经遇见过真正的冷漠者，或者真正陷入绝望，放弃希望、斗

① 关于失去巅峰体验对一个人的生活方式意味着什么，柯林·威尔森在他的《新存在主义导论》（第 159 页）中已经非常好地阐述了。

志和应对能力的人，你就会理解这一点。相较之下，神经症实际上是一种充满希望的病症。这意味着一个充满恐惧、对自己缺乏信任、自我形象低落的人，仍然在为了人类的基本权利和满足感而努力，这是人类个体单纯因其身为人类的一员而本该享有的权利。可以说，这是一种畏缩且无效的、向着自我实现和全面人性努力的过程。当然，人性的缺失也是可以逆转的。很多时候，尤其在孩子身上，仅仅满足其基本需求就能逆转这种情况。对于一个没有得到足够爱的孩子，最好的处理方式就是给予他极致的爱，毫无保留地给予。从临床和一般的人类经验来看，这种方法是行之有效的——虽然我没有具体的统计数据，但我估计，人们在十次尝试中有九次都会成功。同样，对于自我价值感的消解，尊重无疑是一种神奇的疗法。这自然引出了一个显而易见的结论：如果我们认为“健康和疾病”的医学模型已经过时，那么“治疗”和“疗愈”的医学概念，以及权威医生的角色也必然需要被废弃和替换。

约拿情结

我们都拥有自我提高的冲动，也就是向着更多潜能、自我实现、完全人性、人类的满足（或任何你想表达的术语）前进的冲动。既然如此，那么是什么阻挡了我们？我们因何停滞不前？我此时此刻特别想讨论的一个阻碍成长的防御机制——因为这一点尚未受到广泛的关注——即我称为的“约拿情结”[①]。

最初，我在笔记中将这种防御机制称为“害怕自己有所成就”“逃避自己的命运”或“避开最佳才能”。我想尽可能尖锐地强调这种非弗洛伊德式的观点，即我们害怕呈现自己最好的一面和最差的一面，尽管这两种害怕存在不同的表现方式。我们大多数人实际上可能要比现实中所表现出来的自己更伟大，因为我们并未完全激活我们的潜能或未完全将其发展出来。的确，我们中的许多人都逃避了与生俱来的职业（命运的召唤、生活的使命等）。我们经常逃离由自然、命运，抑或偶然事件所暗示（或建议）的责任，就像约拿试图逃避他的命运一样，虽然他的逃离徒劳无功。

我们害怕迎来人生的高光时刻（也害怕人生的至暗时刻）。在最完美的时刻，在最完美的条件下，在最勇敢的情境中，我们通常害怕看见那样的自己。光环笼罩下，我们享受着在自己身上看到的神一样的潜能，激动而兴奋。同时，我们又会因内心的怯懦、敬畏和恐惧而浑身战栗。

我的学生最能证明这一点，只需简单地向他们提问：“这个班里，有谁想要写出伟大的美国小说，或成为参议员、州长、总统？谁想成为联合国秘书长？或是伟大的作曲家？谁渴望像施韦泽那样成为圣人？你们中间谁立志成为伟大的领袖？”学生们的反应通常是咯咯发笑、羞愧脸红、局促不安，直到我再次问：“如果不是你们，那会是谁？”我说的是事实。同样地，当我鼓励我的研究生应该树立一个更高的志向时，我会说：“你正悄悄写着什么伟大作品呢？”然后他

① 这个名字是由我的朋友弗兰克·曼纽尔教授提议的，我与他讨论过这个难题。

们常常会羞红了脸，支支吾吾地回避我的提问。我难道不该问这个问题吗？除了心理学家，还有谁会写关于心理学的书呢？所以我可以这样问：“难道你不打算成为一名心理学家吗？”“嗯，当然是想的。”“那么你是想成为一个默默无闻或是无所作为的心理学家？那有什么好处？那不是能帮你实现自我的正确路径，绝对不是，你必须立志成为一流的心理学家，这意味着你要为此竭尽全力。如果你甘于平凡，埋没才能，那么我警告你，你的余生都将会深感不快。你所逃避的是自己的潜能，以及你可能达到的境界。”

我们不仅对自己可能达到的最高境界持有矛盾心态，也对其他人，甚至对整个人类本性中可能达到的最高境界，持续地、普遍地，甚至可能是必要地，存在着冲突和矛盾。诚然，我们都热爱并钦佩好人、圣人，以及诚实的、高尚的、清白的人。但是，我们是否也意识到了，在人性的深处，我们对待圣人、漂亮男女、伟大的创造者或智慧天才，也抱有复杂的情感，但这情感中甚至是充满敌意的呢？你甚至不需要成为一名专业的心理治疗师就能看到这种现象，我们称其为“逆向评价”。可以说，这样的现象在整个人类历史中比比皆是，但凡读过历史的人都会发现这一点。我们当然钦慕那些体现出真、善、美、公正、完美和最终卓有成就的伟人。但是，他们也使我们感到不安、焦虑、困惑，也许还会使我们心生嫉妒，更会让我们感到自卑。为此，我们在他们的阴影下，变得不自信、失去自我控制，甚至丢失了自尊。（在这个问题上，尼采仍然是我们的最佳导师。）

这给了我们第一个线索。到目前为止，我的印象是，那些最伟大的人，他本人本身就足以使我们意识到自我价值的不足，无论他们是否有意为之。如果这是一种无意识的效应，而我们也不知道为什么面对这样的人，会让我们自惭形秽，认为自己是愚蠢、丑陋或自卑的，然后我们就会自然而然地做出一种投射反应，即单方面地认为他们就是在试图贬低我们，让我们感到难堪。这样一来，我们带着些许敌意就可以理解了。当前来看，我认为这种敌意是可以驱散的，即有意识地去觉察和认知自己的“逆向评价”，这样似乎能够避免这种敌意。也就是说，如果你愿意尝试自我意识和分析自身的这种逆向评价，对具备真、善、美品质的人的无意识的恐惧和仇恨，那么你可能就不会那么刻薄地对待他们了。我很愿意继续推测，如果你能更纯粹地学会欣赏他人的最高价值，那么你甚至会爱上自己的这些特质，而渐渐地不再感到害怕。

与此相关的是对崇高的事物心怀敬畏，鲁道夫·奥托为我们提供了经典的描述，再结合伊利亚德对神圣化和去神圣化的洞察，我们能更加清楚地意识到直面神或神圣之物的畏惧是一种普遍存在的现象。某些宗教认为，死亡是人生不可避免的结局。大多数文明未开化的史前社会，都存在着许多因为过于神圣而过于危险的地方和物品，人们将它们视为禁忌。在我所写的《科学心理学》的最后一章，我也列举了一些科学和医学中神圣化和去神圣化的例子，并试图解释这一过程背后隐藏的心理动力。大多数情况下，它都可以被归结为对美好而崇敬的人和物的敬畏。（我想强调，这种敬畏是固有的、正当的、正确的、适合的，而不是某种需要被“治愈”的疾病或缺陷。）

但同时我又觉得，这种敬畏和恐惧并不仅仅是消极的，是让我们逃避或畏缩的，它们也是令人向往和愉悦的，甚至还能带领我们达到欢喜的顶点，也就是巅峰体验。我认为，这个问题的答案，是有意识的觉察、洞察和“深入理解”，正如弗洛伊德所说的那样。这是我所知道的接受自己最高潜能，以及自我隐藏和逃避的那些通向伟大、善良、智慧或才华的最佳途径。

在试图理解为什么巅峰体验通常都很短暂的过程中，我意外得到了有益的启示。于是，答案变得明朗起来，那就是我们缺乏足够的力量去承受更多！巅峰体验太过震撼、太耗费精力了，人们在这种狂喜的时刻常常会说“太强烈了”，或“我受不了”，或“我要死了”。每当听到这番描述时，我会觉得，是的，他们可能真的会死。人的机体无法长时间承受过度的亢奋和快乐，过量有时是致命的，这就像人们难以承受持续几小时的性高潮一样。

“巅峰体验”这个词甚至比我原本脑中所意识到的更为贴切。这种强烈的情绪必须是极致的、瞬间的，并且必须转化为大浪淘沙后的平静、趋于平和的快乐以及对最高价值的清晰、沉思式的认知。高潮的情绪不能持续，但是存在认知（B- 认知）却可以持续。

这岂不是能帮助我们更好地理解约拿情结？这分明是对被撕裂、被失控、被粉碎和被瓦解，甚至被这种体验杀死的合理恐惧。毕竟，巅峰体验确实可以压垮我们。对这种体验的恐惧，让我们联想到了性冷淡所带来的相似的恐惧。我认为人们可以熟读心理动力学、深度心理学、情绪的生理心理学和身心医学等相关文献，这样可以更好地理解它。

在探索自我实现为何会失败的过程中，我还偶然发现了另一个心理过程。这种对成长的逃避也可能是个体由于对偏执的恐惧而得到了触发。当然，这个观点已经十分普及了。

每一种文化几乎都能找到普罗米修斯和浮士德的传说。[①]例如，希腊人将对“狂妄”的恐惧视为一种深刻的警示。这种对“骄傲有罪”的认知，实际上是人类长久以来的一大挑战。想象一下，有人自信满满地认为自己能超越柏拉图，重新书写哲学史。然而，这种盛气凌人和自大的态度最终会让他后悔。特别是当他遇到挫折，变得脆弱时，他会质疑自己曾经的那份自信，甚至害怕它，认为那不过是一场疯狂的幻想。他会将自己内心的不安、犹豫和不足，与心中那个光辉灿烂、完美无瑕的柏拉图形象相比较，自然觉得自己太过自负了。（他没意识到的是，即使是柏拉图自己，也曾有过这样的怀疑，但最终他还是克服了这些困扰，继续前行。）

对有些人而言，他们通过设定较低的目标、逃避成长、害怕追求自己能够实现的事物、故意贬低自己、伪装愚蠢或假装谦虚，来避免自大、傲慢或狂妄的行为。这些都是人们保护自己，避免“骄傲之罪”所采取的策略。然而，对于那些从事创造性工作的人来说，找到谦卑与自信之间的平衡是极其重要的。研究表明，要想创新或创作，你需要一种“创造性的自信”。如果只有自负却缺乏谦逊，很容易走向极端。创新者不仅要意识到自己内在的无限潜力，还需要认识到作为人类存在的现实限制。维持这种平衡，用更简洁、易懂的方式表达自己，是非常重要的。同时，你还应蔑视你自己和所有人的矫饰，这就像一条虫子居然妄想成为上帝，你一定会对此嗤之以鼻。那么，你就可以继续奋发向上，且保持应有的骄傲，而不再害怕自己是在痴心妄想，也不必担心会招

① 关于这个主题的优秀著作并没有得到广泛引用，可能是因为它出版的时间（1936年）太早，以至于我们还没做好去吸收它的准备。

致他人的嘲笑了。如此看来，这的确是一个好办法。

在这里，我想到了另外一种方法，我曾在奥尔德斯·赫胥黎身上看到了它的最佳应用。他无疑是我之前讨论过的那种伟大的人物——一个能够接受自己的才华并充分利用它的伟大的人。那么，他是怎么做到的呢？原来，他一直以来总是在惊叹一切是多么有趣和迷人，就像一个孩子般对一切事物感到惊奇。他的口头禅就是："妙啊！太妙了！"他会睁大眼睛、毫无顾忌地、敬畏地、痴迷地观察这个世界（这无疑是一种小我之心，一种谦卑的形式），然后无所畏惧地进行他为自己设定的伟大任务。

最后，我想引用我的一篇相关论文，这也可能是我发表的系列论文中的第一篇。文章的标题是"认知的需要与恐惧"，它能很好地说明我想说的关于固有价值或终极价值（我称之为"存在价值"，简称 B- 值或 B 型价值）的每一个观点。我想说，这些终极价值，我认为它们也是最高的需求（我在第 23 章中称之为"超越需求"），就像所有基本需求一样，都符合弗洛伊德关于冲动与防御冲动的模式。因此，确实可以证明我们需要真相、热爱真相、追求真相。然而，还有一点也同样得到了证明，即我们也确实惧怕真理。例如，某些真相本身会引发某些焦虑和责任，逃避这种责任和焦虑的一个最简单的方法就是具备逃避真相的意识。

我相信，生命中的每一个基本价值，我们都能为其找到相似的辩证法，即正反两面思考的方法。我曾想过撰写一系列论文，探讨如"对美的热爱与恐惧""对善良的赞赏与不满"以及"对卓越的追求与破坏欲"等主题。尽管这些对立的情感在神经质的人身上可能表现得更加明显，但我相信，每个人都需要面对并解决内心深处的这些负面冲动。到目前为止，我认为解决这些内在冲突的最好的办法是通过自觉的反思和个人努力，将羡慕、妒忌、戒备和恶意转变为谦卑的钦佩、感激、欣赏、爱慕，乃至崇敬。这种方法的关键在于，我们要承认自己的局限和不完美，而不是通过夸大自己来维护一个不真实的自尊。此外，我认为理解这个根本性问题的途径应当是：当我们学会欣赏他人的价值时，也能更好地认识并接受自己的价值，从而化解我们的内在冲突。这种过程恰能帮助我们解开约拿情节，让我们更加和谐地与自我、与他人相处。

第三章　自我实现与自我超越

在这一章中，我打算讨论一些尚在酝酿而未形成定论的想法。我发现，当与我的学生或与其他人就这些想法进行交流时，自我实现的概念就像罗夏墨迹测试一样，常常让我了解更多使用者的信息，甚至超越了对实际情况的了解。现在，我希望探索自我实现在某些方面的性质——不是将其作为一个宏大的抽象概念来研究，而是从自我实现过程的操作意义来探讨。自我实现在不同的时刻是否意味着不同的意义？比如，它在周二下午四点意味着什么？

自我实现研究的缘起

起初，我并没有将自我实现当成一个研究课题来预先计划，它也并不是以研究的形式开始的，它起源于一个年轻的知识分子试图理解他所敬爱和钦佩的两位老师。这是一种对高智商人群的虔诚信仰，但我无法满足于单纯的崇拜，而是试图分析为什么这两个人与世界上大多数普通人如此不同。这两个人分别是鲁思·本尼迪克特和马克斯·韦特海默。在我获得博士学位，并从西部来到纽约后，这两位杰出的人就成了我的老师。他们是如此优秀，以至于我所修习的心理学课程根本不足以让我解读他们的优秀。他们超越了普通人的范畴，更像“超人”。起初，我将我的调查定位于一个非科学的活动，只对二人的一言一行做了一个简单的笔记。当我试图解读他们、思考他们，并在笔记中写下有关他们的内容时，突然灵机一动，瞬间意识到他们的行为模式是可以被概括总结的。我所说的“他们”指的是一类人，而不仅仅是这两位不可攀登的泰山北斗。这让我兴奋极了，于是尝试在其他地方寻找这种模式，后来的事实证明，其他地方、其他人身上的确也有这种模式。

按照常规的实验室研究标准（即研究必须遵守严格和受控的标准），我的这项调查根本不算是研究。我的概括总结全部源于我所选择的某类人，显然，我还需要参考其他的评判标准。到目前为止，我只选择了自己非常喜欢和钦佩的二十四个人，然后在试图解读他们的过程中，发现了一个典型模式——一种似乎适用于所有这类人的模式。这些人接受的都是西方文化，带有各种固有的偏见。虽然这种模式有些不可靠，但它正如我首次公开发表关于该主题的文章时所描述的那样，它是自我实现那类人的唯一代表特性。

我的研究成果一经问世，就出现了大约六条、八条或十条其他能支持这一发现的证据，这些证据并非同角度复制印证，而是从不同的角度，以不同的研究方法来验证的。卡尔·罗杰斯的发现及其学生的研究成果都证实了这一典型发现。布根塔尔从心理治疗的角度提供了无可置疑的证据。一些关于 LSD（一种致幻剂）的研究、关于治疗效果的研究（有效治疗），以及某些测试结果——据我所知，这一切实际上都为那项研究提供了支持。我个人对研究所得的结论也十分自信，我承认后来所做的研究一定会影响它，让它做出些许调整，但绝不会出现大的变动（我自己就做过一些这样的调整）。然而，我对这项研究成果的正确性的信心并不是依靠科学数据。如果你质疑我对猴子和狗的研究数据，那么你就是在质疑我的能力或把我当成了骗子，我有权反驳。如果你质疑我关于自我实现者的研究发现，那么你绝对有理由这样做，因为你对发起这项研究的人——我——并不了解，正是我选择了这些调查对象，从而得出了这样一个结论。这些结论处于预见性的领域，但它们是以一种可以被测试的形式呈现的。从这个意义上讲，它们又是科学的。

我的研究对象主要是年纪较大的人群，他们的生活经验丰富，多数在某种程度上已经实现了自我价值。目前，我尚不清楚这项研究对年轻人是否同样适用，自我实现在不同文化背景下的含义也有待探索——像中国和印度这样的国家也在进行相关的研究。未来的研究结果如何，我们还不得而知，但有一点我相当确定：当你专注于研究那些杰出的、健康的、坚韧的、具有创造性的、神圣的和智慧的个体——正如我所挑选的研究对象——你对人性的看法必将发生变化。你会开始思考，人能发展到什么程度？最终会成为什么样的人？

面对很多事情，我都会相信自己的直觉。但在这些问题上，我手头的客观数据比之前讨论的还要少。自我实现是一个难以明确界定的概念，更加棘手的是，人在实现了自我之后，还能迈向何方？在超越了真实性之后，又会发现什么？确实，仅有一个诚实的态度是不够的。那么，我们能否描述自我实现的人还有哪些特质？这是一个值得探讨的问题，它引导我们深入思考个人成长和发展的终极目标。

存在的价值

自我实现的人，毫无例外地都致力自身之外的事业，从而实现自身超越。他们忠心不二地投入某件对他们来说非常宝贵的事情——用古老的说法，叫作感天应召或履行使命。他们所从事的某项工作，是受到了命运的召唤。他们热爱这项工作，所以工作和快乐从不冲突。有的人为了法律而献身，有的人为了正义而献身，还有的人为了美和真理而献身。所有这些人，都以某种方式将他们的生命献给了我所称为的“存在价值”（简称 B- 值或 B 型价值），即内在的终极价值，它们是不能再被简化的终极的东西。这些存在价值大约有十四种，包括古人的真、善、美、完满、简约、全面等。这些 B 型价值在本书第 9 章以及我那本《宗教、价值和巅峰体验》的附录中有描述，它们是真正存在的价值。

超越性需求与病理

存在价值的存在为自我实现带来了一整套复杂性因素。存在价值表现得更像是一种需求，故此，我称它为超越需求。当它们被剥夺时，人们会出现某种尚未得到充分描述的病理，我称之为超越病理，即那些源于长时间与骗子生活在一起，无法信任任何人而产生的心理疾病。当我们因未满足需求而导致一些简单的疾病时，需要咨询师的干预和帮助。同理，当我们因未满足超越性需求而导致一些灵魂疾病时，也需要超越性咨询师来进行干预和帮助。在某些可定义的和经验主义的模式中，人类需要美好而拒绝丑陋，就如他需要食物来果腹或需要休息以恢复疲惫的身体一样。实际上，我甚至认为这些 B- 价值对大多数人来说就是生命的意义，但许多人甚至没有意识到他们有这些超越性需求。咨询师的某些干预可能会让他们意识到自己的这些需求，正如有经验的精神分析师使他的病人意识到自己的本能需求一样。也许，一些专业人士会把自己当成某种哲学大师或宗教神职人员。

一些人试图帮助那些深陷价值困扰的求助者向自我实现的方向发展和成长。他们中有许多是非常优秀的年轻人，尽管实际上看起来桀骜不驯。然而，我认为（有时即使行为证据与此相反）他们在经典意义上是理想主义者。我认为他们始终都在寻找价值，并渴望为此抛头颅、洒热血，去热爱、去崇拜、去敬仰。这些年轻人无时无刻不在做选择：是前进还是倒退，是远离还是接近自我实现？那么，究竟怎样才能更充分地去实现自己，心理咨询师或超越咨询师又能给出怎样的答案呢？

通向自我实现的行为方式

一个人在通往自我实现的道路上会做什么？是咬紧牙关、蓄势待发吗？在实际行为、真实的流程上，自我实现又意味着什么？在此，我将描述通往自我实现的八种行为方式。

第一，自我实现意味着全面地、生动地、忘我地体验生活，全神贯注、不顾后果地沉浸其中。这种体验意味着在无青春期自我意识的情况下去体验，那一刻，这个人是完全的、纯粹的人，达到了自我实现。作为个体，我们都会偶尔体验到这样的时刻。作为咨询师，我们可以帮助客户更频繁地体验这些时刻，我们可以鼓励他们完全沉浸在某件事情中，卸下自己的伪装、防御和畏缩，全身心地投入其中。从外部看，这可以是一个非常甜蜜的时刻。在那些试图表现得更为坚强、冷漠和世故的年轻人中，我们可以看到他们短暂地找回了童年时的单纯；当他们全身心地投入一个时刻，完全沉浸在体验中时，他们的脸上会露出天真和甜蜜的表情。这里的关键词是“忘我”，而我们的年轻人总是有太多的自我意识、自我觉察而缺乏忘我。

第二，我们可以将生活看作一个接一个的选择过程。在每一个节点上，都有一个进步的选择和一个退步的选择，一面可能会朝着防御、安全、恐惧的方向发展；另一面则是朝着成长的方向发展。我们每天选择成长十几次，而不是选择恐惧十几次，那就意味着每天都朝自我实现移动十几次。自我实现是一个持续的过程，它意味着在每一个选择上做出决定，在那一刻是选择说谎还是诚实，偷还是不偷，都是为了成长，这是朝着自我实现的方向发展。

第三，谈论自我实现往往意味着有一个需要被实现的自我。一个人，他不是一张白纸，也不是一块黏土或橡皮泥，他是已经存在的某物，至少是具有“软骨”结构的某物，至少是有气质、生化平衡的某物，等等。其中就有这样一个自我，我有时称之为“聆听冲动之声”，就意味着让自我浮现。我们大多数人，大多数时候（特别是对孩子、年轻人来说），听的不是我们自己，而是妈妈内化的声音、爸爸的声音，或者是权威、传统、长者的声音。

作为朝向自我实现的简单的第一步，我有时建议我的学生，当他们被邀请喝一杯酒，并被问到是否喜欢时，可以尝试用不同的方式回应。首先，我建议他们不要看瓶子上的标签，这样，标签就不会成为衡量他们是否喜欢这个酒的依据；其次，我建议他们最好尽可能地闭上眼睛，并“保持安静”；最后，他们可以准备深入自己的内心，并屏蔽外界的干扰，然后细细品尝舌尖上的美酒，让自己内心的“最高法院”去做最终审判。

然后，也只有那时，他们所回答的“我喜欢它”或“我不喜欢它”是真实的，而不是我们通常都参与的那种不真实的“客套”。在最近的一个聚会上，我发现自己正在看瓶子上的标签，并向主人保证她确实选了一款非常好的苏格兰威士忌。但后来我停下来，开始反思：我在说什么？我对苏格兰威士忌的了解仅限于广告上说的内容。我根本不知道这款是不是好，然而大家都是这么做的。拒绝这么做是持续实现自我过程的一部分。你的肚子不舒服吗？还是感觉很舒服？你觉得这尝起来不错吗？你喜欢生菜吗？

第四，如有疑虑，要选择诚实，而不是选择隐瞒。这句“如有疑虑”给我留下了余地，这样我们就不需要过多争论关于外交言辞的问题。通常，当我们有疑虑时，我们会选择不诚实。前来咨询的人大部分时间都不是诚实的，他们玩游戏，扮演角色，不轻易接受诚实的建议。深入自己寻找很多答案意味着承担很多责任，这本身就是朝向自我实现迈出的一大步。而关于这个责任问题，我们研究得却很少。它没有出现在我们的教科书中，谁能研究小白鼠该负的责任呢？但在心理治疗中，这是一个清晰可见的部分，人们在心理治理的过程中，可以看到它，感受到它，可以清楚地知道这份责任几斤几两。那时，人们会清楚地知道它是一个什么感觉。这一步非常重要，人们每次承担责任，都是一次自我实现。

第五，到目前为止，我们谈到了在没有自我意识的情况下体验，要选择成长而非选择害怕，要聆听内心的冲动，要诚实并承担责任。这些都是通往自我实现的步骤，它们都为你的生活选择做出了更好的保障。一个每次面临选择时都能做到上述几条的人会发现，它们叠加起来会帮助他做出最适合自己的选择，然后让自己越来越好。通过选择，他开始了解自己的命运：他的配偶会是谁，他一生的使命是什么。除非一个人敢于在生活的每一个时刻都能听从自己的心声，冷静地说“不，我不喜欢这个或那个”，否则他永远无法做出明智的人生选择。

在我看来，艺术界已经被一小部分人的意见所操控，这部分人通常是品位制造者和舆论煽动者，我对他们表示怀疑。这只是我个人的判断，但对于那些认为自己有资格说“你一定要喜欢我喜欢的，否则你就是个傻瓜”的人来说，这似乎是公平的。虽然大多数人不会这么做，但我们必须教人们听从自己的品位。当站在一幅令人费解的画前时，人们很少会说：“我看不懂这幅画。”不久前，布兰迪斯大学举办了一个舞蹈节目，整个节目都很奇怪，混杂着电子音乐、磁带，有的人还做着一些超现实主义和达达主义的事情。当灯光亮起时，每个人的表情都很震惊，似乎不知道该说什么。在这种情况下，大多数人会发起一些聪明的闲聊，而不是说：“我需要考虑一下这个问题。”诚实地发表意见意味着敢于与众不同，不受欢迎，不随波逐流。无论咨询者是年轻人还是老年人，都要给他们以“为了信仰不惧成为众矢之的”的勇气，否则，咨询师现在就可以放弃了。勇敢还是畏惧，可以使同一观念衍生出两个版本。

第六，自我实现不仅是一个最终状态，而且是一个随时随地、不同程度地实现自己潜力的过程。例如，对于一个聪明的人来说，自我实现的过程就是学习，因为学习让他变得更聪明。自我实现意味着运用自己的聪明才智，不一定要做一些惊天动地的大事，但可能意味着他要克服一些艰难困苦、付出大量的努力，才有可能实现自我。自我实现可以是在钢琴键盘上十年如一日的手指练习，只要是在努力做好自己想做的事情，就可以称为自我实现。但成为一个二流的医生显然并不是通向自我实现的好方法，应力争一流，或者尽他所能做到最好才算。

第七，巅峰体验是自我实现的某个瞬间。它们是无法购买、无法保证，甚至无法寻求的狂欢时刻，正如刘易斯所描述的，在那一刻，“你一定被极致的快乐所惊讶”。但人们可以创造条件，让巅峰体验发生，也可以让它不太可能发生。打破一个幻想，摆脱一个错误的观念，了解自己不擅长的事情，清楚哪些不是自己的潜能——这也是发现真实自我的一部分。

实际上，每个人都有巅峰体验，只是并不是所有人都能认识到这一点。有些人将这些小小的神秘体验置之脑后，咨询师或超越咨询师的工作就是帮助人们认识到这些狂喜的小时刻。然而，当一个人的心灵在世界上没有外部事物可以指向——那里没有黑板——应如何窥视另一个心灵的秘密花园，然后尝试沟通呢？我们必须找到一种新的沟通方式。我已经做出了尝试，并在《宗教、价值观和巅峰体验》的另一个附录中进行了描述，标题为“狂欢沟通”。我认为这种沟通方式可能更适用于教学和咨询，一种帮助成年人尽可能发展的模式，而不是我们所熟悉的老师在黑板上写字的那种模式。假如我爱上了贝多芬，并在他的四重奏中听到了你没听到的东西，那么我该如何教你听？显然，声音就在那里。但我听到的是非常、非常美妙的东西，而你面无表情。你也同样听到了声音，但我该如何让你感受到那种美妙？这更像我们在教学中遇到的难题，而不是让你学习字母表或在黑板上演示算术，或者指明青蛙的解剖过程。后者对于师生而言都是外在的事物，一方做出指示，双方都可以同时看到。这种教学要容易得多，而另一种要难得多，但这正是咨询师工作的一部分，这就是超越性咨询。

第八，找出自己的真实身份，自己的本质，自己的喜好、厌恶、有益与有害之物，确定自己的去向和使命。这一过程要求我们完全对自己敞开心扉，这意味着我们可能会揭露自己的心理弱点，这包括识别并勇敢地放弃我们的防御机制。虽然这可能会为我们带来痛苦——因为这些防御机制本是用来保护我们免受不快之事的——但放弃它们是值得的。精神分析的文献虽然可能没有给我们提供直接的答案，但它至少告诉我们，压抑并不是解决问题的正确方式。

去神圣化

接下来，让我们讨论一个在心理学教科书中未曾提到，但对当今一些年轻人极为重要的防御机制：去神圣化，也就是脱离神圣化。这种机制表现为对价值和美德的不信任，很多年轻人觉得他们在生活中被欺骗，因此受到挫败。他们常常对父母缺乏尊敬，认为父母迟钝，不尊重他们。父母对此也感到困惑，他们往往只是一味地担心孩子会变坏，而从不想着去纠正他们的错误行为。因此，年轻人开始轻视长辈——而这种鄙视往往是有理由的。他们对任何成年人的话都持怀疑态度，认为他们的话都是伪善的，尤其是当他们听到父母大谈诚实、勇气和无畏，却看到父母的行为与这些理念完全相悖时。

于是，这些年轻人学会了将人简化到具体的对象，不去看他们发展的可能性，也不去看他们的象征价值，或拒绝以长远的角度看待他或她。例如，我们的孩子已经给性"去神圣化"了。性没有什么，它只是一件自然发生的事情。孩子们于是让它随本性极为自然地流露了出来，以至于在许多情况下，使它失去了浪漫和诗意，这意味着它几乎什么也不是了。自我实现意味着人们要放弃这种防御机制，并学习或被教导"重新神圣化"[①]。

① 我不得不创造这些词语，因为英语对善良的人来说是腐朽的。它没有适当的词语来描述美德，即使是好听的词也被混淆了，比如"love"。

重新神圣化

什么是重新神圣化？即你想要换一个角度再次去看一个人，从“永恒的角度”去看，像斯宾诺莎所说的那样，或者从中世纪基督教普遍感知的那种角度来看待他，就能看到这个人身上永恒的、神圣的、象征的意义。这就像把“女人”这一单词的首字母大写，即以尊重的态度去看待女性，即便这个女性是某个特定的女性。这里还可以再举一个例子：某人考上了一所医学院，学习大脑解剖。如果他不曾对解剖医学怀着一颗敬畏之心，对这一学科没有统一的认知，只把大脑当作一个具体的东西，这显然是不足的。对于重新开放神圣化的人来说就不一样了，他们会把大脑当作神圣的事物，因为他们看到了它的象征意义，看到了它更为抽象的深意。

重新神圣化必然需要说一些陈词滥调——孩子们一定会认为这太“老套”了，从而不屑一顾。然而，在咨询师看来，尤其是在专门为老年人提供咨询的咨询师眼中，当人们眼前冒出这些与宗教和生活意义相关的哲学问题时，恰恰是帮助人们走向自我实现的最佳时机，且也成了最重要的方式。在年轻人看来，这简直老掉牙了，在逻辑实证主义者看来，这可能没什么意义，但对于那些处在这一过程中且需要寻求帮助的人来说，这绝对是十分具有意义和非常重要的，我们最好予以回答，否则就是一种失职。

综上所述，自我实现一定不是发生在某个伟大的时间节点的问题，它不会准备个仪式，比如某个星期四的下午四点，当号角吹响，就意味着你永远走进了神的殿堂。自我实现并不是一蹴而就的，它需要一个过程，是由一个又一个的小的进程累计起来的。然而，我们的来访者总是喜欢等待灵感的降临，然后好大肆宣扬："某时某刻（比如星期四的三点二十三分），我终于实现了自我！"被选为能达到自我实现以及符合自我实现标准的人，他们是这样一路走来的：他们会聆听自己的心声；他们敢于承担责任；他们足够诚实、足够努力；他们清楚自己的身份、了解自己的人格，不仅知道生活赋予他的使命，还知道穿哪种鞋子会让自己的脚受伤，知道自己是否喜欢吃茄子，是否喝太多的啤酒会找不到家。所有这些都是真正的自我所包含的意思。他们能够因此而找到自己本身所附带的生物学本性，这些本性是天生的特性，是不可逆转的，也是难以改变的。

谈谈疗治的态度

以上是人们通往自我实现的行为方式。那么，咨询师又是谁，他是如何引导他们走向这个方向的？

寻找模式

我用过“治疗”“心理治疗”和“病人”这些词。但实际上，我讨厌用这些词，也讨厌它们背后所暗示的医学模式，因为医学模式常常会给前来咨询的人以一种他被疾病所困，必须寻求治愈的暗示。实际上，我们希望咨询师成为那个能帮助人们自我实现的人，而不仅仅是帮助他们治病。

帮助模式在这里也不恰当，它会让人误以为咨询师是一个高高在上、拥有特权的专家，去俯下身救济那些不知道自己需要何种帮助的可怜人。咨询师也不应该是老师，因为老师们擅长的是“外在学习”，而实现自我的过程理应是“内在修行”。

存在主义治疗师们一直在思考模式的问题，对此，我推荐以布根塔尔的《寻找本真：心理治疗的存在——分析取向》来讨论这个问题。布根塔尔建议我们称咨询或治疗为“存在成长”，意思是尝试帮助人们尽可能地成长。也许这个词比我之前建议的词更好，这个词出自一个德国作家的“psychagogy”，意思是心灵教育。无论使用哪个词，我认为最终要表达的都是阿尔弗雷德·阿德勒在很久以前提到“大哥”时的理念。大哥应该是一个有责任心的人，就像一位兄长对待自己的小弟弟一样。当然，大哥知道得更多，因为他出生得较早，但他在本质上与“弟弟”并没有差别，也不属于另一个话语领域。明智而有爱心的大哥总在试图改进弟弟，而且是让弟弟在保持自己风格的基础上变得比现在更好。你们看，这与教导无知者的“言传身教”模式有着本质上的区别！

咨询的目的不是训练，也并非塑造常规意义上的教导，不是为了教导人们该做什么、怎么去做，也不需要宣传，它只是一种道家式的指出问题再予以帮助的方式。道家式，意味着不干涉，即“无为”。道家的核心思想“无为”，并不是意味着放任自流，也不是在拒绝帮助或关心。在这种模式下，我们可以设想有这样一个治疗师，他德艺双馨、品行端正，永远不把自己的思想强加给咨询者，更不会借着咨询的机会大肆宣传他的思想，让病人模仿他。

一个好的临床咨询师，要做的是帮助咨询者打开心扉，让他可以突破自我的防御机制，进而挖掘到原来的自我，深入了解自我。理想情况下，咨询师背后一定有十分抽象的参照物，如他读过的书、上过的学校，以及他对世界的信仰，而这些东西都不应该被病人察觉到。这就像活在他体内的一个“小兄弟”，咨询师应当尊重这位“小兄弟”的内在本性、存在价值和本质，让他知道想要达到理想的生活，最好的办法就是更充分地实现自己。那些在我们看来“病态”的人，正是因为他们在还未实现自己前，为了竭力避免成为其他人，而在自身建立了各种神经质的防御机制。正如玫瑰丛从来不必在乎园丁是意大利人，还是法国人、瑞典人，这位“小兄弟”也不必在乎为他施予援手的人是怎样成为帮助者的。帮助者只需知道，他要提供的服务与他的身份无关，无论他是瑞典人、天主教徒、穆斯林或弗洛伊德学派追随者，还是其他什么，都无关紧要。

我以上所说明的基本概念，包括并暗示着，且完全符合连同弗洛伊德在内的心理动力学体系的基本概念。弗洛伊德所阐释的原理是自我的无意识被压抑着，要想发现真实的自我，就必须揭示自我的无意识，而这恰恰隐含着这样一个信念，即相信真理有强大的治愈能力。突破压抑，了解自己，倾听冲动的内心，揭示胜利的本性，获悉知识、洞察真理——这些就是我们必须做的。

劳伦斯·库比在《教育中被遗忘的人》一书中指出，教育的最终目标之一是帮助人成为完整的人，且尽可能地成为有价值的人。特别是对成年人来说，我们尚没有处在一个不再需要任何提高的境界。我们已经有了一个开始，且已经有了能力、才干、方向、使命和召唤。如果我们认真对待这个模式，那么就是在帮助他们在已有的基础上进一步完善自己，使他们更加充分地实现自我。

Part 2

第二部分

创造力

第四章　拥有创新态度

一

我认为所谓的创造性与健康、自我实现、完整人格在概念上越来越趋近，或许它们最终会融为一体。

尽管对此我并没有确定的依据，但我越来越倾向得出这样一个结论：创造性的艺术教育，或更恰当地说，通过艺术而进行的教育，其特殊的重要性可能并不在于培养艺术家或艺术作品，而在于培养更好的人。如果我们明确了对人的教育目标，如果我们希望孩子们能形成完整的人格，能够朝着实现其自身潜能的方向发展，那么据我所知，如今在我所认知的所有教育中，唯有艺术教育有望达成这个目标。因此，我推崇艺术教育，不是因为它能创作出画作，而是因为我认为，只要我们能对此有一个清晰的认知，它可能会成为所有教育的范例。也就是说，如果我们认真对待这件事，努力发展，而它也真的如我所预期的那样，那么有一天我们可能会以这种模式教授算术、阅读和写作。在这里，我所谈论的是所有的教育。这就是我对艺术教育感兴趣的原因——仅仅因为它很可能是一种潜在的优质教育途径。

我对艺术教育、创造性和心理健康等领域感兴趣的另一个原因是，我强烈地感受到了变革的节奏。我觉得我们正处于一个与历史上任何时期都不同的节点。如今，生活的节奏比以往任何时候都要快，试想一下，信息、知识、技术、发明和技术进步正以加速度进行裂变，而这显然要求我们人类必须改变对人类以及人类与世界的关系的态度。坦白说，我们需要更多不同类型的人类。今天的我就比二十年前的我更加重视赫拉克利特、怀特海、柏格森这类强调世界是一个变动、运动、过程，而不是静态事物的观点的人。如此说来，现在的发展情况显然要比 1900 年，甚至 1930 年快得多，那么我们人类也必然要跟上发展的脚步，于是就需要一种能够应对持续变化、不停歇的世界里的人类。我甚至敢说，对于教育事业而言，教授信息有什么用？信息瞬息万变！教授技术有什么用？技术日新月异！即使是工程学院也深受这种认识的困扰。比如，麻省理工学院现在不再仅仅将工程学看作一系列技能的习得，因为工程学教授们当年在校所学的所有技能现在早已经过时了。今天何必再去学习制造马车鞭子呢？我了解到，麻省理工学院的一些教授已经放弃了向学生教授过去那些经久不变的方法论，而是试图培养一种新型人才，这种人才必须适应变革，享受变革，能够即兴创作，能够自信、坚强和勇敢地面对一切始料未及的情境和问题。

即使到了今天，一切仍在不断变化：国际法在变、政治在变，整个国际局势都在变化。在联合国里，人们正以不同世纪的视角进行交流。某人以 19 世纪的国际法来发言，而得到的回答则是另外一个人从不同的视角、不同的世界进行的回答。事物变化得正是如此之快。

回到主题，我想说的是，我们应该努力转变自己，变成不再需要让世界停止脚步、通过冻结世界来寻求稳定的新型人才，然后不需要再遵循先辈，而是勇敢而自信地面对未知、开拓未知。虽然没有人能预测将来会发生什么，但只要有足够的自信，能够在未知的情境中即兴创作，这便是一种全新的人类，你可以称他为“赫拉克利特式”的人。一个社会，只有培养出这样的人才能生存下去，否则将会灭亡。

你一定已经注意到了，我一直强调即兴发挥和灵感创作，而不是从已完成的艺术品或创作中来探讨创造性。事实上，我今天甚至也不打算从已完成的产品的角度来讨论它。为什么？因为从对创造性过程和创造性个体的心理分析中，我们已经十分清楚地意识到必须将创造性予以划分，分为始发创造性和次级创造性。创造性的灵感阶段必须与灵感的进一步发展和完善相区分，因为后者不仅强调创造性，而且很大程度上依赖努力工作，依赖艺术家的严格自律，他可能会花费大半辈子的时间去磨合工具、磨炼技能、熟悉材料，直到最终将自己的灵感准确表达出来。我敢说，许多人都曾在半夜醒来，灵感一闪而过，冒出写一部小说、剧本、诗歌或其他东西的冲动，但这些冲动大多数都不曾实现。灵感比比皆是，但灵感和最终的产品之间，隔着千山万海。例如，托尔斯泰的《战争与和平》，是在艰苦的努力、严格的自律、勤奋的练习和反复的修改等基础上完成的。现在，与次级创造性相伴的美德，也就是导致实际产品、伟大的绘画、畅销小说、桥梁、新发明等相关的创作，与其说是建立在创造性人格上，不如说是建立在其他美德上——如坚韧、耐心和努力工作等。因此，为了保证人们对操作领域有一个清晰的认知，我认为有必要专注初始灵感的即兴发挥，暂时不去担心它会产生什么样的后果，尽管我意识到其中的很多灵感都会被遗失、忘却。出于这部分原因，我认为有利于创造性灵感阶段发挥的最佳研究对象应当是年幼的孩子，虽然他们的创新性和创造性尚不能用产品来定义。当一个小男孩发现了十进制，这可能就是一个充满灵感的巅峰时刻，也是一个高度的创造性时刻，我们不应该因为某种先验的定义认为创造性应该具有社会价值，或者应该是之前从没有被人想到的而轻易忽视。

基于同样的原因，我决定不将科学创新作为范例，而是使用其他例子。目前正在进行的很多研究都在关注科学家的创造性，但总是局限于已经证明自己具有创造性的人，如诺贝尔奖获得者、伟大的发明家等等。问题是，当你了解的科学家越多，就会意识到这个标准是有问题的，因为作为一个群体，科学家的创造性远远不如你所期望的那么多。这包括那些已经有所发现、实际上也已经创造和发表了人类知识进步的人，这并不难理解。这一发现揭露的是科学的本质，而不是创造性的本质。如果能允许我加以调侃的话，我甚至可以将科学定义为一种技术，一种不具创造性的人也可以创造的技术。这并不是嘲笑科学家，对我来说，这是一件了不起的事，有限的人类也可以创造出无限伟大的事业。科学是一种技术，是具备社会化和制度化的技术，哪怕不聪明的人也可以在知识的进步中有所作为。这是我迄今为止所表达出来的最极端和最富戏剧性的方式。任何特定的科学家都无法脱离历史的影响，他们站在一代又一代先辈的肩膀上，形成一个庞大的团队，成为一个大型集合的一员，因此，就算其中一员的能力不足也不会显现出来。通过从事一个伟大且值得尊敬的事业，他变得备受尊敬，甚至得到众人的膜拜。因此，当他有什么新发现时，我也已经学会将其理解为一个社会机构、一个团队合作的产物。如果他没有发现，那么很快也会有其他人发现。因此，我认为，即使科学家有所创造，但选择他们成为研究创造性理论的对象并不是最佳方法。

我还认为，我们始终无法彻底地投入创造性的研究，除非我们意识到目前为止，所有关于创造性的定义，以及大多数关于创造性的例子，都是男性或以男性的语义来定义、男性创造的产品，而几乎完全忽略了女性的创造性。我最近通过对巅峰体验的研究，开始将女性和女性的创造性视为一个很好的研究领域，因为它对创造性的产品和显而易见的成就关注得较少，而更多地关注过程本身。

这就是我现在讨论的特定问题的背景。

二

我现在正试图解开的难题来自这样一个观察：在创意狂热的灵感阶段，创造性人士往往会将他的过去和未来抛之脑后，而只活在当下。他会全身心地投入，甚至完全沉浸，对此时此地、此情此景，此刻手头的事物充满了迷恋和专注。用西尔维娅·阿什顿－沃纳（Sylvia Ashton-Warner）的《老处女》中的一句话来完美形容，即那位教师在用新方法教孩子们阅读时说的："我已完全沉湎于当下。"

这种"沉湎于当下"的能力似乎是任何形式的创造性的必要条件。但创造性的某些先决条件——无论在哪个领域——都与这种超越时间、超越自我、超越空间、超越社会和历史的能力有关。

事实已越来越明朗，它显然是一种被稀释的、更世俗的、更常见的神秘体验的版本，这种体验经常被描述，以至于成了赫胥黎所称的“亘古哲学”。在不同的文化和不同的时代，它呈现出不同的色彩，但其本质总是相同且可辨识的。

这种体验总是被描述为失去自我或超越自我，存在着一种与被观察的现实融合的感觉（我会更中立地称其为“手头的事情”），原本对立的两性之间产生了一种合一，某种程度上，这是一种自我与非自我的整合。普遍的看法是，神秘的面纱被揭开，之前所隐藏的真理得到了严格意义上的启示。最后，全部体验为极乐、狂喜、兴高采烈和斗志昂扬，且几乎总是如此。

难怪这种震撼的体验经常被认为是超人类的、超自然的，它比任何可以想象得到的人类经验都要宏伟得多，因此，它的来源只能归因于超越人类方面的。这样的“启示”就经常成为各种“启示性”宗教的基础，有时甚至是其唯一的基础。

然而，即使是这种最不同寻常的体验，现在也已经被纳入了人类的经验和认知领域。我所称为巅峰体验的研究，以及玛格哈尼塔·拉斯基所称为狂喜的研究，这两者虽是独立进行的，却呈现出不谋而合的迹象，即都显示这些体验是完全自然的，且很容易研究的。而且现在的关键是，它们在创造性以及其他方面为我们提供了很多帮助，特别是当人们最完全地实现自我，发展到最成熟、最健康的时候，简而言之，就是他们最完全地展现人性时的全功能运作过程。

巅峰体验的一个主要特点就是完全沉浸在手头的事物

中，完全沉浸在当下，从时间和地点中解脱出来。我现在认为，我们从巅峰体验的研究中学到的很多东西可以直接转化为对“此时此刻”的体验、对创造性态度的深化理解。

我们没有必要局限于这些不常见且相当极端的体验中，尽管现在看来，只要所有人的记忆挖得足够深，几乎都能让他们回忆起狂喜时刻，哪怕是最简单的巅峰体验的变体，如对感兴趣的事物的沉迷、专注或被吸引。我说的不仅仅是伟大的交响乐或悲剧创作，一个引人入胜的电影或侦探故事，或者全身心地投入工作，都可以达到这种效果。我们一定有过类似普通且熟悉的体验，从这样的体验开始讨论十分有利，因为这样可以让我们直接感受，就像捕捉到了一种直觉或共情，即捕捉到了一种更加“浮夸而高级”的体验的简单变体。这样，我们便能避开那种华而不实的、难以理解的、十分晦涩的词汇。

那么，此时此刻会发生什么事呢？

放下过去

当前的问题究竟是什么，观察这一问题最好的办法就是抛开一切，全身心地研究它和它的内在属性，从它们的内在固有关系中发现答案，而非创造答案。这种方法十分适用于观察某幅画作或在治疗的过程中仔细聆听病人。

还有一种办法，不过这种办法仅仅局限于重复过去的经验、习惯、学过的知识，从而在过去发生的类似问题中找到相似的解决方案。我们可以把它比喻成一种档案管理的工作，而我喜欢将其称为“按章程办事”。只要这种情境曾经发生过，那么使用这种办法确实有效。

然而，一旦现在的情境与过去发生的不同，这种档案管理的办法就不那么奏效了。当一个人面对一幅陌生的画作时，他会急忙在他的记忆深处搜罗有关艺术史的知识，然后做出反应。面对这样的情况，他并不需要关注这幅画本身，而只需要回忆起这幅画的名称，以及它的画风、内容，以便他能快速做出反应。因此，他可以欣赏这幅画，也可以不欣赏这幅画，一切都取决于他自己过去的经历。对于这样的人来说，过去就是一个毫无生机的、未经消化的异物。这异物常伴他左右，但并不能取代他成为他本身。

更准确地说：过去只有在重塑一个人，被消化并融入当前的个体中时，才是鲜活生动的。它不是或者不应该是与个体不同的东西。它现在已经成为“个体”（并失去了作为其他的不同东西的身份），就像我曾经吃过的牛排现在已经成为我的一部分，而不再是牛排了。被消化的过去（通过内窥消化）与未消化的过去是不同的，这便是列文所说的“非历史的过去”。

放下未来

通常，我们并不是为了解决此刻的问题而活在此刻，而是在为未来做准备。试想一下，当我们平时与人谈话时，是否很多时候都是在假装聆听别人的讲话，实际上则是在暗暗准备自己将要说的话，有时甚至会在心中酝酿或预谋一场出其不意的反击？想象一下，当你得知五分钟后要对我的评论做出反馈，那么你的态度将会大不相同。因为到那时你一定会发现，全神贯注去聆听一个人是多么困难的一件事！

假如我们真的是在全神贯注地聆听和观察，那么实际上我们就已经放弃了这种“为未来做准备”的做法。我们不会只把此时此刻做的事当成实现未来的一个手段，因为这无疑是在贬低此刻。既然如此，忘记未来才能完全关注当下，或者说不忧虑未来才能很好地“忘记”未来。

不过，这里所说的“未来”只不过是它的其中一种含义。存在于我们自身内部的未来，也属于此刻我们自身的一部分，这要谈起来就是另外一码事了。

纯粹

相当于一种感知和行为的所谓的“纯粹”，往往被认为是那些富有极高创造性的人所具有的特质。这类人被描述为在情境中是赤裸的、单纯的、没有预设期待的，他们的头脑中也没有所谓的“应该”或“必须”的概念，没有流行、时尚、教条、习惯的意识，也不在乎什么是合适的、什么是正常的、什么是正确的，就像他们随时随地做好了迎接一切事情的准备，所以当任何事情来临时，他们都不会感到惊讶、震惊、愤怒或否认。

在这一点上，儿童反而能做得更好，因为他们对一切无所求。明智的老人也能做到这一点。此时，当我们终于能够“活在当下”时，所有人也能做到这一点，变得天真无邪了。

意识聚焦

我们现在很少分心去关注眼前问题以外的事物。关键是，我们随之减少了对他人、他人对我们的约束关系，以及我们对他人的责任、义务、恐惧、希望等意识的察觉。我们因此而脱离了他人的约束，变得更加自我，用霍尼的话说，就是成了真实的、真诚的、真正的自我。

为什么会变成这样呢？必须挖掘出我们脱离真实自我的根源。根源在于童年历史遗留问题，是谁给我们的童年造成了神经症问题，以至于让我们把过去和现在混淆，使我们已经成年的人做出了如孩童一样的举动。（值得一提的是，儿童像儿童一样行事是没有任何问题的，这就像儿童必然会依赖别人，但总有一天他必须摆脱这些依赖。如果一个人在他的父亲去世二十年后，依然深受父亲的影响，害怕父亲的说教，那么这显然是不妥的。）

总之，这种时候，我们应该变得不再受别人的影响，无论之前谁或谁的行为如何影响你，现在都不能再被影响了。

这意味着你必须摘掉面具，不要再影响别人，也不要给人留下印象，更不必去刻意取悦别人、赢得掌声。可以这么说，如果台下没有观众，我们难道还需要扮演角色吗？既然不再需要表演，那就去忘我地、全身心地解决问题吧。

丧失自我：忘我、失去自我意识

一个人如果完全沉浸在非我中，他就很难意识到自己，进而很难察觉自己。然后，他便很少再像一个旁观者或批评家那样观察、审视自己。心理动力学会把这种情况形容为：这个人很少再分裂了，不再分裂为自我观察的自我和体验的自我，而变成了一个全身心去体验的自我（你将远离少年的羞涩和扭捏，不再苦恼被人关注等）。这说明这个个体将变得更加整齐划一。

同时，这意味着个体对自我体验减少了批评，不再去杜撰和编排，减少了评估、评价，很少再选择和排斥什么，较少去判断和权衡，较少去分割和剖析。

这种忘我是找回真正自我的最佳途径之一，也是发现真实自我，以及自我真正的天性、最深的本性的途径之一。这一过程往往能给人以愉悦的体验，我们不必再像佛教徒和东方思想家那样谈论“性本恶”还是“性本善”，即便他们的说法确实有一些道理。

意识的抑制作用（特别是自我意识）

从某些方面来说，自我意识在某时某刻会以某种方式起到抑制的作用。自我意识有时能聚焦疑虑、冲突、恐惧等情绪，有时又十分不利于个体发挥创造性，有时还会抑制个体的表现力。

不过，也确实存在一种自我意识（或自我观察、自我批判），这种自我意识对于“次级的创造性”来说是十分必要的。就拿心理治疗来说吧，这本身就是自我对进入意识领域的体验进行批判的结果。精神分裂症患者总是能洞察到许多，但由于他们的这种体验大多属于“整体体验”，而缺乏“自我观察和批判”，所以不能将其用于治疗。这就好比在创造性工作中，获得“灵感”只是第一步，之后需要更为严格的构建才能成功。

恐惧消失

这意味着我们的恐惧和焦虑也终会消失，同样，我们的沮丧、冲突、矛盾、担忧、问题，甚至是身体上的疼痛也都会消失不见。甚至精神病和神经症也会暂时性地消失（如果它们不是极端到阻止我们对手头的事情产生深入的兴趣和沉浸其中的话）。

在这段时间里，我们是勇敢而自信的，不受恐惧所扰，毫无焦虑，不神经质，不被病痛所困。

防御和抑制的减少

我们的抑制也会趋于消失，同样，我们的警惕性、我们的（弗洛伊德式的）防御和对冲动的控制，以及对危险和威胁的防御也会消失。

力量和勇气

在研究了大量的创造性人群后，我们发现，创造性态度要求人们既要有勇气又要有力量。勇气在他们身上体现出了各种版本，诸如顽强、独立、自足、傲慢、坚强的性格以及自我力量等。在创造性态度中，受欢迎不那么重要，它反而成了较为次要的因素，恐惧和懦弱则被完全剔除，或很少出现。

在我看来，这样我们反而更容易理解什么是创造性了，即只要把它当成“此时此刻”忘记自我和忘记他人综合征的一部分。这种状态本质上意味着较少恐惧和抑制，不再自我防御和自我保护，减少戒备，不再需要人为的矫饰，不再害怕被人嘲笑、羞辱和失败。所有这些特性都是忘记自我和忘记他人的一部分。那么，全神贯注无异于消除恐惧。

换一种更为肯定的说法，那就是让自己变得更勇敢，更容易受到神秘的、陌生而新奇的、模棱两可和矛盾的、不寻常和出乎意料的事物的吸引，但他们并不会因此变得多疑、害怕、戒备，也不需要使用什么减轻焦虑和防御的手段。

接受：积极态度

沉浸于“此时此刻”和忘我之境时的我们，很容易通过另外一种方式变得更“积极”，而不再消沉，即放弃了自我批评（臆想、选择、纠正、怀疑、改进、拒绝、评价）。仿佛在说，我们不再拒绝，不再否定，也不再挑三拣四，因为我们完全接受了。

不阻碍手头事务意味着我们可以让它深入内心，让它在我们身上施加意志，让它顺其自然，让它做自己。那么，有一天，也许我们甚至还可以赞同它做自己。

这使我们更容易达到道家的境界，即谦逊、无为、包容。

信任与尝试、控制、努力相对立

上述所有的内容都暗示着，要信任自我和这个世界，因为这能使我们暂时放弃一切的紧张和努力，放弃所谓的意志和自制，以及放弃一切有意识的应对及对此所做出的努力。当允许自己被手头事务的内在本质所决定时，就意味着我们必然要学会放松、等待和接受。通常，努力去掌握、支配和控制与真正地与事务（或问题、人等）达成和解或真正地感知它们是相对立的。尤其对未来而言，我们必须充分相信自己未来能够在新奇事物面前即兴发挥出所有的能力。这样的描述，让我们可以更清楚地看到信任涉及自信、勇气、对世界的无畏。同时，这种对我们自己的信任是一种全身心地、坦率地投入当下的必然条件。

（一些临床例子可能会有助于我们去理解：分娩、排尿、排便、睡觉、在水中漂浮、性的顺从要求我们必须都放弃紧张、努力、控制，放松、信任、自信地让事情发生）。

道家的包容性

道家思想和包容性都各自含有很多深意，它们都很重要，但也都很微妙，除非运用修辞手法，否则很难传达出来。所有微妙而精致的道家精神，尤其是关于创造性态度方面，已经被许多作家反复地、以这样或那样地方式描述过了。然而，每个人都同意，在创造性的初级灵感阶段，某种程度的包容性或无为或“放任自由”是其主要特征，这种描述在理论和动力学上也是必要的。我们现在的问题是，这种包容性或“让事情发生”是如何与“此时此地”的沉浸和“丧失自我”综合征产生关联的呢？

首先，以艺术家对其材料的尊重为范例，我们可以将这种对手头事务的尊重和关注描述为一种礼貌或敬意（不受控制意志的干扰），这与“认真对待”相类似。这等同于将它视为一个目的、一种有其存在的权利的事物，而不是作为达到其他目的的手段，或作为某种外在目的的工具。对它存在的尊重意味着它值得被尊重。

这种礼貌或尊重同样可以适用于问题、材料、情境或人——这是一位作家福利特所称的对事实的权威、情境法则的敬意（屈服、投降）。我可以从简单的允许“它”做自己，过渡到爱、关心、赞成、欢喜、渴望它做自己，就像对待自己的孩子、心上人、树木、诗歌或宠物那样。

这种态度在本质上是必要的，为了理解或领悟手头事务的丰富性，使其以自身的性质和风格出现，而不需要我们的帮助，也不强加我们自己的意志，就像我们要想听到他人的低语时就必须保持安静那样。

这种对他人存在的认知（B- 认知）在第 9 章中有详细的描述。

存在认知（B- 认知）者的整合（与解离相对）

创造往往是一个完整的人类行为，最起码通常是这样的。那时，人类是最为完整的、统一的、整体的、一致的，然后完全服务于让他沉迷的事务。因此，创造性是系统性的，即整个人有着整体或格式塔特质。它不是像涂上一层油漆或像细菌入侵那样附着在有机体表面，它是与解离相对的。“此时此地全部”被更少地解离（分裂）开来，而变得更为合一。

获得进入初级过程的许可

人的整合过程，其实就是一个无意识和前意识的恢复过程，尤其是那些或诗意，或隐喻，或神秘，或原始，或古老，或孩子气的初级过程。

我们的意识和智慧往往过度专注于分析、理性、数值、原子、概念，因此错过了大量的现实部分，尤其是我们内部的现实部分。

审美的感知而非抽象

所谓抽象，即意味着更加积极主动且具有较多干预性的活动，它不像道家式的“无为”。相较于审美态度，它更偏向选择和拒绝，而不是更偏向品味、享受、欣赏，它所采取的方式就是从不干预、从不侵入、从不控制。

抽象最终会衍生为诸如数学方程式、化学公式、地图、图表、蓝图、概念、轮廓、模型、理论体系之类的东西，显然，这些东西越来越远离原始现实。非抽象的和审美感知最终会衍生出一个知觉清单，清单中的每一项都值得品味，而不再需要重要性的高低评估了。我们在这里想要发现的是感知的丰富多彩，而不是对它的简化省略。

许多科学家和哲学家受困于方程式、概念或蓝图等，甚至认为这些抽象的东西比现实的东西更为真实。所幸我们已经理解具体的东西和抽象的东西是相辅相成的了，我们完全不必贬低哪一方。当前，我们西方的这些知识分子已经在抽象的东西上偏离太久了，以至于将抽象与知识相提并论。我们最好将这一天平调整过来，强调具体的、审美的、现象学的、非抽象方面的一切整体和细节，包括看似无用的部分。

最大程度的自发性

如果我们将注意力全部集中在手头事务上，沉迷于此，心中不再有其他目标或目的，那么就更容易成为完全自发的、充分发挥才能的状态，从而，我们的能力得以轻松流露，完全自发，无须努力、无须有意识的意志去控制，更像本能一般以不加思考的方式进行，这便是最充分、最不受阻碍、最有组织的行动。

对手头事务的组织能力和适应性主要决定于这件事本身的内在性质。届时，我们的能力会以最完美、最迅速、最轻松的状态适应此时此景，并可以随着情境的变化而灵活变化。例如，画家可以不断地调整自己，以满足他正在创作的画作的需求，正如摔跤手会根据对手的状态来调整自己的状态，舞者会相互适应对方的步伐一样顺畅自如。

最大程度的表达性（独特性）

充分的自发性保证了自由运作的有机体的性质和风格，

以及其独特性的真实表达。“自发性”和“表达性”这两个词都意味着诚实、自然、真实、无邪、不模仿、不矫揉造作等，因为它们也暗示了行为的非工具性，缺乏有意的“努力”，缺乏努力的追求或紧张，不去干预冲动和深层次人格的自由“辐射”（表达）。

现在唯一的决定因素是手头事务的内在性质、人的内在性质，以及它们根据彼此的需要进行波动适应，从而形成一个融合、一个整体，就像一个出色的篮球队或一个弦乐四重奏团体。这种融合情境之外的任何事物都是彼此不相关的，这种情境不是达到任何外在目的的手段，它本身就是一个目标。

人与世界的融合

可得出的结论是人与他的世界之间的融合，这在创造性中经常被认为是一个可观察的事实，现在，我们可以合理地认为这是一个必不可少的条件。我认为，我一直在拆解和讨论的这个关系网可以帮助我们更好地理解这种作为一个自然事件的融合，它并非某种神秘、深奥、玄妙的东西。我认为，如果我们理解它是一种同构，即一种彼此之间的塑造，一种越来越好的结合或互补，一种融为一体的过程，那么它很可能是可以被研究的。

这将有助于我们充分理解北斋说的那句话：“如果你想画一只鸟，你必须先成为一只鸟。”

第五章　关于创造性的整体方法

将当前创造性领域的状况与20至25年前的状况相比的话，我发现一件非常有趣的事。首先，我第一个想说的是积累的数据量——纯粹的研究工作量远远超过了当时任何人可以合理预期的数量。其次，我另外一个要说的印象是，与方法的大量积累、巧妙的测试技术以及信息的绝对数量相比，这个领域的理论并没有太多的进展。我想指出的主要问题是，当前，在创造力研究领域中，我们的思考和研究方法似乎过于狭窄和特定化，没有将创造力视为一个整体或系统来理解和探讨。我并不是要提倡某种极端的二元对立思维，比如完全倾向整体主义而忽视分析，或者完全拒绝整合而仅仅关注细节。实际上，我认为重点应该放在如何有效整合这两种方法上，而不是选择其中一种。

为了避免这种不必要的选择，我们可以借鉴过去心理学家皮尔逊使用的方法，即区分一般因子（“G”）和特定因子（“S”）。这种区分在智力和创造力的研究中尤其有用，因为它允许我们同时认识到，既有一些普遍适用的能力或特征贯穿于创造力的各个方面，也有一些特定的能力或特征仅在某些特定的创造性活动中显现。通过这样的区分和整合，我们可以更全面地理解创造力，既不忽视它的普遍性，也不忽视它的特殊性。这种方法鼓励我们探索创造力的多样性和复杂性，同时寻找那些促使所有创造性表现的共同因素，这对于我们深入理解创造力的本质至关重要。

令人印象深刻的是，在我阅读创造性相关文献时，我发现它与精神健康或心理健康的关系是如此深刻、重要，并且又是如此明显，然而它并没有被用作构建理论基础。例如，心理治疗领域的研究和创造力领域的研究，其实关联相对较少。我的一名研究生理查德·克雷格发布了一篇在我看来至关重要的论文，证明了这种关系的存在。多伦斯所著的《指导创意人才》一书中有这样一个表格令人印象深刻，他在其中总结了所有与创造力有关的人格特征的证据，并认为至少有三十个充分的特征。克雷格所做的是列出这些特征，并另外列出我所描述的自我实现的那类人的特征（这与许多其他人描述心理健康时使用的列表发生了很大的重叠，例如，罗杰斯的“完全功能的人”，荣格的“个性化的人”或弗洛姆的“自主的人”等）。

在研究中，我们发现创造力与心理健康之间存在着近乎完美的重合。在列出的三十多个特质中，几乎描述的都是心理健康的正面特质，只有极少数是中性的，而没有任何一个是负面的。这表明，心理健康或自我实现者拥有的特质几乎是积极的，这些积极的特质构成了一个完整的心理健康综合体。

我之所以引用这篇文章开始讨论，是因为我坚信（正如我早先所思），创造性的核心在于具有创造性的人本身，而不仅仅是其产品、行为等。换言之，具有创造性的人是那些特别的个体，而不是那些满足于平凡的、守旧的人。即使他们获得了新的物质财富，掌握了新技能，如滑冰，或者拥有了更多的物品，这些都不是构成其本质的一部分。如果我们认为创造性的个体是探讨的核心，那么我们就面临关于人性、性格转变和个体全面发展的问题。这自然而然地涉及了人们的世界观、生活哲学、生活方式、伦理观和社会价值观等深层次问题。这种观点与我经常听到的那些特定的、线性的、封闭的、简化的理论、研究和教育方法形成了鲜明对比。

例如，“一个人具有创造力的原因是什么？”“我们能做的最重要的事情是什么？”“我们应该在课程中增加一个三学分的创意课程吗？”我预期很快就会有人问：“它在哪个部位？”甚至恨不得植入电极来打开或关闭它。在工业界的研发人员前来咨询时，我也强烈地感觉到他们一直在寻找某个秘密的按钮，就像打开或关闭灯一样的按钮。

要想培养具有创造性的人，我的建议是，决定因素可能高达数百个，甚至数千个。也就是说，任何有助于人向心理更健康或更完全的人性方向发展的东西，都等同于改变了整个人。更完全的、更健康的人会激发出数十种、数百种，甚至数百万种不同的行为、经验、感知、交流、教学、工作等，这些都会更具“创造性”。他将成为一个在各个方面都有不同行为表现的人，而不是那个可以任意地产生更多创意的单一秘密按钮、技巧或三学分课程。然而，这种更全面、更具体系的观点又会引发一个这样的问题：“为什么不是每门课都有助于培养人们的创造性？”当然，这种教育应该有助于创造出一类更好的人——帮助一个人成长为更好、更高、更明智、更有洞察力的人，而这个人——顺便说一句——在生活的各个领域，也理所当然地更具创造性。

我随便给你举一个例子。我的一个同事——迪克·琼斯写了一篇博士论文，我认为从哲学的角度来看，这篇论文十分有价值，但它并没有得到足够的关注。这篇论文是以一个高中治疗小组课题为基础完成的，课题进行了一年时间，结束时，他惊奇地发现人们对于种族和民族的偏见问题有所下降，尽管整整一年来，他都在刻意避开这些敏感词语。偏见并非一个按钮，你按下它就产生，它几乎不需要你去培训就能自动生成，同理，你也不能培训人们“消除偏见”。对此，我们做过多种尝试，但效果并不好。然而，偏见就这样像火花飞溅一样华丽地消失了，仅仅作为一个附带现象，或者一个副产品，消失了。这正是因为一个人想要变得更好，无论是通过心理治疗，还是通过任何其他改善者的影响。

大约 25 年前，我对创造性的研究方法与传统的科学（原子论）方法大相径庭，我必须发明全面的访谈技巧。也就是说，我试图尽可能深入、全面地了解一个又一个人（作为独特的个体），直到我认为已经把他们当成完整的人了解为止。就好像我正在获取一个人和他整个生命的完整的病例史，而没有一个特定的问题或想法，也就是说，我并没有侧重一个人的某个方面而忽视其他方面，即我在进行的这个研究是从整体出发的。

然而，接下来你可以采用规范的方法，然后提出具体的问题，进行简单的统计，得出一般性的结论。你可以将每个人视为一个无限体，但这些无限体可以相加，可以进行百分比计算，就像超限数可以被操控一样。一旦你这样深入、深刻、个体化地了解了一群人，那么在典型的那些实验中，某些不可能的操作就变得可能了。我有一个由大约 120 人组成的研究对象小组，我花了大量的时间去了解他们每一个人。之后，即使这 120 人都已不在人世，那么我依然可以做到提出一个问题，然后从数据中找答案。这与那种临时实验形成了鲜明对比，在那种实验中，一个变量被修改，其他所有的变量则“保持不变”（尽管我们非常清楚，即使在某些被固定化了的典型实验范例中，仍有数以千计的变量实际上是不可控的）。

如果可以直白地质疑，我会坚定地认为，这种因果思维方式，在非生命世界中是相当有效的，我们已经或多或少地学会了使用它来解决人类问题，但现在作为一种科学哲学的普遍观念，它已经消亡了。我们不应再使用它，因为它只会导致我们进行特定的思考，即一个原因产生一个特定的效果，一个因素产生另一个因素，而不再让我们对系统和有机变化保持敏感。任何刺激都有可能改变整个有机体，然后，作为一个改变了的有机体，它产生的行为也会改变生活的方方面面（无论任何规模的社会组织，都是如此）。

例如，考虑身体的健康问题时，我们会问：“如何更好地保养牙齿？”或“如何让他们的脚好起来？”还有肾、眼睛、头发等问题，任何医生都会告诉你，最好的方法是改善身体的整体健康状况。也就是说，当你试图改善一般因素时，如果能改善饮食和生活方式，那么将一举多得地改善牙齿、肾脏、头发、肝脏和肠道等整个系统的问题。同样，从整体上看，创造性来源于整个系统的整体改进。此外，任何能使人更有创造力的因素，同样也能使一个男人成为更好的父亲、更好的老师、更好的公民、更好的舞者或在任何其他方面更出色，至少在一般因素得到加强时是这样的。当然，接下来还会加上特定的因素，以区分好的父亲和好的舞者或好的作曲家。

有一本关于宗教社会学的书相当不错，是格洛克和斯塔克的著作。我之所以推荐这本书，是因为它是一种非常高明的原子论和一种对于特定情境下的思考方式的描述。特定情境的思考者、刺激—反应思考者、因果思考者、一对一因果思考者，在进入一个新领域时，表现得正像这些作者描述的那样。首先，他们认为必须定义宗教，并且当然会给宗教下一个这样的定义，使宗教保持纯净、独立，而不是其他什么东西。所以他们会继续隔离它，将其从其他所有事物中切割、解剖出来。因此，他们最终得到了亚里士多德式的逻辑——“A”与“非 A”。“A”是完全的“A”，仅此而已。“A”代表了一类特定事物，而“非 A”则包括了所有其他事物。这意味着两者之间没有交集、混淆或融合。例如，许多虔诚的宗教信徒认为宗教态度可以是任何行为的一个方面，实际上是所有行为的共通特征。然而，在某些讨论中，这种可能性在一开始就被排除在外。这导致了一种情况，即将宗教行为与其他所有行为严格分开，仅关注诸如去或不去教堂、保留或不保留圣物等外在行为，忽视了我所谓的“宗教”，即那些与制度、超自然或偶像崇拜无关的真正的宗教行为。

这种分离的思维模式是原子主义思维的一个典型例子，但它并不限于宗教领域。同样的思维模式也可以应用于创造性的探讨中。我们可能会将创造力局限于特定的环境和时间，比如认为只有在教室里的星期四才能发生创造性活动，或者仅将创造性与绘画、作曲、写作等领域关联，而排除烹饪、开出租车或做管道工等活动。然而，我要强调的是，创造性实际上是几乎任何行为的一个方面，无论是在感知、态度、情感、意志、认知还是表达层面。用这种开放的视角来看待创造力，我们可以发现并提出许多有趣的问题，这些问题在二元对立的视角下可能被忽视。

这就像你在试图成为一个优秀舞者的过程中会采取不同的方式。在特定情境的社会中，大多数人选择去亚瑟·默里舞蹈学校，在那里学会移动左脚，然后右脚跨出三步，再慢慢地学会许多外部、有意识的动作。但我想我们都会同意，甚至可以说我们都深知对舞蹈进行成功的心理干预的特点就是它能带来成千上万种效果，其中很可能包括舞蹈的天分，也就是说，更自由地跳舞，更优雅地跳舞，而不那么拘谨，不那么扭捏，不那么刻意，不那么讨好，等等。同样地，我认为，只要心理干预是好的（我们都知道也有很多不好的心理治疗）并且是成功的，那么以我的经验来看，它的确可以增强一个人的创造性，而不需要你特意去尝试或提及这个词。

在此，我想分享我的学生写的一篇相关论文，在这篇论文里，有着许多出乎意料的发现。这篇论文最初是探讨自然分娩的巅峰体验和人们突然做了母亲的狂喜体验的，但研究方向发生了意想不到的转变。坦泽尔夫人发现，当分娩成为一次美好而难忘的经历时，会引发各种深远的变化。如果分娩是一次美好的经历，那么这位女性生活中的各方面都会发生变化。这种体验可能类似于宗教的觉醒，或是一次深刻的启示，或是一次极为成功的体验，从而根本性地改变了这位女性的自我认知，进而影响了她的所有行为。

我还想说，这种普遍方法似乎都能更好、更有效地来谈论“氛围”。我试图找出非线性系统组织设置以及产生所有良好效果的原因。我只能说，整个场所都构成了一个创意的氛围，我不能从中挑选一个主要原因而反对另一个。那是一种普遍的、诸如大气一般的、整体的、全球性的自由，而不是你在星期二做的那件特定的、可分离的小事情。增强创造性的最好氛围将是一个乌托邦，或者如我更愿称为的“理想国”（eupsychian），一个专为改进所有人的自我实现和心理健康而设计的理想社会。那将是我的普遍声明——“G”声明。在这个背景下，我们可以处理一个特定的“模型”，一个特定情境中的“S”，或者是使一个人成为好的木匠、另一个人成为好的数学家的特定因素。但如果一个人没有处于普遍的社会背景下，而是在一个糟糕的社会背景中（这是一个普遍的系统声明），创造性就不太可能存在。

在治疗和研究的过程中，我们发现一些类比对我们理解自我和身份的构建非常有帮助。一方面，我们可以从这个领域的问题中学习很多，比如什么是身份、什么是真实的自我，以及治疗和教育如何帮助人们找到自己的身份；另一方面，我们也认识到存在着某种“真实的自我”模型，这个模型在一定程度上是基于生物学的，与我们的天赋、气质和本能相关。我们作为一种独特的物种，拥有与其他物种不同的特质。如果我们接受这一点，认为我们不是一张等待被塑造成某种预设形状的白纸，而是有我们固有的特质和倾向，那么我们对治疗和教育的看法也应该是基于揭示和释放这些内在特质，而不是去塑造、创造或形成新的特质。这种理念同样适用于教育领域。从不同的人性观念出发，我们对教育、学习乃至一切的基本理解也会有所不同。

那么，创造性是不是人类共有的一种普遍特性呢？很多时候，创造性可能被遗忘、隐藏、扭曲或压抑。因此，我们的任务就是揭示每个婴儿天生就具有的这些特性。我认为这是一个非常重要且普遍的哲学议题，代表了我们迫切需要解决的一个基本哲学立场。

我想强调的最后一点是个“S”问题（具体观点），而非一个“G”问题（宏观观点）。我想问：我们什么时候不需要创造性呢？有时，创造性可能会成为一个可怕的麻烦，从而让人陷入危险、凌乱的事情中。我曾从一个“有创意”的研究助理那里了解到了这一点——她瞒着我“创造性”地更改了我的整个研究项目。她搞乱了所有的数据，导致我一年的努力全都白费了。总的来说，正如我们大多数人都希望列车能准时发车，而不希望牙医太“有创造性”一样。

几年前，我的一个朋友做了一个手术，手术前，他一直被不安和恐惧所折磨，直到遇到他的外科医生。幸运的是，这名医生是个十分冷静而严谨的人，非常精致，干净利落，连他的小胡子都修剪得十分整齐。我的朋友因此松了一口气——他不是一个“有创造性”的人。这个人是个恪守规则的人，他只会做正常的例行手术，不会擅自变更或尝试什么新技巧或新方法。在我们这样一个分工明确的社会里，我们应当能够接受命令，执行计划并保持可预测性。我认为，这不仅在我们的社会中很重要，而且对我们每个人都很重要。对于那些富有创造力的工作者，以及具有创造性的研究者，我们往往会倾向神化创造过程，尤其崇拜那种热忱、伟大的洞察力，灵光一闪的好点子，以及夜晚某个时刻的灵感乍现，而忽视将灵感付诸实践的不可或缺的辛勤努力。

简单地说，灵感在我们的时间中所占的比例其实非常小，我们大部分的时间都花在了艰辛的工作上。但在我印象中，学生似乎并不知道这一点。也许是因为他们受到了我的影响，因为我写过关于巅峰体验和灵感之类的东西，以至于让他们觉得这就是生活的唯一方式。他们认为如果生活不能每时每刻都有巅峰体验，那就不算是真正的生活，于是他们放弃了所有乏味的工作。有些学生告诉我：“不，我不想做那个，因为我不喜欢。”然后我就气得脸色发紫，怒吼道：“该死的，你必须做，否则我就开除你。”然后，他就认为我背叛了自己的原则。所以我认为，当我们在向他人描绘创造性时，应该赋予它更加稳重和平衡的印象，因为我们这些研究创造性的工作者必须为此承担责任。显然，我们给他们留下了这样一个印象，即创造性就是某一瞬间的灵感乍现，仿佛被闪电击中头顶一般。但事实上，真正富有创造性的人都是勤勉的工作者，这一点常常被人们忽视。

第六章　情感对创造性的阻碍

当我开始研究创造性这个问题时，它完全是一个学术或教授式的问题。近几年，我很惊讶地发现自己被一些我完全不了解的大企业，诸如美国陆军工程设计院这样的组织所吸引，但因为自己对这方面的工作不了解，所以有点不安。我不确定我所做的工作和得出的结论，以及我们今天“知道”的关于创造性的内容能否在大型组织中以其现有的形式得到应用，我能提供的只是一系列的悖论、问题和谜团，至于如何解决，我现在还一无所知。

我认为管理创造性人才是个极其困难又极其重要的问题，我不太确定该如何处理这个问题，因为从本质上说，我所讨论的人往往是个“独行侠”。我所研究的创造性人才，常常会在组织中遭受压迫，这让他们害怕合群，更倾向独自在角落或阁楼中工作。在大型组织中，“独行侠”的问题恐怕只能由组织内部解决，而由不得我。

这也有点像在努力调和革命者与稳定社会的关系。因为我研究的人本质上都是带有革命性的，他们对现有的东西不屑一顾，对现状感到不满。这是一个新的领域，我想我会继续扮演研究者、临床医生和心理学家的角色，分享我所学到的知识和我所能提供的帮助，希望有人能够从中受益。

从另一个意义上说，这也是一个新的领域——你们都需要深入研究的一个新的心理学领域。如果我可以预先总结一下我要说的内容，那就是：我们在过去十几年的时间里发现，我们真正感兴趣的创造性的来源，即真正的思想的产生，主要源于人性的深处。我甚至还没有找出一个很好的词语来描述它，姑且可以使用以下弗洛伊德的术语，即“潜意识”。或者，按照另一种心理学思想，你可能更愿意谈论真正的自我，但无论如何，它都是一个更深层次的自我。从心理学家或心理治疗师的角度看，它在操作上是更加深入的，也就是说，你必须挖掘它，它是深层的，就像矿石一样深；它深埋在地下，你必须努力穿越表面层才能接触到它。

这必然是一个大多数人所不了解的新的领域，也是历史上前所未有的一个极其特殊的领域，我们不仅不了解它，更害怕去了解它。也就是说，对于它，我们一直存在抵抗心理。现在，让我来解释这一点。我在谈论的是我所称为初级创造性的东西，而非次级创造性，这种初级创造性源于潜意识，是新发现的来源，是真正新思想的来源，是与目前存在的所有观念所不同的东西。这与我所称为次级创造性的东西是不同的。这是心理学家安妮·罗伊在最近的研究中所展现出来的生产力类型，她在一系列知名的人群中找到了共同性——这些人都是有能力的、多产的、功能性强的、著名的人。例如，在一个研究中，她研究了美国科学院中所有被标星的生物学家；在另一个研究中，她研究了全国的每一个古生物学家。她在这个研究中展示出了一个我们必须面对的非常特殊的悖论，即在某种程度上，许多好的科学家是那种心理病理学家或治疗师所说的相对僵化的人、相对受限的人，他们害怕自己的潜意识，正如我之前提到的那样。于是，你可能会得出一个我曾得出过的奇特的结论。我现在习惯于思考两大类科学和两大类技术。如果你愿意，科学可以被定义为一种技术——通过与很多其他人合作，站在前辈的肩膀上，通过谨慎小心等方式，使不具备创造性的人有所创造和发现。现在，我把它们称为次级创造性和次级科学。

然而，我认为，我是可以揭示出那种源自潜意识的初级创造性的，我在特意挑选出来特别具有创造性的人身上，经深入研究发现了这一点。这种初级的创造性很可能源自每个人的遗传，它是一种十分普遍且共通的事物。我可以肯定地说，所有健康的儿童都具备这种创造性，任何健康的孩子都天生具备创造性，但随着成长，大多数人失去了它。它在另一种意义上也是普遍的，即如果你以心理治疗的方式深入挖掘，深入一个人的潜意识层，那么你就会找到它。我将给你们举一个可能大家都亲身经历过的例子。我们知道，梦中的我们甚至要比清醒时更具创造性。在梦中，我们变得更聪明、更风趣、更大胆、更具创新意识等等。当人们从抑制和防御中突破出来时，他们就会肉眼可见地表现出更多的创造性。我最近与我的精神分析师朋友交往甚密，试图了解他们是怎样释放创造力的。精神分析师们的普遍结论——我相信所有其他心理治疗师也同意这一点——一般的心理治疗期待被治疗者会释放之前从未出现过的创造力。这将是一个很难去证明的事情，但这就是这群精神分析师总结出的印象，如果你愿意的话，也可以称之为“专家意见”。这就是从事此工作的人通常获得的印象，例如，对于那些想写作但又有某些障碍的人来说，心理治疗可以通过帮助他们释放自己来克服这个障碍，然后重新开始写作。因此，普遍的经验是，进行心理治疗，或者说深入这些通常被压抑着的更深的层次中，将释放一个共同的遗传因素——我们所有人都曾拥有的，却已经被遗忘了东西。

我们可以从一种神经症中学到很多，这对于深入研究这个问题大有裨益，而且这个问题比较好理解，所以，我认为我们可以先来谈谈这个问题，它就是强迫症。

有强迫症的人总是僵硬和死板的，他们从不擅长玩耍嬉戏，这些人总试图控制自己的情感，所以在某些极端情况下，他们看起来相当冷酷。他们时常感到紧张、局促，在正常状态下（当然，当它达到极端时，就发展成了需要精神病医生和心理治疗师干预的疾病），强迫症者十分有序、十分整洁、十分守时、十分具有系统性和控制性，这些性格特征可以让他们成为出色的簿记员。简而言之，从心理动力学的角度讲，强迫症者可以被描述为“重度解离”，即比大部分人更为严重，如他们所意识到的和知道的关于自己的东西，以及自己所隐藏的、无意识的或被压抑的东西更为分裂。当我们更多地了解这类人，并了解到让他们感到压抑的原因时，会发现这些原因往往是普遍存在于所有人的，只不过程度更小一点。所以我们再次从极端的情况，了解到了更为普遍和正常的现象。强迫症者必须这样做，别无选择，因为这是他们实现安全、秩序、无威胁、无焦虑的唯一方式，即通过有序、可预测、控制和掌控来实现。通过这些特定的技巧，他们才能实现这些理想的目标。对于他们来说，“新”即威胁，如果让他按照过去的经验来进行安排，那么就不会有任何新状况发生。也就是说，强迫症者如果可以让自己相信没有任何变化，如果可以根据“久经考验”的法律和规则、习惯、调整模式来迎接未来，并在未来坚持使用，那么他会一直感到安全，不会有任何焦虑。

何以至此？他们在害怕什么？从动力心理学家的角度来看，或者用普遍的术语来说，他们害怕自己的情感，或他们最深层的本能冲动，或他们最深处的自我，他们在极力地压抑自己。他们必须这样做！否则就会觉得自己要发疯了。这种恐惧与防御的内部戏剧性发生在一个人的身体之内，但又会被他泛化，投射到整个外部世界，然后再以这种方式看待整个世界。其实，强迫症者真正要对抗的是来自内心的危险，但当外部世界有任何东西能让他们想起内心的这些危险时，他们就会奋起反抗。通过让自己变得更加井然有序，来对抗自己的混乱冲动。外界的混乱能够让他想起内心被压抑的反叛，进而被威胁。任何危及这种自我控制的事物，任何加深危险的隐匿冲动，或者削弱防御的东西，都会吓坏和威胁到这类人。

这一过程让他们失去了很多，但他们也获得了一种平衡。这样的人往往能够平稳地度过一生，因为他们总能控制住任何事态。这是拼命努力自我控制的结果，以至于一生中绝大多数的能量都用于此，所以他们很容易觉得疲惫。控制是疲惫的根源，但他可以应对这种疲惫，通过保护自己不受未知的危险，或未知的自我，或真正的自我（他们将被教导视为危险）的伤害。他必须隔绝一切潜意识的东西。

有一个古老的寓言讲述了一个古代的暴君在追捕一个侮辱了他的人。他知道这个人躲在城镇里，所以下令杀掉城镇中的每一个人，只是为了确保那个人不会被漏掉。这就像强迫症者会做的事情，他为了确保危险部分不会溜出来，就会毅然决然地杀掉并隔绝所有潜意识的东西。

我想要阐述的是，这种潜意识的、更深层次的自我，通常是我们所害怕的自身部分，因此我们试图控制，并从中产生了某种能力，让我们能充分享受嬉戏、欢笑、幻想、放松等。而其中最重要的就是创造力，它作为一种智力游戏，允许我们自我幻想、自我放飞、私下里做疯狂之事（每一个真正新颖的想法在起初看起来都很疯狂）。强迫症者最终放弃了他的初级创造性，也放弃了成为艺术家的可能性，他放弃了诗歌，放弃了想象力，淹没了所有健康的童心。更进一步说，这正好验证了我们所说的"良好适应"，也可以很恰当地描述为能够适应一切适当的束缚，即能很好地待人接物，很现实，有常识，成熟，有担当。令人担心的是，这些适应往往是对那些威胁良好适应的事物的背离。也就是说，这些是为了与世界、常识、物理、生物和社会现实和平相处而做出的必要努力，而这背后往往意味着，我们要以放弃更深层次的一部分自我为代价。发生在我们身上的或许并不像我描述的那么戏剧化，但它越来越明显的趋向性的确令人担心。我们所谓的正常成年人的适应正是对那些同样威胁我们的事物的背离，即对柔软、幻想、情感、"童心"的背离。有一件事我之前没有提及，但在最近研究创造性和非创造性的人中，我对此产生了浓厚的兴趣，那就是我发现人们对任何具有"女性化""女性气质"，或被我们称为"同性恋"的事物是如此恐惧。如果他在一个严酷的环境中长大，"女性化"几乎意味着所有创造性事物：想象、幻想、色彩、诗歌、音乐、温柔、消沉、浪漫。但一般情况下，这些都被视为威胁男子气概的东西，在正常的成年男性适应中，被称为"柔弱"的所有事物终将会被压抑。而实际上，我们所认识到的许多被称为柔弱的事物，一点也不柔弱。

如此，我认为我可以通过讨论这些潜意识的过程来为这一领域提供帮助，这一过程又被心理分析家称为"初级过程"

和“次级过程”。试图对不规则性进行有序的描述，对非理性进行理性的描述，是一项艰难的任务，但我们必须这么做。以下是我最近写的一些笔记。

这些初级过程，或者说我们所关心的无意识的认知过程，即感知世界和思考的过程，与常识、严密的逻辑，或心理分析家所称的“次级过程”大相径庭。后者中的我们常常是有逻辑的、明智的、现实的。当次级过程与初级过程隔离开来时，初级过程和次级过程都会受到伤害。在极端情况下，从更深层次中将人格从逻辑、常识和理性隔离开来，或完全剥离开来，就会形成强迫症，即那种过分理性，完全不能生活在情感世界中的人。他们不知道自己是否爱上了某人，因为爱在他们看来实在是不合逻辑的，他们甚至不允许自己频繁地笑，因为笑也不是一个符合逻辑、理性和明智的行为。当这种状态被封闭，当一个人被割裂，你就得到了一个近乎病态的理性和病态的初级过程。

这些被隔离和二分的次级过程，大致上可以被视为由恐惧和挫败产生的一个防御、压抑、控制系统，去安抚那些令人沮丧的、危险的物质和社交世界，而暗中进行的狡猾的谈判。这个世界是满足需要的唯一来源，它使我们为此付出了高昂的代价。这样一个病态的意识，或病态的自我，或有意识的自我，只能意识到并遵循它认为的自然和社会的法则，这是一种盲目性。强迫症者不仅因此失去了生活的许多乐趣，而且在认知上对自己、对他人，甚至对自然界中的许多事物都是盲目的。即使作为一名科学家，在患上强迫症后，他对自然界中的许多事物都是视而不见的。的确，这样的人可以完成某些事情，但首先，我们必须发问，正如心理学家总是会问的那样：对他来说，将为此付出怎样的代价呢？其次，我们还要问，所谓的某些完成的事情，是哪些事情？它们是否值得？

我遇到的最典型的强迫症者是我以前的一位教授。他典型的强迫症体现在保存东西上。他将自己读过的所有报纸，按周绑定，予以保存。他每周都会用一根小红线将本周的报纸绑起来，然后再把一个月的所有报纸码放在一起，用黄线绑起来。他的妻子告诉我，他每天的早餐也十分固定，周一是橙汁，周二是燕麦片，周三是西梅，以此类推。如果周一是西梅，她就会遭到数落。他还会保存用过的所有剃须刀片，用标签整齐地将它们包装起来。我记得他第一次来实验室时，给每样东西都贴上了标签，就像强迫症者都会做的那样——把每样东西都组织得井井有条，然后为它们贴上小标签。我记得他为了在一个几乎无处可贴标签的小探针上贴上标签而花费了几小时的时间。还有一次，我打开他实验室的钢琴盖，看到上面贴有一个标签，标注“钢琴”字样。这种人真的很有问题，关键他自己也并不快乐。现在，他所做的事情就与我上面提到的问题相关。他们带着任务去完成的那些事情，是哪些事情呢？是值得做的吗？有时候是，有时候不是。我们也不幸地了解到，许多科学家都是这种类型的人。从事科研工作，这种刻板的性格可能会非常非常有用。比如说，这样的人可以花十二年的时间，对一个单细胞动物的细胞核进行微切割。这只有那种十分有耐心、有毅力，又十分固执，有着极大求知欲的人才能做到。我们中的很少人拥有这种品质，但我们的社会最常用到的就是这种人。

那么，当初级过程发生在这种被隔离、恐惧的二元对立中时，就是一种病态的，但它可以不必是病态的。在内心深处，我们总是以带着希望、恐惧和满足的眼光看待世界，你可以想象一个年幼的孩子是如何看待世界、看待自己和其他人的，这会帮助你理解。它是符合逻辑的，但它不包含否定、矛盾，也没有单独的身份，既不对立也不互相排斥。初级过程不因亚里士多德的存在而存在，它不受控制、禁忌、纪律、压抑、延迟、计划的影响，它在可能或不可能的计算之外。它与时间、空间、序列、因果、秩序或物理世界的规律也毫无关联，这是一个与物理世界完全不同的世界，当它为了避免事物的威胁而隐藏自己时，它可以像梦中那样将几个物体压缩成一个，然后将情感从真实的对象转移到其他无害的对象上。它可以通过符号化来模糊事物，因为它可以是全能全知，且无处不在的。(现在，请记住梦境，我说的一切都适用于梦境。)它与行动无关，因为它可以通过幻想让事情发生，而无须付诸真实的行动或作为。对大多数人来说，它是一种先于言语的，非常具体的，更接近原始的视觉经验；它是先于价值判断的、先于道德伦理的、先于文化的，甚至是先于善恶的。如今，在大多数文明人中，由于它被二元对立隔离了，而显得幼稚、不成熟、疯狂、危险、令人恐惧。记住，我已经给出了一个完全压抑初级过程、完全隔离无意识的例子。照我所描述的特殊方式看，这样的人无疑是病态的。

而那些完全丧失控制、理性、秩序和逻辑的次级过程的人，无疑是精神分裂症患者，他们也是非常非常病态的人。

我想你可以看到这将导致什么后果。在那些健康的，尤其是创造性的健康人身上，你会发现他成功地将初级和次级过程融合起来，表现为既有意识又无意识，既是深层的自我又是意识的自我，而且他能够优雅、富有成效地做到这一点。当然，我可以告诉你，这是可能的，尽管并不常见。通过心理治疗肯定可以促进这一过程，而更深入、更长时间的心理治疗效果可能会更好。在这种融合中，初级过程和次级过程相互影响、相互融合，二者的性质也随之改变。潜意识不再是令人害怕的，于是他便可以与他的潜意识共处，与他的幼稚、幻想、想象、心愿、女性气质、诗意、疯狂气质共存。他成了一位精神分析师所说的那种人，可以“为了自我服务而发生退化”，这是自愿的退化，而这种人正是令我们感兴趣的富有创造性的人。

我之前提到的强迫症者在极端情况下是不能放开玩乐的，因为他不能放松自己，这样的人往往不会参加派对，因为他是那样理智，而派对往往会让人丑态百出。这样的人会拒绝醉酒，因为那样他就失去了自我控制，这对他来说是个巨大的危险。他必须时刻保持警惕，确保自己永远不会被催眠，因为他害怕被麻醉或失去完全的意识。他会在派对上始终保持得体、有序、有意识、有理性，但这绝不是在派对上应该做的事。我说的是那些与自己的潜意识关系和谐或至少能够放松自己的人——在派对上疯狂一下，傻傻地开个玩笑，并享受其中，甚至享受一段时间的“疯狂”，这正是精神分析师所说的“为了自我的服务”。这就像一个有意识的、自愿发生的退化——而不是拼了命时刻保持尊严和自控。（我不知道为什么我会想到这个：这是关于一个人的描述，即使他坐在椅子上也“昂首阔步”）。

或许我现在可以进一步谈谈潜意识的开放性。对于大多数人来说，意识与潜意识是相互隔绝的，这让整个心理治疗、自我治疗、自我认知的过程都变得十分复杂。如何使心理世界和现实世界这两个世界彼此和谐呢？总体而言，心理治疗的过程是一个缓慢的对抗过程，在专业技术人员的帮助下，人们可以一点一点地接触到潜意识的最外层。当他们被揭露、被接受、被吸收时，你会发现它们并没有那么危险，也没有那么可怕。接着下一层，再下一层，这个过程就是让一个人面对他极其害怕的东西，然后领悟，当它们真的近在眼前时，原来并没有那么可怕。他之所以害怕，是因为他一直在用孩子的眼光去看待它，造成了孩子式的误解。因害怕而被压抑的东西，会被人们推到常识、经验和成长无法触及的地方，除非用某种特殊的方法才能把它们拉出来。人们的意识必须变得足够坚强，要敢于与敌人友好相处才行。

在探索人类关系的历史长河中，我们观察到男女之间存在一种深刻的对比，这种对比揭示了男性对女性的潜在畏惧，导致他们在无意识中试图支配女性。这种动力与人们对自身原始冲动的恐惧相似。心理动力学家认为，男女关系在很大程度上受到这样一个观念的影响：女性往往让男性想起他们自己内心的柔弱和温柔。因此，与女性的斗争、尝试控制她们或贬低她们，实际上是男性对抗内心深处的那些无意识力量的一种方式。

当男性变得足够强大、自信和完整时，他们才能接纳并欣赏自我实现的女性——那些展现了完整人性的女性。但从理论上来说，没有这样一位女性的陪伴，任何男性都无法实现自己的完整人性。因此，强大的男性和强大的女性是相互依存的，他们相互塑造对方，最终也相互成就。一个优秀的男性将吸引并值得拥有一个同样优秀的女性伴侣。这种互相成就的关系，就像健康的原始过程（如梦境和幻想）和健康的次级过程（如理性思考）一样，彼此需要，以实现真正的和谐。

从历史研究中，我们了解到，人们对初级过程（如梦境、幻想和神经症行为）的认识最初带有病理学的负面标签，认为这些都是非理性、不成熟和原始的表现。但随着时间的推移，特别是最近几年学术界对健康人群的研究，我们开始认识到创造性过程、游戏、审美感知、健康的爱情、成长和成就、教育的重要性。我们逐渐意识到，每个人都兼具理性与非理性的特质，都能够同时展现出孩童般的想象力和成人的行动力，既有男性化也有女性化的特征，既属于精神世界也属于自然世界。我们认识到，如果我们每天仅仅追求理性、逻辑和“科学”，而忽视了这种多元性，我们就会失去生命的某些重要方面。

因此，我们也才能越来越确信，一个完全的人，一个得到十足发展而完全成熟的人，必须同时在这两个层面上发挥作用。现在，已经很少再有人把人性的这一无意识方面视为病态、不健康的了，这种观点早已过时，虽然这曾是弗洛伊德最初的观点。如今，我们有了全新的认识。我们认识到，人类完全的健康意味着在所有层面上都要发挥作用。我们不能再单纯而绝对地说哪一面是“恶”，哪一面是“善”，也不能说哪一个层次是低的，哪一个是高的；哪一个是自私的，哪一个是无私的；哪一种是兽性，哪一种是人性。纵观整个人类历史，尤其是西方文明中的基督教历史，都喜欢将所有东西二元对立化。我们不能再单纯地把自己二分为原始人或文明人，恶魔或圣人。我们已知，这种“非此即彼”的二元对立并不合理，在这种分裂和二元分化的过程中，我们创造了一个病态的“此”和一个病态的“彼”，或者说创造出了一个病态的意识和一个病态的无意识，一个病态的理性和病态的冲动。（在电视上也可以看到，理性也是一种病态，所有的智力问答节目就是例子。我听说古代有一位历史专家赚了很多钱，当人们问他成功的途径，他说他只是因为记住了整本《剑桥古代史》就成了一名古代史教授。他从第一页开始背诵，一直背到最后一页，他脑子里记得书里的每个事件和人物。这个人真是可怜！欧·亨利讲过这样一个类似的故事，一个男人认为百科全书包含了所有的知识，就决定不上学了，于是在家一门心思地背诵整部百科全书。他从 A 开始，一直背到了 B、C 等。这就是病态的理性。）

一旦我们超越了以上这种二元对立，将它们整合为最初的统一体，例如健康的儿童、健康的成人或特别有创造力的人，我们就能认识到，这种分裂或割裂本就是病态的，接着，就有可能结束内心这场“内战”。这正是发生在我们身上的事情，我把它叫作“自我实现”。最简单的描述方法就是将他们视为心理健康的人，这正是我们在这样的人身上发现的。当我们从其中挑选出最健康的 1% 或 1% 的一部分时，会发现这些人在他们的一生中，无论进行治疗干预或不进行治疗干预，都能够将这两个世界整合起来，舒适地生活在其中。我曾把健康的人描述为具有健康的孩子形象，这很难用言语来表达，因为“孩子气”通常意味着成熟的反面。如果我说哪怕最成熟的人也会有孩子气的一面，这听起来自相矛盾，但实际上不是。也许我可以用我之前提到的派对例子来说明，最成熟的人是那些最乐在其中的人，我认为这样的表述更容易被接受。这些人也是可以随意退化、变得孩子气、和孩子们玩耍并与他们亲近的人。我认为他们之所以深受孩子们的喜欢并能相处融洽，并不是偶然的，他们就是可以退化到那个层次。不自主的退化是非常危险的，然而，自愿的退化恰恰说明了他具有非常健康的人性。

至于怎样实现这种融合，我并不太确定，也无法详细地将其描述出来。在日常实践中，我所知道的唯一真正可行的方法是心理治疗，但这显然并不是一个可行或受欢迎的建议。当然，还有自我分析和自我治疗的可能性。原则上，任何能增加深层次自我认知的技术都能够使人运用这些幻想资源与思想玩耍、让自己从这个世界中飘然而出，通过脱离常识来增加个人的创造力。常识意味着生活在今天的世界，但具有创造性的人却不这么想，他们想创造另一个世界。为此，他们必须能飘然脱离地球表面，去幻想、去痴心妄想，甚至为之疯狂、变得古怪等。我可以给到管理创造性人才的建议就是找出已有的这类人，然后把他们挑选出来，小心呵护。我想我还可以为某个公司提出建议，即试图描述这类初级创造性人才的特点，通常来说，他们往往是在组织中制造麻烦的那类人。为此，我列出了这些将会制造麻烦的人的特点：

他们往往不拘一格；

有点古怪；

不切实际；

不守纪律；

有时不严谨；

“非科学的”（如果按特定的科学去定义的话）。

具有强迫症性格的同事认为这样的人孩子气、不负责任、疯狂、投机、不严格、不规律、情绪化等，这听起来像在描述一个流浪汉、波希米亚人或什么稀奇古怪的人。在此，我想强调一点，在创造性的早期阶段，你就是一个流浪汉，或一个波希米亚人，你必须疯狂。这种“头脑风暴”技巧确实能帮助我们找到一个创造性方法，因为它们正是来自那些已经成功创造过的人。在思考的早期阶段，他们就会让自己变成这样，完全不加批判，允许各种疯狂的想法进入头脑。当强烈的情感和巨大的热情发生碰撞，他们便会写下诗歌、公式、数学答案、构建理论或设计实验。然后，也只有到那时，他们才可以回归理性，变得更加可控、更加有序。如果在这个过程的第一阶段就过早地理性、可控和有序，你将难以企及那个高度。我记得“头脑风暴”技巧就是这样的：最开始不要批判——让自己和想法玩耍——自由联想——让它们大量呈现在你的书桌上，然后再抛弃那些不好的或无用的想法，保留那些好的。如果你害怕陷入这种疯狂的错误，那么你将永远得不到任何好点子。

当然，这种波希米亚式的行为并不一定是持续或一成不变的。我所谈论的人，往往会在他们需要的时候表现出这种状态（为了自我服务的回归；自愿的回归；自愿的疯狂；自愿进入无意识状态）。结束之后，他们依然可以头戴学士帽，身穿长袍，回归成熟、理性、明智、有序等，并用批判的眼光审视他们在巨大的热情和创造性狂热中产生的东西。他们有时还会说，“创作的时候感觉很美妙，但冷静下来发现作品并不完善”，然后就把它丢掉。一个真正完全的人既可以是次要的，也可以是主要的；既可以是孩子气的，也可以是成熟的；他可以脱离现实，也可以回归现实，使自己变得更有控制力、更具批判性。

我提到过这对一家公司，或者至少对公司负责管理创造性人才的人是有用的，因为他经常开除这种人。管理者往往强调听从指令，强调适应组织。我不知道一个组织的经理人会如何调解这些问题，也不知道这会对士气产生何种影响，这不是我要考虑的问题。我不知道在一个需要进行有序工作的组织中，如何使用这样的人才，毕竟一个想法只是这个非常复杂的工作过程的开始。我猜，在未来的十年左右，我们这个国家将要比地球上任何其他地方都更多地面对这类问题。我们必须面对它，随着巨额的资金投入研究和开发，如何管理创造性人才已经成为一个迫在眉睫的新问题。

然而，毋庸置疑，在大型组织中表现良好的实践标准绝对需要某种形式的调整和修改。我们必须找到某种方式，允许人们在组织内部展现个性。我不知道这将如何实现。我认为这需要使用一种实践性的方式来进行，即不断地尝试这个，再尝试那个，然后再尝试其他的，最终得出某种经验性的结论。我想说，这将有助于识别这些特征在疯狂的表面下是否有创造性。（顺便说一下，我并不想为所有这样的行为点赞，因为其中有些人确实是疯了。）现在，我们必须学会区分。这是一个学会尊重或至少学会用开放的眼光看待这种人，并试图以某种方式将他们融入社会的问题。现今，这样的人依然是个“独行侠”。我认为，在学术领域，往往会比在大型组织或大公司中更容易发现他们。因为在学术环境下，他们会感到更加舒适，至少会被允许尽情地发疯。大家都期望教授有点疯狂，反正这对他们来说都没什么影响，除了教学任务，他们不欠任何人的。教授确实最有时间一头钻进他们的阁楼或地下室，天马行空地幻想，无论这些想法是否符合实际。在组织中，你的任务通常是产出。这就像我最近听到的一个故事，两位精神分析师在一个聚会上相遇了，其中一位走到另一位面前，毫无预警地打了他一巴掌，被打的分析师愣了一下，然后耸了耸肩，说：“这是他的问题。”

第七章　对创造性人才的需求

如果你一定要问谁对创造性这种问题感兴趣，我的回答是：所有人。创造性引起了广泛的关注，不仅仅局限于心理学家和精神病学家之间的话题。现在，它已经上升到了国家和国际层面，成为政策讨论的一部分。军人、政治家和具有远见的爱国者都开始认识到，我们正处于一种战略僵局，而这种状态预计还将持续。在当前形势下，军队的主要任务转变为防止战争发生，而不是主动发起战争。因此，冷战这种持续的大政治体系间的斗争，已经转向以非军事的方式进行。关键问题变成了哪个政治体系能够吸引中立国家、培养出更优秀的人——那些更具亲和力、和平、不贪婪、更可爱和值得尊重的人——以及谁能赢得非洲和亚洲人民的支持等等。

在这种背景下，拥有健康心理或达到更高进化水平的人变得至关重要。这样的人应该能够友好地与他人相处，没有仇恨，能够客观地看待各种偏见和恶感。这种人还应该具备的一个关键特质是能够引导公民摒弃种族偏见，像对待手足一样对待他人，在任何时候都愿意伸出援助之手。他必须是一个值得信赖的领导人，而不是那种不可信赖的人。从长远来看，这样的人也不能是独裁者或暴君。总之，我们讨论的焦点，不仅是关于创造性的必要性，而且是关于培养能够促进和平与合作的领导者和公民的重要性。

普遍需求

除此之外，现行的政治、社会、经济体系还有一个更为紧迫的需求，那就是培养更多的创造性人才。这种考虑基于我们伟大的工业发展，因为他们都深知技术过时的风险。他们都清楚，无论今天多么繁荣，也许第二天早上醒来，就发现已被新产品取代。如果有人推出一种更适用于个人交通的新技术，其售价只有汽车的一半，汽车制造商会怎么样？

因此，每个有前景的公司都会将大量利润重新投入新产品开发和旧产品改进。这在国际层面上可以与军备竞赛相比较。目前，各国都拥有相互抗衡的威慑性武器，比如炸弹和轰炸机。但如果明年出现了类似美国发明原子弹这样的突破怎么办？因此，所有大国都必须投入巨额资金到被称为国防或军事的研发中。每个国家都在努力开发新型武器，以取代现有武器。我相信，世界各国的领导人已经认识到，能够帮助他们取得这些成就的正是那些他们本能反感的特殊群体——创造性人才。因此，他们必须学会如何管理这些创造性人才，如何从早期就识别和选拔他们，以及如何教育和培养他们。这样的认识表明了对创造性人才的重视不仅仅是企业层面的事情，更是国家安全和发展的重要组成部分。

在我看来，实际上，这就是越来越多的领导者开始对创造性理论感兴趣的原因。我们面临的历史情境无一不在敦促这些有思考力的人、社会哲学家和许多其他类型的人对创造性产生兴趣。我们所处的时代比历史上的任何一个时代都更加变化莫测，发展更加迅猛。科学事实、发明创造、技术发展、心理现象和财富积累都在呈加速度发展，我们每个人都面临与以往任何时候都不同的情境。然而，最大的问题是，从过去到现在再到未来，这种新的非连续性和不稳定性使许多人还未意识到的各种变革已成为必要。例如，整个教育过程，特别是技术教育和专业教育，在过去的几十年里已经发生了翻天覆地的改变。简单来说，学习事实已经没什么用了，它们过时得太快了；学习技巧也不再有用，因为它们几乎一夜之间就过时了。这就像一个工程学教授，让学生学习他们上学时所习得的技术是无用的，因为这些技术早已经被淘汰了。事实上，我们在生活的每个领域都面临事实、理论和方法日渐过时的问题，所有人都像那个制造马鞭的人，但这项技能已毫无价值了。

全新的教学理念

那么，该如何正确地施展教育，例如，怎样教育人们成为合格的工程师呢？很明显，我们首先要教育他们具备创造性，使他们至少能够在面对新奇事物、进行即兴发挥时保持创造性。这种人不应害怕变化，反而应与变革和新奇相处融洽，如果可能的话（因为这是最好的）甚至应该享受新奇和变化。这意味着我们必须以新的方式培养工程师，也就是培养“有创造性”的工程师。

总的来说，这也适用于商业和工业中的管理者。当任何新的产品和旧的工作方式不匹配时，他们必须能够即时应对。在时代的潮流下，他们必须成为变革的预见者而不是抵制者，并且乐在其中。我们必须培养一群即兴创作者，一群“此时此刻”的创作者。我们必须以完全不同于过去的方式定义熟练的、受过培训的或受过教育的人（也就是说，不是那种饱读诗书、借助过去的经验应对紧急情况的人）。许多所谓“学习”的东西已经变得无用了。任何一种学习，只要是将过去应用到现在，或者在现在的情境中使用过去的技巧，都已经在生活中的许多领域被淘汰了。教育不再单纯地只是一个学习过程，现在它更是一个性格培训、个人培训的过程。当然，这并不完全正确，但在很大程度上是正确的，而且年复一年，这一点会变得越来越准确。（我认为这样的表达或许能最激进、最直白、最明确地说明我想说的。）在生活的很多领域，过去已经变得毫无用处了，过于依赖过去的人在许多职业中都已经沦为无用之人。我们需要一种新型的人类，他能够与过去断绝关系，他是强大的、勇敢的，并对自己有足够的信心，需要的话，他也能即兴地、毫无准备地处理问题。所有这些总结起来，其实都是在强调心理健康和心理力量的重要性。这意味着我们更加重视那些能充分关注当下情境的能力，能倾听到并清晰地看到我们当前的具体时刻的能力。我们所需要的新型人才与那种只会重复过去、看不到未来的威胁和危险，当时机来临时毫无准备的普通人不同。即使没有什么冷战，即使我们都彼此团结，成了相亲相爱的一家人，那么为了面对我们所生活的新世界，也需要这种新型的人类。

在考虑冷战背景下的思考以及我们所面临的全新世界

时，我们不得不对创造性进行一些额外的思考。我们讨论的不仅仅是创造性产品、技术创新或审美创作及其创新，而是更深层次地关注创造过程、创造态度以及创作者本身。这意味着，我们的关注点应该从创造性成果的实现转移到对创造性思维的启发上，更多地关注“原始创造性”，而不仅是“应用创造性”。

这种观点强调了对创造性过程本身的重视，而不仅仅是创造性成果。换句话说，我们应该更加关注创意的产生和发展阶段，而不是仅仅关注最终产品。这样的策略鼓励我们深入探索和培养创造力的潜能，从而激发人们在各种领域产生更多创新的思想和解决方案。通过这种方式，我们可以更好地理解和利用创造性的力量，以应对当前和未来的挑战。

我们不能再频繁地标榜那些既有的艺术或对社会做出过贡献的科学成品了，而是应该将我们的关注点放在即兴创作、灵活适应、高效应对任何突然出现的“此时此地”的状况上，不管它是重要的还是不重要的。之所以这样，是因为将既有的产品当作评判标准，会带来太多如工作习惯、坚韧不拔、自律、耐心、编辑能力等与创造性无直接关系（或至少并非创造性所独有）的特征的混淆。

所有这些考虑都使研究儿童的创造性比研究成人的创造性更为理想。如此，我们就能够避免发生混淆和污染的情况。例如，我们将不再强调社会创新、社会效用或既有产品。同时，我们还可以避免因为过度关注与普遍创造性（我们都是其继承者）关系并不大的天赋而有所混淆。

这就是为什么我认为诸如美术、音乐、舞蹈等非语言教育是如此的重要。我从来不关心艺术家的培训问题，因为这在任何情况下都是另外一种问题。我也不太关心孩子们是否玩得开心，甚至对艺术疗法也不甚关注。就此而言，我甚至对艺术教育本身也不感兴趣。我真正关心的是新型教育问题，这种教育可以培养出我们所需的新型人才：注重过程的人、富有创造性的人、即兴创作的人、自信勇敢的人、具有自主意识的人。历史总是充满了偶然，恰好艺术教育者正是首先走向这个方向的人。我希望有那么一天，这同样能适用于数学教育。当然，在绝大多数地区，数学、历史或文学仍然是以权威和死记硬背的方式教授的。（尽管这已经不适用于布鲁纳写过的，以及数学家和物理学家在中学里创造的那种最新型的、即兴的、猜测的、创造性的和快乐的教育。）那么，现在的问题是如何教育孩子面对此时此地，如何即兴创作，等等，即如何成为能够采取创造性态度的创造性人物。

新的“艺术教育”运动，强调非客观性，是一个较少地涉及正确与错误，甚至可以放弃正确与错误标准的主题活动，这使孩子自己可以直面勇气或焦虑、他的刻板印象或他的新鲜感等等。一个不错的说法是，当回归现实时，我们已有了一个很好的投射性测验情境，因而获得了一个很好的心理治疗或成长情境。这正是投射性测试和观察疗法的目的，即移除现实、正确性、适应性、物理、化学和生物等决定因素，使心灵可以更自由地显现出来。我甚至可以说，从这个角度看，艺术教育可谓一种治疗和成长技术，因为它允许人们内心更深层次的东西释放出来，并得到鼓励、培养、训练和教育。

Part 3

第三部分

价值观

第八章　事实与价值的融合

本章，我将从解释我所称为“巅峰体验”的内容开始，因为只有在这些体验中，我的论点才最容易得到充分的展示。“巅峰体验”这个词是对人类最美好时刻的高度总结，是对生命中那些欣喜、狂欢、极乐的最幸福体验的概括。我发现这样的体验来自深刻的审美体验，如创造性的狂喜、成熟的爱、完美的性体验、父母之爱、自然分娩等。我之所以使用“巅峰体验”这一术语来泛化和抽象这一概念，是因为我发现这些狂喜体验都有一些共同的特点。事实上，我发现可以建立一个泛化的、抽象的模型来描述它们的共同特点，这个词使我可以同时谈论所有这些体验。

当我的受访者描述出他们的巅峰体验后，我询问他们在这些时刻，世界之于他们有何不同，我得到的答案也可以被概括和泛化。实际上，这几乎是必要的，因为没有其他方法可以涵盖他们给出的数千个词语。我将这些描述巅峰体验过程和之后感受的词语进行了总结和提炼：真实、美丽、完整、二分超越、活力、独特性、完美、必要性、完成、正义、秩序、简单、丰富、毫不费力、嬉戏、自给自足。

虽然这些描述是个人的总结和简化，但我相信，其他人也会得出类似的总结，因为它们针对的都是抽象和概括性的概念。我所列举的每个词都试图涵盖特定主题或类别下的多种直接体验，因此，它们都具有广泛的适用性和抽象性。

这些词是对人们在巅峰体验中看到的世界的不同特征进行的描述，尽管在不同的巅峰体验中，人们可能会强调或感受到这些特征的不同程度，但它们仍然是普遍适用的。有时候，在人们的巅峰体验中，世界看起来更真实、更坦率，或者更美丽，这可能是因为他们的感知更加敏锐或者情感更加强烈。

这些描述被认为具有描述性特征，类似于报告或科学观察员对事件的描述。它们试图描绘世界的外貌，展现世界是什么样子的，有时候，这些描述甚至声称揭示了世界的本质。与此类似，它们与报纸记者或科学观察员使用的描述相似，都是在努力呈现客观事实，而不是主观愿望或幻觉的投射。这些描述不仅仅是人们的情感状态或缺乏认知参照的幻觉，它们是对世界的一种客观观察，试图捕捉和传达世界的本质。它们被认为是启示，只是由于先前的盲目隐藏了它们现实的真实和真实特征。①

---

①　神秘启示的真实性问题无疑是一个古老的问题，它涉及宗教的根本和起源，但我们必须非常小心，不要被神秘主义者和巅峰体验者的绝对主观确定性所诱导。对他们来说，真理已经被揭示。我们中的大多数人在启示的时刻也有过这种确信。然而，在三千年的人类历史记载中，人类学到的一件事是，这种主观的确定性是不够的，还必须有外部的验证。必须有某种方式来检验声称的真实性——某种衡量成果的方式，某种实用的验证。我们必须对这些持一点保留，一点谨慎，一点冷静的态度。太多的先知、先见者和预言家都在声称绝对确定后，被证明是错误的。这种令人幻灭的经历是科学历史的根源之一：对个人启示声称的不信任。官方的、经典的科学早已拒绝私人的启示和幻觉，认为它们本身不是有价值的数据。

然而，尤其是我们——心理学家和精神病学家——正处于科学的新时代之初。在心理治疗过程中，无论是在患者身上还是在我们自己身上，都能看到偶然性启示，巅峰体验，荒凉的体验，洞察力和狂喜。我们对此已经习惯了，并明白虽然不是所有的体验都是有效的，但其中一些必然是有效的。

化学家、生物学家或工程师将继续对这个既古老又新奇的观念保持困惑，真理可能也会以这种既古老又新奇的方式涌现：这种涌现是突然的，带着情感启示，爆发而来，它穿越坚硬的墙壁，穿越阻力，克服恐惧。我们是专门处理极具危险性真理的人，尤其是这种威胁自尊的真理。

即使在非人格领域，这种科学怀疑主义也是没有根据的。科学史，或者至少是伟大的科学家史，是一系列突然而欣喜的洞察真理的故事，然后由更为平庸的工作者小心而谨慎地一点一点证实。这种工作使他们看起来更像珊瑚虫，而不是一飞冲天的雄鹰，这让我想到了凯库勒关于苯环的梦想。

太多目光短浅的人将科学的本质定义为谨慎核查、验证假设，论证其他人的观点是否正确。但是，只要科学也是一种发现的技术，它就必须学会如何促成巅峰体验的洞察力和真知灼见，然后将它们进行数据处理。其他存在知识的例子——在巅峰体验中对迄今未被察觉的真理的真实感知——来自通过存在之爱获得的洞察力，来自某些宗教体验，来自某些亲密的小组治疗体验，来自智慧启示，或来自深刻的审美体验。

在过去的几个月里，验证 B- 知识（存在知识）的全新可能性已经展现出来。三所大学进行的实验中发现，LSD 致幻剂能够治愈大约 50% 的酗酒症。我们了解到这一伟大的恩赐后，因这令人意外的奇迹而感到欢喜，然而欢喜之余，剩下的便是人类永无止境的不满足，而后不可避免地发问："那些没有康复的人呢？"在此，我想引用霍夫博士写于 1963 年 2 月 8 日的一封信：

> 我们已经刻意地把巅峰体验当作一种治疗手段。接受 LSD 致幻剂或酶斯卡灵致幻剂的酗酒症者都通过音乐、视觉刺激、言语、暗示等任何可以带给他们所说的巅峰体验的东西来进行试验。通过这些试验，我们已经治疗了五百多名酒精中毒者，并从中总结出了某些普遍规则。其中一个是，总体上那些通过这项治疗而成功戒酒的酒精中毒者大部分都有过巅峰体验。相反，那些没有经历过巅峰体验的人几乎对这项治疗毫无戒断反应。
>
> 强有力的数据支持了情感在巅峰体验中的重要性。一项研究发现，当 LSD 受试者接受两天的盘尼西林治疗后，他们的体验与通常由 LSD 产生的体验完全相似，但在情感上有显著的差异。尽管我们观察到了他们在视觉和思维方面的变化，但他们的情绪却呈现出平淡的状态，就像他们是旁观者而不是参与者。这些受试者没有达到巅峰体验。此外，与我们在几项大型随访研究中预期的 60% 的康复率相比，只有 10% 的人在治疗后表现良好。

这一发现迈出了一大步：尽管我们只能在某些时候观察到描述现实世界的特征清单，但它与所谓的永恒价值、永恒真理相差无几。我们也看到了熟悉的真、善、美三位一体。

换句话说，这个描述特征的清单同时也是一个价值观清单。这些特征是伟大的宗教主义者和哲学家所珍视的，几乎被所有严肃的思考者认为是生活的终极价值。

再次强调，我的第一个陈述基于公共领域的科学。任何人都可以进行同样的实验，核实结果，使用相同的程序，并以客观的方式记录问题和答案，然后分享给其他人。换句话说，我所报告的一切都是公共的、可重复的、可验证的，甚至在某种程度上是可量化的。根据我反复进行的实验结果，这是一个稳定可靠的过程。即使按照 19 世纪最正统的实证主义的科学定义，这也是一个科学的陈述。这是一种认知陈述，描述了现实世界的特性，描述了被观察者和描述者所感知的世界。这些数据可以按照科学的传统方式去检验，它们的真实性或非真实性都可以得到确定。①

然而，关于外部世界的描述，都呈现为一个有价值的同样的声明。这些是生活中最鼓舞人心的价值，是人们愿意为之献身的价值，也是人们愿意付出努力、痛苦和折磨来换取的价值。在某种意义上，这些也是"终极"的价值，因为它们通常在最好的时刻、最好的条件下，被最优秀的人所获得。这些也是定义高层次生活、美好生活、灵性生活的特质。我还想补充的是，这些是心理治疗的长远目标，也是教

① 对于任何对此感兴趣的人来说，都可以进行更深入的研究。我和我的学生已经做了一些。例如，在一个非常简单的实验中，我们只是为了展示可以做什么，我们发现女大学生从被爱的经验中能更频繁地获得这样的巅峰体验，而男大学生则更容易从胜利、成功、克服和成就中获得这样的巅峰体验。这与我们的常识和临床经验是一致的。可以进行许多此类的研究；尤其是现在，我们知道巅峰体验经常可以通过药物有意引发，这一领域为研究敞开了大门。

育在最广泛意义上的远期目标。这些是我们所钦佩的那些人类历史上的伟人、英雄、圣人乃至神的品质。因此，这一认知陈述与评估陈述是一样的。这里的“是”变成了“应该”，事实变得与价值相等，被描述和被感知的世界变得与被珍视和被渴望的世界相同。所有“应该”如此的世界已经成为现实。换句话说，事实在这里与价值融为一体。[①]

关于“价值”这个词的困惑

很明显，我想要讨论的问题一定是与“价值”有关的，虽然我并不确定该如何定义这个词。“价值”的确可以有很多种定义，尤其是对不同的人来说，就意味着不同的含义。事实上，从语义上来看，它也是十分混乱的，以至于我确信大家很快就会放弃这个“包罗万象”的词语，转而为其附加的许多子含义提供更精确、更实际的定义。

形象点来说，我们可以把“价值”看作一个容量巨大的容器，里面被各种杂乱而模糊的东西装满了。绝大多数哲学家在讨论这一问题时，恨不得找到一个万能公式，将容器里所有的东西捆绑在一起，不管这个容器中的东西是否偶然进

① 一开始，我希望避开在这里使用的“ought”（应该）这个词，以免与霍尼所描述的“神经质的应该”混淆。例如，在《神经症与人的成长》的第三章中，人们认为的“应该是”往往是外在的、随意的、事先确定的、完美——简而言之，是不切实际的。而我在这里使用“应该是”是与生物体共存的实际潜力，这种潜力实际上可以，并且最好在生病的痛苦下得以实现。

人的。然后还会这样问一句："这个词究竟是什么意思？"他们根本忘记了它原本就只是一个标签，没有什么真正的意思。或许从多角度对它进行描述才能让人明白，这就意味着，要把不同的人对"价值"这个词的不同用法归纳整理出来。

随之而来的是从各个方面就这个问题所进行的一系列简短的观察、假设和提问。从"价值"和"事实"这两个词的各种意义来看，不同的事实与价值可能已经在以各种方式发生融合或接近融合。关注的核心发生了转移，从词典学家之间的辩论转向了心理学和心理治疗领域的实操性上，或者说是从语义世界转到了自然世界上。这一转变反倒真切地把这些问题引入了科学领域的第一步（广义上，科学还包括经验数据和客观数据）。

"应该—是—探索"的心理治疗

现在，我认为应该把这种思考方式应用到心理治疗和自我治疗上去。人们在寻找真实自我时所提出的问题，大部分可以归结为"应该"的问题，即我应该怎么做？我应该成为怎样的人？我应该怎样解决这个问题？我应该选择哪一种职业？我应不应该离婚？我应该苟活还是应该去死？

在没有接受过教育的群体中，大多数人都会很乐意作答，且很乐意向你提出建议，如"如果我是你的话"。然而，训练有素的咨询师都知道，这种作答不但无效，甚至是有害的，所以我们一定不会自以为是地告诉别人应该做什么、应该怎么做。

最终，我们才知道，一个人要想知道他自己应该怎么做，最好的办法就是先弄明白他是谁，是什么样的人，因为通向道德和价值的决策、明智的选择的路径应该是“是”，也就是要通过事实、真理、某些特定的人的本性来发现。他越了解自己的本性，越能清楚地知道埋藏心底的愿望，明白他具备哪些气质、有何种追求、什么东西能真正满足他，等等，他的价值选择才会越轻松、越自然，然后顿悟。（这是弗洛伊德的伟大发现之一，而且也是经常被人们所忽视的发现。）如此一来，许多问题就自然而然地消失了。通过了解什么是与自己的本性相符的、什么是合适和正确的，许多问题都将迎刃而解。（我们还必须记住，了解自己的深层本性同时也是了解人性的普遍性。）①

也就是说，我们可以帮助人们通过“事实性”来寻找“应该”。发现一个人的真实本性，本身就是一种对“应该”和“是”的探索过程。这种探索是对知识、事实和信息的搜

① 实现身份、真实性、自我实现等，并不会自动解决所有的道德问题。即使伪问题消失，仍然存在许多真实的问题。但是，当然，眼明心亮的人有可能会更好地处理这些真实的问题。对自己的诚实和对自己性质的清晰了解是进行真正道德决策的必要前提，但我不是在暗示只要有真实和自知就足够了。真实的自我知识对许多决策来说绝对不够，它是绝对必要的，但不是足够的。此外，我在此不讨论心理治疗的教育特性，即无意中的治疗师的价值观灌输，哪怕只是作为一个模型。问题是：什么是核心？什么是外围？我们要最大化什么？最小化什么？我们是否只通过揭示来追求纯粹的自我发现，以及实际上应该追求什么？我还想指出，拒绝对患者施加自己的观念，或向他灌输可以通过弗洛伊德式的反射式的超然，或存在主义心理治疗师的 B-“认知”来实现。

索发现，也就是说，它是一种对真理的探索，完全属于科学定义的合理范畴。对于精神分析法以及道家式的所有不干预、无为的治疗方法，我可以保证，它们是科学的，是能够发现价值的方法。这一过程，既像道家式的追求，又像自然主义所崇尚的那种宗教追求。

需要提醒大家的是，在这里，是没有办法将治疗的过程和目标（“是”和“应该”之间的另一个对比）分开的。将两者分开只会成为一场闹剧或悲剧。治疗的直接目标是找出这个人是什么，治疗的过程也是找出这个人是什么。你想知道你应该是什么吗？那么先找出你是什么！“找出你本来的样子！”一个人应该是什么样，几乎就是在描述他深层次的样子是怎样的。[①]

在这里，“价值”作为你正在努力追求的目标，作为终点、天堂，现在就存在于此。一个人努力追求的自我，真实来讲，它现在就存在，就像真正的教育并不是在四年的时间结束时获得文凭，而是不断、不断、不断地学习、感知、思考的过程。宗教所谓的天堂，据说是人在生命结束后进入的地方，然而，生命本身是没有意义的。这实际上是从原则上说，它在整个生命中都是可获得的，它无处不在。

“存在”和“成为”，可以说是并存的，现在就存在。旅行可以给予人们抵达终点的快乐，它不应该只是达到目的的手段。许多人发现，当多年的工作终于换来退休生活时，并不如工作那么美好，只是发现时已经太晚了。

---

① 真实的自我也是部分被构造和发明的。

接受

事实和价值的另一种融合来自我们所说的接受。这里的融合不是来自实际，即“是”的改进，而是来自“应该”的缩小，来自期望的重新定义，使它们越来越接近实际，从而越来越有可能达到。

我所说的意思可以在治疗过程中得到体现。当我们对自己的要求过于完美，又突然在顿悟中瓦解理想化形象时就得到了证明。当我们允许自己发现自己的懦弱、嫉妒、敌意或自私时，我们勇敢的完美男人形象、充满母性的完美女人形象，或富有逻辑和理性的完美自我形象就会崩溃。

很多时候，这个认识是令人沮丧，甚至是绝望的。当我们认为我们的“是”与“应该”相距甚远时，可能会觉得自己是有罪的，堕落的，或不值得的。但是，在成功的治疗中，我们也很典型地表现为逐渐接受的过程——从对自己感到恐惧，转向了顺从。但有时又会从顺从转而这样想：“毕竟，那并没有多糟糕。一个充满爱心的母亲有时可能会对她的宝宝产生怨恨，这真的很人性，也很可以理解。”有时，我们甚至会看到自己完全地超越了这个阶段，完全地爱上了人性，并在完全理解失败后，认为失败也是可取的、美好的，是一种荣耀。害怕着并怨恨着男性的女人，最终会转成欣慰，甚至对其产生一种宗教般的敬畏心理，以至于到了狂喜的地步。最初被人们视为邪恶的东西，也可以变成一种荣耀。通过重新定义自己对男性的看法，丈夫终于变成了她眼中应该成为的样子。

如果我们放弃对孩子的挑剔，不再定义他们、要求他们，我们就都可以体验到这一点。哪怕只是偶尔放弃，也能短暂地看到他们完美的一面，就好像他们此时此刻已经非常美丽、非凡、可爱了。当“应该”已呈现于眼前，我们对意志和愿望的主观体验，与我们所感受到的满足的、赞同的、终结性的主观体验就发生了一定程度的融合。在此，我引用艾伦·瓦茨的一篇文章的有趣段落，他说得很好：“在死亡的瞬间，许多人都会经历一种奇特的感觉，不仅是接受，而且是愿意接受他们所经历的一切。这不是命令，而是意想不到地发现了意愿与不可避免之间的同一性。”

我们还可以回忆一下卡尔·罗杰斯的研究团队进行的各种实验，这些实验表明，在成功的治疗过程中，自我理想和实际的自我逐渐接近，直到融为一体。用霍尼的话来说，真实的自我和理想化的形象都在慢慢地被修正，然后趋向融合，即成为相同的事物，而不是迥然不同的事物。与此类似的是更为正统的弗洛伊德学说中，关于严厉的惩罚性的超我概念，它在心理治疗的过程中被缩小，变得更加仁慈、更加容易被接纳、更加爱护、更加自我认可。也就是说，一个人对自我的理想和对自己的实际认知更加接近，从而提升了自尊，进而产生自爱。我更喜欢的例子是关于解离或多重人格的，其中呈现的人格总是一个过分传统化的、假正经的、好好先生的类型，以至于他完全抑制了潜在的冲动。因此，他只能通过完全突破精神病态的、孩子气的、冲动的、寻求快乐的、不受控制的自我的方面来得到满足。使两者分离会扭曲两种“人格”，而融合它们会涉及两个“人格”的真正改变。摆脱任意的、武断的“应该”才能使拥抱和享受变为可能的“是”。

还有少数心理治疗师，像偷窥狂一样，往往使用揭示、揭露或贬低患者的手段，就像撕掉一个假面具一样，揭露患者“并不那么好”的一面。这是一种支配的策略，一种高高在上的优越者的策略。它变成了一种社交攀升的方式，一种感觉强大、有力、支配、高傲，甚至像神一样的方式。这种方式尤其多地被用在自卑的人身上，这很容易使心理治疗师与其拉近距离。

这在某种程度上意味着被揭示出来的东西——恐惧、焦虑、冲突——被定义为低劣的、坏的、邪恶的。例如，弗洛伊德在生命的尽头，仍然不太喜欢潜意识，仍然将其定义为需要控制的危险或邪恶的存在。幸运的是，我所知道的大多数治疗师在这方面都大不相同。总的来说，越是了解人类的本质，他们就越喜欢人类，越尊重人类。他们喜欢人类的本性，并不是基于它没有达到某种预先存在的定义或柏拉图式的本质而谴责它。他们认为，即使这些人是患者，当他们展现自己的“弱点”和“邪恶”时，仍然不妨碍他们认为人是英勇的、圣洁的、智慧的、有才华的或伟大的。换句话说，如果一个人因为更深入地认识到人类的本性而感到幻灭，那么这就意味着他认为自己的幻想和期望是无法实现的或是不切实际的，甚至可能是虚假和不真实的。我还记得大约二十五年前，我在进行性学研究时，有一位受访者（我不确定今天是否还会出现这种情况）因为她无法相信上帝会以一种令人厌恶的方式让人类繁衍后代而失去了宗教信仰。这让我想起了中世纪的一些修道士，他们因为自己的动物本性（比如排泄）与宗教信仰的冲突而感到痛苦。我们的专业经验让我们对这种自找烦恼的愚蠢行为感到哭笑不得。

简而言之，基于各种原因，人类的本性经常被预先定义为肮脏、邪恶或野蛮的，就像我们把排尿或月经定义为“肮脏”的一样，从而导致我们把人体也视为肮脏的。我曾经认识一个人，他每当被妻子所吸引，就会认为自己是罪恶的，并感到极度羞愧。他在“语义”上被定义为邪恶，但这种定义显然武断的。因此，重新定义接受现实的方式可以被看作缩小“是”与“应该”之间差距的一种方法。

统一意识

在最好的情况下，现实是有价值的（已经达到理想状态）。我已经指出，这种融合可以朝两个方向发展：一个是改善现实，使其更接近理想；另一个是调整理想，使其更接近实际存在的东西。或许我们还可以探索第三种方式，即统一意识。这种能力可以同时感知事实（即现实）中的特殊性和普遍性，既可以把它看作“此时此刻”的，也可以把它看作永恒的。换句话说，我们可以通过特殊看到普遍，通过瞬息万变看到永恒。如果让我来解释，我会说这是存在领域和匮乏领域的一种融合：当我们沉浸在匮乏领域时，我们也会意识到存在领域。

这不是我发明或发现的新事物。但凡读过禅宗、道家或神秘文献的人都清楚我在说什么。每一位神秘主义者都竭力描述具体对象的生动性和特殊性，同时又把他们描述成永恒的、神圣的和具有象征性质的东西（如柏拉图的本质）。现如今，我们又掌握了很多实验家（如赫胥黎）的描述，关于致幻药物研究的实验效果的描述。

以我们对孩童的认知为例，理论上讲，任何婴儿都有无限的潜能，都可以拥有无限的成就。因此，从某种意义上说，他可能成为任何人。当观察这些婴儿时，我们应该就能敏感地捕捉到他们的潜能，从而对他们拥有的这些潜能心怀敬畏。这个婴儿，也许将来有一天能成为总统，或者是科学家，或者是伟大的英雄人物。此时此刻，从现实意义上来说，这的确是有可能的。这个婴儿的各种可能性正是他事实的一部分，只要细心观察，任何人都能感知到这些潜能和可能性。

同理，任何男人或女人，只要对他们进行敏锐的观察和充分的认知，都不排除他们身上具有神性，以及成为神职人员的可能性，这借助有限的人类个体所展现出来的神秘性包括：他们象征着什么，在维护什么，能成为什么，使我们联想起什么，使我们想要去歌颂什么。（一个敏感的人在看到女人哺乳婴儿或烤面包，或一个男人为了保护家人而罔顾危险时，怎么可能不肃然起敬呢？）

每一个好的治疗师都必须对他的患者有这种统一的认知，否则他永远不能成为一个称职的治疗师。他必须能够同时给予患者“无条件的正面关注”（出自罗杰斯）——把他视为一个独特且神圣的人——同时也暗示患者缺少某些东西，暗示他的不完美，指出他需要改进的地方。[①] 务必要知道的是，患者首先也是一个人，这是神圣不可侵犯的，不论他犯下了多么可怕的罪行，我们都需要对他负责任。这就是废除死刑运动、为个人堕落划一条底线，或禁止残酷诡异的刑罚背后所隐藏的哲学观念。

为了统一认知，我们必须认识到一个人同时具有神圣和世俗两个方面：不去感知这些普遍的、永恒的、无限的、本质的象征品质，当然是一种对具体的和实际的感知的倒退，是一种部分的盲目性。（参见下文“应该的盲目性”。）

这与我们的主题当然是相关的，其在于这是一种同时感知“是”与“应该”的手段，感知即时的、具体的现实以及可能的、应当的终极价值——这非但可能实现，而且现在就存在，近在眼前。此外，这也是我能教给一些人的方法。因此，从原则上说，它为我们提供了一种有意识、自愿地将事实和价值结合起来的可能性。我们既要去阅读荣格、伊利亚德、坎贝尔或赫胥黎的作品，又不能让它们对我们的感知产生永久性的影响，不让事实和价值更加接近，这是很难实现的。我们不需要通过等待巅峰体验来实现融合！

---

① 这种同时接受并融合看似矛盾的认知在宗教对神的描述中也常能找到对应。例如，以下是一位虔诚女士的来信：“我在成长与安全的观念与自私与无私的二元观念之间，看到了实际与潜能观念之间的相似性。上帝接受并爱着我们当前的状态，同时也看到了我们的潜能，并希望我们向这个潜能发展。当我们变得越来越像上帝时，难道不是也能在接受一个人的现状的同时，鼓励他迈出下一步吗？”

“实物化”

这涉及同一个问题的另一个方面。如果一个人足够聪明，他能将成千上万种方法活动（一种中介价值）转化为终极活动（一个终极价值）。某人出于谋生而选择的工作，也可以通过价值转化，真正喜欢上这份工作。即使是最无聊、乏味的工作，只要它在理论上是有价值的，都可以被神化、圣化（实物化，从单纯的手段转化为终极、本身的价值）。日本电影《生死劫》就很好地传达了这一点：当人在身患癌症而濒临死亡时，原本最乏味的办公室工作也具有了实际价值。生活必须变得有意义、有价值，正如它原本应该的那样。这是将事实和价值融合的另一种方式，人们可以通过把事实看作终极价值，从而使其成为这样。（我觉得神圣化或统一的视角与实物化在某种程度上是不同的，尽管它们有所重叠。）

事实的矢量性质

我想在开始探讨之前，引用来自韦特海默的一段话：

> 什么是结构？这就像“七加七等于……”，是一个带有空缺的系统，而这个空缺可以通过各种方式填补。

显然，唯一的答案“十四”是符合这个情境的，恰好能填补这个空缺，它也是这个系统、这个位置在整体结构功能上所要求的。它满足了这个情境的需求，而其他的答案，例如“十五”，就不符合这一情境。它们不是正确的答案，是随意的、盲目的，或违反这个空缺在结构中的功能下确定的。

我们在这里有了“系统”“空缺”、不同种类的“完成”和“情境的需求”的概念，是有“所需性”的。

假如一条良好的数学曲线有一个空缺，在某个地方有所缺失，情况也一样。对于怎样填补这个空缺，通常从曲线的结构中可以得出一些确定性结论，表明某一种完成方式是适合该结构的，是有意义的，是正确的；其他的完成则不是。这与内在的必要性的古老概念有关，不仅仅是逻辑操作、结论等，而且发生的事情、行为、存在，都可以在这种意义上是有意义的或无意义的，合乎逻辑的或不合逻辑的。

在此，我们可以这样表述：给定一个带有空缺的情境或系统，某个给定的情境或系统是否满足结构的要求，是不是“正确的”，通常由情境或系统的结构决定。结构决定某些需求。在纯粹的情况下，有关哪种结构满足情境的需求，哪种不满足，哪种违反了情境的需求，通常都有一个明确的决策……这里坐着一个饥饿的孩子；那边某个正在建造小房子的人缺少一块砖；我一手拿着面包，另一手拿着砖。我给了饥饿的孩子一块砖，然后把面包给了那个缺少砖的人。这里出现了两个情境、两个系统。而我做出的分配对填补空缺来说分明存在着功能盲目性。

在脚注中，韦特海默补充道：

> 我在这里不能处理这个问题（对“所需性”等概念的澄清），我只想提醒，通常简单的存在与应该存在的二元对立需要被修正。“确定性”“需求”之类的命令是客观性的。

在《格式塔心理学文献》中，大多数作者都做出了类似的陈述。实际上，整个格式塔心理学的文献都证明了事实是动态的，而不仅仅是静态的；它们不是标量（仅有大小），而是矢量的（既有大小又有方向），正如科勒特别指出的那样。这在戈德斯坦、海德尔、列文和阿施的著作中都可以找到更有力的证明。

事实并非像碗中的燕麦片一样静静地躺在那里，它们会做出各种行为。它们会自动组合起来，从而完成自己；一个未完成的系列会强烈“呼唤”一个好的完成；墙上歪斜的画会“呼求”人们把它挂直；未完成的问题会持续不断地困扰我们，直到解决它；不那么完善的格式塔会自我完善；不必要的复杂感知或记忆会自我简化；音乐进程需要正确的和弦来完成；不完美的终会倾向完美；一个未完成的问题不可避免地会指向其正确的解决方案。

我们总说“情境的逻辑需求……”，事实确实具有权威性和需求特性。它们以自身需求向我们说“不”或“是”，它们会引导我们，向我们提出建议，暗示我们下一步要做的事情，并引导我们朝向这个方向而不是另一个方向。建筑师会对建筑地点提出要求；画家会说画布“需要”再加一些黄色；服装设计师会说她的裙子需要搭配一顶特定的帽子；啤酒更适合林堡奶酪而不是罗克福奶酪，或者，就像通常人们口中所说的那样，啤酒更“喜欢”这种奶酪，而不是那种奶酪。

戈德斯坦的研究特别展示了有机体的“应该”属性。受损的有机体并不仅仅满足于受损的状态，它努力拼搏着、冲刺着、推动着，与自己战斗，自我挣扎，只是为了再次成为一个统一体。从部分能力的缺失，努力成为一个新的整体，以使这种新的整体不再因部分缺失而破坏其完整性。它控制自己、塑造自己、重建自己，它显然是主动的，而不是被动的。也就是说，格式塔和有机体心理学不仅是“是”的认知，而且也是向量的认知（或者说是“应该”的认知），而不像行为主义那样对“应该”视而不见。其中，有机体只是被动地“做”，而不是主动地“做”或“呼唤”。从这个角度看，弗洛伊德、霍尼和阿德勒也可以被视为“是”和“应该”的认知者。有时，我认为所谓的新弗洛伊德主义是将弗洛伊德（他不够完整的）与戈德斯坦和格式塔心理学家融合在一起，而不仅仅是从弗洛伊德那里单独偏离出来。

我想强调的是，这些事实的动态特性，这些向量特质，在语义上都完全符合“价值”这个词的覆盖范围。至少，它们符合事实与价值之间的二元性，这种二元性被大多数科学家和哲学家在传统上不假思索地认为是科学本身的一个定义特征。很多人认为，科学在道德和伦理上是中立的，不涉及得失。因此，这就不可避免地为这样一个结果打开了大门：如果目的必须有所出处，如果它们不能来自知识，那么它们就必须来自知识之外。

“是”（事实性）创造“应该”（应当性）

这个简单的阶段能够十分容易地引出这样一个更为泛化的总结，即在事实的“事实性”增加，或“事实”特质增强的同时，事实的“应当性”特质也得到增加。如此，我们可以说，事实性决定应当性。

“是”创造“应该”！某件事被了解得越清楚，就变得越真实、越明确，于是便获得更多的应当性。某事变得越趋近于“是”，它就变得越“应该”——获得的必要性越多，它“呼唤”特定行动的声音就越大。某件事被感知得越清晰，它就变得越“应当”，也就越能成为行动的指引。本质上，这意味着当任何事情足够清晰或十分确定、真实，并超越了以定义伦理、道德和价值为行动的指引时，最简单和最好的行动指引就是事实，它们越偏向事实，就越能很好地指引行动。

我们可以举一个不太确定的诊断为例子。我们知道年轻的精神科医生在对某位患者进行确诊时会表现得摇摆不定和犹豫不决，甚至会对患者产生包容心，易受到他人的建议而优柔寡断。假如患者是一位精神病患者，当精神科医生获得许多临床意见和一整套相关检查的支持时，如果所得结果与他自己的判断相吻合，并反复检查，他就会完全确定，进而对治疗的确定性、决断性和确信性产生重要的改变，确切地知道自己需要做什么、何时做和如何做。这种确定感使他能够抵抗患者亲戚或任何其他持不同意见的人的反对声音。他可以自行决断，单纯因为他十分确定这件事，或者用另外一种说法，即他在没有任何怀疑的情况下感知到了事情的真相。这种确定性甚至使他可以罔顾给患者带来的痛苦、眼泪、抗议或敌意，只一味坚持己见。他如果对自己满怀信心，一定会全然地施展自己的力量。确切的知识意味着确切的伦理决策，因此，确切的诊断意味着确切的治疗。

以我自己的经历为例，也可以说明道德的确定性是如何来自事实的确定性的。那时我还是一名研究生，大胆地对催眠展开了研究。当时大学明文规定禁止催眠，我想禁止的理由是，人们不相信它是真实存在的。但是我非常确定它是存在的（因为我正在做这项研究），并深信这是通往知识的捷径，是一种必要的研究方式，所以我心无旁骛地投入研究。然后，我惊讶地发现自己为了研究竟变得毫无原则，我不介意说谎、偷窃或隐藏。我当时觉得，自己只是在做必须做的事，而它是绝对正确的。（注意，“绝对正确”这个词既是一个认知词，又是一个伦理词。）①我比任何人都要了解这个问题，他们在这件事上是无知的，因此我不必生这些人的气，我只要不去理会他们即可。（在这里，我略过了非正当的确定感的问题，因为那是另一个问题了。）

另外一个例子是，当父母摇摆不定时，他们会变得软弱，但当他们确定时，会显得异常坚决、坚强和明确。如果

---

① “错误”“坏的”“正确的”也是认知—评价性词语。例证是，一个英文教授告诉他的学生，他不希望在他们的文章出现两个不雅的词，一个是“lousy”，另一个是“swell”。一片寂静后，一个学生问：“那么，它们是什么？”

你确切地知道自己在做什么，即使你的孩子哭泣、疼痛或抗议，你也不会犹豫。假如为了挽救孩子的生命，你知道必须拔出一根根刺或箭，或必须割开伤口，你便可以毫不犹豫地这样去做。

这就是知识给予决策、行动选择和行为的确定性，从而使人在行动的过程中获得更多的力量。外科医生或牙医总是会面临相同的情况。当一名外科医生打开病患的腹部时发现患者的阑尾正在发炎，他知道最好将其切除，因为阑尾一旦破裂将会致命。这是一个典型的事实决定采取何种行为的例子，即“是”决定了“应该”。

所有这些都与苏格拉底的信念有关，即没有人会发自内心地在谬误和真理面前选择谬误，在善恶面前选择恶，除非假设无知使错误的选择成为可能。不仅如此，杰斐逊的民主理论也建立在这样的信念上，即充分的知识指导正确的行动，而没有充分的知识则无法采取正确的行动。

自我实现对事实和价值的认知

几年前，我做过这样一份报告，说自我实现的人非常善于认知现实和真理，并且他们通常不会混淆是非问题，他们做出的道德决策比一般人更快、更坚定。此后，第一个发现已经得到了足够的支持，而今天，我们对它的理解也比二十年前更加深入。但第二个发现仍然是一个谜。当然，我们现在从心理健康的心理动力学方面了解到更多，所以更放心于这个发现，也更期待它将来能得到研究上的证实。

在当前的讨论背景下，请允许我提出自己的深刻印象（当然，这需要其他观察者来证实），即这两个发现可能存在某种内在的关联性。也就是说，我认为清晰的价值认知在某种程度上是对事实有一个清晰认知的结果，或者，它们可能根本就是同一回事。我所讲的B-认知，即存在认知、他者性或物或人的固有性质，总是更频繁地出现在更健康的人当中，这似乎不仅是对更深的事实性的认知，同时也是对对象的“应当性”的认知。也就是说，“应当性”是深度认知的事实性的一个内在方面，它本身就是一个可认知的事实。

这种“应当性”、需求性，或者内在的行动需求，似乎只影响那些能够清晰地观察到知觉的固有性的人。因此，B-认知可以导致道德上的确定性和果断性，就像高智商总是能对一系列复杂事实做出清晰的感知，或者就像一个与生俱来对美敏感的人总是能够清晰地看到色盲者或其他人看不到的颜色一样。尽管有一百万个色盲者看不到地毯是绿色的，那也无所谓，尽管他们可能认为地毯是灰色的，但这对于那些清晰、生动、毫不含糊地感知事情真相的人来说毫无影响。

更健康、更敏锐的人很少会陷入“应该盲”的判断——因为他们可以让自己感知事实的愿望，以及事实的呼唤、暗示、要求或恳求——他们可以让自己被道家式的事实所引导，因而避免了与现实本质相关的所有价值决策上的麻烦。在某种程度上，一个知觉的事实性与其应当性是可以分开的，那么我们或许可以分别谈论“是—认知”和“是—盲感”，以及“应该—认知”和“应该—盲感”。我相信普通人可以被描述为“是—认知”但“应该—盲感”；健康的人则更具有“应该—认知”。心理治疗有助于增强人们的“应该—认知”。我的自我实现主题中更大的道德决断性可能直接来源于更大的“是—认知”，更大的“应该—认知”，或两者兼有。

即便它会将现实的认知复杂化，我也禁不住要在此补充一点：“应该盲”可片面地理解为对潜能、理想的可能性的盲视。以亚里士多德关于奴隶制的“应该盲”为例，当他审视奴隶时，发现他们的性格实际上就是奴性的。这个描述性的事实被亚里士多德视为奴隶的真实、内在、本能的本性，因此，奴隶天生就是奴隶，他们天生就应该成为奴隶。阿尔弗雷德·金赛也犯了类似的错误，他将简单的表面描述与“正常性”混淆，而看不到“可能性”存在的情况。这也适用于弗洛伊德关于女性的柔弱心理学说。在他所属的时代，女性通常不太可能有所作为，但这并不意味她们身上就不存在可发展的潜力。看不到这种潜力，就像看不到一个孩子在万事俱备的情况下成长为成年人。对未来的可能性、变化、发展或潜能的盲目，不可避免地导致了一种现状哲学，其中，“现状”（因为它是所有存在的或可能存在的）必须被视为常态。[①]“纯粹”价值的自由描述，如西利所说，是对描述性社会科学家的描述，简直就像在邀请他们加入保守党一样。在其他方面，“纯粹”的无价值描述只是一种草草的描述罢了。

① 到目前为止，我已经将几种不同的认知放在“应该—认知”的范畴下。第一是对知觉场的格式塔—向量性（动态或方向性）方面的认知；第二是对未来作为现在存在的认知，即对未来增长和发展的潜力和可能性的感知；第三是统一型的知觉，其中，知觉的永恒和符号方面与其具体、直接和有限的方面同时被知觉。我不确定这与我所称为“本体化”的认知——将一种活动故意看作一个目的而不仅仅是一种手段——有多么相似或有多么不同。因为它们是不同的操作，所以我暂时将它们分开。

道家倾听

人们通过倾听找到自己的正确之处，从而让自己被塑造、被指导、被引导。优秀的心理治疗师正是以这种方式来帮助他的病人——通过帮助病人聆听他那被淹没的内在声音，聆听他发自本性的微弱命令，根据斯宾诺莎的原则，即真正的自由在于接受和热爱不可避免的现实的本性。

同样，通过同样的倾听方式来了解世界的自然本质，对其要求和建议保持敏感、保持安静，以便听到其声音，然后发现保持接受、不干涉、不要求，顺其自然，这才是对待世界的正确方式。

在我们的日常生活中，我们一直都在这样做。我们了解了火鸡的每个关节，所以才清楚地知道怎样才能更有技巧地操作刀叉——即充分了解事实的情境。如果事实被充分知晓，它便会指引我们，告诉我们该怎么做，但这也暗示了事实的声音实际上是非常微弱的，是很难被感知的。为了能听到事实的声音，我们需要保持安静，以一种道家的方式去倾听。也就是说，如果我们希望允许事实告诉我们它们的“应该性”，就必须学会以一种非常特定的方式倾听它们，可以将这种方式称为“道家式的”——静静地、安静地、全心全意地倾听，不干涉，更包容，更有耐心，尊重现状，保持应有的礼仪。

这也是古老的苏格拉底式教条的现代表述，即知识渊博的人不可能作恶多端。尽管我们不能说这是绝对的，因为我们已知恶行的来源并非无知，但我们仍然可以赞同苏格拉底的观点，即对事实的无知是恶行的主要来源。这就意味着，事实在其本质中已经带有了关于应该如何处理它们的建议。

一把钥匙开一把锁是另外一个问题了，但开锁的方式也最好以道家的方式进行，即轻柔、谨慎地摸索着前进。我认为我们都明白，这也是解决几何问题、治疗问题、婚姻问题、职业选择以及良知、是与非问题的一个非常有效的方法，有时甚至是最佳的方法。接受事实的“应该”属性是不可避免的，如果这个属性存在，那么它必须被感知。这不是一件容易的事，我们不得不研究如何提高那些最大化“应该—感知”的条件。

第九章　关于存在心理学的笔记[①]

存在心理学的定义及研究内容、问题、领域

（也可以称之为本体心理学、超越心理学、完美心理学、目标心理学）

1. 主要研究的是目的（而非手段或工具）；涉及终极形态、终极体验（内在满足与享受）；涉及人作为自身的目的（神圣的、独特的、无法比较的、与其他人同等宝贵的，而不是作为工具或手段的目的）；研究如何将手段转化为目的，将手段活动转化为目标活动。研究物体本身是按照其本质的存在，而非因其具有自证性、固有价值、内在价值，就无须辩护。"此时此刻"，即当下被充分体验的状态作为目的本身，并非对过去的重复或对未来的铺垫。

2. 研究达到完成、高潮、最终、结束、整体、圆满、完

---

① 这部分内容尚没有最终成型，也没有形成一个完整的结构。它们基于《存在心理学探索》中提出的观点，并将这些观点进一步推向它们的理想极限。它们是我于 1961 年在加利福尼亚州拉贺亚市的西部行为科学研究所担任安德鲁·凯的访问学者期间写的。

美的状态（在这些状态中，不再欠缺什么，也不再有所需求，无法再继续改进）。纯粹的快乐、欢喜、极乐、狂喜、充实、实现的状态，希望实现、问题解决、愿望得到满足、需求得到满足、目标实现、梦想实现的状态。已经到达“那里”的状态，而不是努力想要到达“那里”的状态；巅峰体验，纯粹成功的状态（所有否定的短暂消失）。

2a. 在它们产生 B- 认知的程度上，不幸的、悲剧的完成和最终状态。失败、绝望、崩溃的状态，价值体系的急剧失败，与真实罪恶感的尖峰对峙，在某些情况下，当人们有足够的力量和勇气时，可以强迫自己认知真实和现实（作为目的而不再是手段）。

3. 被认为是，或被认知为完美的状态，完美的概念。理想、模型、极限、示范、抽象定义。人类在其潜能上，可以被认为是完美、理想、模型、真实、充分人性、典范、神性的，或者他在这些方向上尚有潜能和空间（即在最佳条件下，他可能、应该或潜在地存在，或者他无限接近人类发展的理想极限，但永远不会达到）。那是他的命运，是命中注定的。这些理想的人类潜能，成长、自我发展等的终极成果，是人们从心理治疗、教育、家庭训练的理想远景中推断出来的（见下文“定义 B- 价值的操作”）。涉及人类本质的定义和其特性，他的本性，他的“内在核心”或“深层核心”，他的实质，他现存的潜能；他的必要条件（本能、体质、生物性质、固有的、内在的人性）。这使定义“充分的人性”“人性的程度”或“人性的减退”成为可能，属于欧洲哲学人类学的概念。分辨“必要条件”，定义特性（定义“人性”的概念）与典范（模型、柏拉图理念、理想可能性、完美理念、英雄、模板、消亡），前者是最小值，后者是最大值。后者是纯粹的静态存在，而前者则努力成为这种存在。前者的类别限定条件非常宽泛，例如，人是无羽的两足动物。当然，入选成员的选拔仅在于全部或全不，即加入或淘汰。

4. 无欲无求的状态，无目的的状态，缺乏“D- 需求”（缺失需求）的状态，无动力的状态，不应对的状态，不努力追求的状态，享受奖励的状态，满足的状态，获利的状态（因此，能够“将自己的兴趣、愿望和目标完全放在一边，从而在一段时间内可以完全放弃自己的个性，以保持为纯粹的认知主体，对世界产生清晰认知”——叔本华）。

4a. 无畏的状态，无焦虑的状态。勇气。不受阻碍，自由流动，无拘无束，不受审查的人性。

5. 超动力（当所有 D- 需求、缺失、欲望都得到满足时的行动动力）。成长动机。“无动力”的行为。表达。自发性。

5a. 纯粹的创造性的状态和过程。纯粹的“此时此刻”活动（在可能的范围内，“从过去或未来中得到自由”）。即兴表现。人和情境（问题）之间的纯粹适应，趋于将人与情境的融合作为理想的极限。

6. 实现自我承诺的描述性、经验性、临床性、个人的心理测量的自我描述状态，或命运、使命、命中注定、召唤的实现状态（自我实现、成熟、完全进化的人、心理健康、真实性、实现“真实自我”，个体化、创意个性、身份，潜能的实现或实际化）。

7.B- 认知（存在认知）。与超心理现实的交易，这些交易集中于那个现实的本性，而不是集中于认知自我的本性或兴趣。深入事物或人的本质，并清晰地将其看穿。

7a.B- 认知出现的条件。巅峰体验，绝望体验，死亡前的B-认知。急性精神病态倒退下的B-认知。B-认知的治疗性洞察力。对B-认知的恐惧和回避，B-认知的危险。

（1）B-认知中的知觉本质。现实的本质，如在B-认知下描述和理论上的外推，即在“最佳”条件下，被认为与观察者相独立的现实，未经抽象的现实。[参见关于B-认知（存在认知）和D-认知（缺失认知）的说明。]

（2）B-认知中的观察者的本质。因为是脱离的、无欲的、无私的、“不感兴趣的”、道家式的、无畏的、“此时此地”的（参见关于纯粹认知的说明），所以是真实的、可接受的、谦逊（非傲慢）的、没有自私利益的思考等。我们是现实中最高效的感知者。

8. 超越时间和空间。被时间和空间遗忘的状态（全神贯注、聚焦注意力、魅力、巅峰体验、低谷体验），无关、妨碍或有害的状态。宇宙、人、物、体验，就其无时间、永恒的、无空间、普遍的、绝对的、理想的本质而论。

9. 神圣的；崇高的，存在的，精神的，超越的，永恒的，无限的，神性的，绝对的；敬畏的状态；崇拜、献祭等。自然主义的“宗教”状态。从永恒的角度看到日常的世界、物体、人。统一的生活，统一的意识。时间与永恒、局部与普遍、相对与绝对、事实与价值的融合状态。

10. 天真无邪的状态（以孩子或动物为范例，见B-认知），（以成熟、智慧、自我实现的人为范例）。纯粹的认知（理论上不区分重要与不重要；一切皆有可能；一切都同样有趣；较少的前景和背景的区分；只有初级的环境结构和差异；较少的手段和目的的区分，因为一切都同样有价值；没有未来，没有预测，没有预感，所以没有惊喜，忧虑，失望，期望，预测，焦虑，预演，准备，或担忧；这件事与另一件事发生的可能性一样大；非干涉的接受性；接受任何发生的事；较少的选择、偏好、挑剔、区分；相关性和无关性的少量区分；较少的抽象和诧异）。天真无邪的行为（自发性、表达性、冲动性；无畏，无控制，无抑制；不狡诈，无其他动机；诚实，无畏；无目的；未计划，未预先考虑，未预演；谦逊（不傲慢）；不急躁（未来未知时）；无改造和重构世界的冲动（天真与 B- 认知重叠很大；也许它们将来会趋于一致）。

11. 趋向最终的整体性的状态，即宇宙的全部，所有的现实，在一个统一的方式中被看到；一切都是其他东西，任何事物都与所有事物相关，所有的现实都是我们从不同的角度看到的一个单一的事物。巴克的宇宙意识。为了使它嵌入，允许它本身被看到，绝对地、新鲜地被看到。看到它的所有特性，而不是根据其有用性、危险性、便利性等进行抽象。一个物体的存在就是整个物体本身；抽象必然是从手段的角度看待它，并将其从本身的领域中剥离。

超越分离性、离散性、相互排斥性、中间排除法则。

12. 存在的观察或外推特性（或价值观）。（参见 B- 价值观列表）。B- 领域。统一意识。

13. 所有的解决二元对立（极性、对立、矛盾）的状态（超越、结合、融合、整合），例如，自私与无私、理智与情感、冲动与控制、信任与意志、意识与无意识、对立或敌对的利益、快乐与悲伤、泪水与笑声、悲剧与喜剧、阿波罗式与狄俄尼索斯式、浪漫与古典等。所有将对立转化为协同效应的过程，例如，爱、艺术、理智、幽默等。

14. 所有的协同状态（世界、社会、个人、自然、自我等）。自私成为与无私相同的状态（当我追求“自私的目的”

时，我必须使每个人都受益；当我表现出利他主义时，我也使自己受益，即当这种二元对立被解决并超越时）。当美德得到回报，既有内在满足，也获得了外在奖励的状态；当不用付出太多代价，就可以做一个有道德、聪明、明了、美丽或诚实的人时。所有鼓励和促进存在价值观实现的状态。向善的状态。所有抑制怨恨、反价值和反道德（恨和害怕卓越、真理、善良、美丽等）的状态。所有增加真、善、美等的相互关联，并将它们推向理想统一的状态。

15. 暂时解决、整合、超越或忘记人类的困境（存在主义困境）的状态，例如巅峰体验、存在幽默与笑声、存在正义的"快乐结局"、存在爱、存在艺术、存在悲剧或喜剧，所有整合的时刻、行为和感知等。

《存在心理学探索》中，"存在"一词各种形式的汇总

1. 它被用来指代整个宇宙，指代一切存在的事物，指代所有的现实。在巅峰体验中，在痴迷的状态中，聚焦注意力可以缩小到单一的物体或人，然后对其做出反应，"仿佛"它是存在的全部，即现实的全部。这意味着它是与整体相关的。唯一完整且完全的事物就是整个宇宙。不到这个程度的都是部分的、不完整的，为了瞬时的、实际的便利，从其固有的联系和关系中剥离出来的。它还指的是宇宙意识。这也意味着层次性的整合，而不是二元对立。

2. 它指代的是"内在核心"，即个体的生物本质——他

的基本需求、能力、偏好；他不可再简化的本性；“真实的自我”（出自霍尼）；他固有的、本质的、内在的特性、身份。由于“内在核心”既是种族普遍的（每个婴儿都需要被爱）又是个体的（只有莫扎特是完美的莫扎特式的），这个词可以意味着“完全人性”和（或）“完全与众不同的”。

3.“存在”也可以指代“表达自己的本性”，而不是应对、努力、控制、干预、命令（一只猫就是一只猫，而不是一名女性就要努力模仿女性角色，或一个吝啬的人“努力”表现得慷慨）。它指的是无须刻意的自发性（就像聪明的人本就表现得智慧，婴儿本就那样幼稚），这使最深、最内在的本性在行为中得以显现。由于自发性是很困难的，因此，大多数人都可以被称为“人类的模仿者”，即他们总在“努力成为他们认为的人类，而不是简单地做自己”。因此，这也意味着诚实、坦白、自我展露。大多数使用这一词语的心理学家都包含了（隐秘地）这样一个尚未充分被验证的假设，即神经症不是个体最深的本性、内在核心或真实存在的部分，而是人格的一个较浅层面，它遮盖或扭曲了真实的自我，即神经症是对真实存在、对人的深层生物性质的防御体现。“试图成为”可能不如“表现为”好，但它也比不尝试要好，即比绝望、不作为、放弃要好。

4.“存在”可以指“人”“马”等概念。这样的概念有定义的特性，通过具体的操作将其纳入或排除在其成员之外。对于人类心理学来说，这有其局限性，因为任何人都可以被视为“人类存在”的成员或示例，或被视为唯一的类别，如“爱迪生·西姆斯”。

当然，我们也可以用两种截然不同的方式使用类别概念，即最小值或最大值。我们可以最小限度地定义类别，以至于任何人都不会被排除在外。这就没有了质量评级的基础，让我们不能以任何方式区分人类。如此，一个人要么是这个类别的成员，要么不是。只有在这个类别里或不在这个类别里的状态，而没有其他状态。

又或者，类别可以通过其完美的范例来定义（模型、英雄、理想的可能性、柏拉图理念，对理想的界限和可能性进行外推）。这种用法有许多优点，但必须记住它的抽象和静态特质。描述我所能得到的最好的实际人类（自我实现的人）之间存在着深刻的差异，他们中没有一个是完美的。描述理想、完美、纯粹的范例概念，是通过从实际、不完美的人们的描述数据中推断出来的。“自我实现的人”这一概念不仅描述了人们，还描述了他们所接近的理想界限。理解这一点并不难。我们习惯了“蒸汽机”或汽车的蓝图和图纸，当然永远不会再混淆诸如“我的汽车”或“你的蒸汽机”这样的照片。

这样的概念定义还为区分本质与外围（偶然的、表面的、非本质的）提供了可能性。它为区分真实与非真实、真与假、必要与可有可无或可消耗的、永恒与瞬间、不变与可变提供了标准。

5.“存在”可以指代发展、成长和完成的“终点”。它指的是成为的终点、界限、目标或终极目的，而不是其过程，就像下面句子中所说：“通过这种方式，存在的心理学和成为的心理学可以得到和解，孩子可以简单地做他自己，但可以向‘最终原因’或终极目的、终点移动，正如橡树的果实本质是橡树，将来也会成为橡树。”（这很微妙，因为我们容易拟人化地说橡树果实“正在试图”成长。但还没有完全成长起来，它只是作为一颗种子而简单地“存在”。就像达尔文不能用“试图”来解释进化论一样，我们也必须避免这种用法。我们必须将它向着可能的极限的成长过程解释为它存在的附带现象，作为现代机制“盲目”的副产品。）

存在价值（对巅峰体验中所感知的世界的描述）

存在的特征就是存在的价值。[与完全人性之人的特性平行，完全人性之人的偏好；巅峰体验中的自我身份特性；理想艺术的特性；理想孩子的特性；理想的数学演示、理想的实验和理论、理想的科学和知识的特性；所有理想的（道家的、不干涉的）心理疗法的远大目标；理想的人本教育的远大目标；某些宗教的远大目标和表达；理想的良好环境和理想的良好社会的特性）。]

1. 真：诚实；现实；纯朴；简单；丰富；本质；应然；美丽；纯净；完整无杂质的。

2. 善：正确；可取；应然；公正；慈善；诚实；我们爱它，被它吸引，赞同它。

3. 美：正直；形态；生机；简洁；丰富；完整；完美；独特；诚实。

4. 完整性：统一；融合；趋向一体；相互联系；简单；组织；结构；秩序；非离散；协同；和谐且整合的倾向。

4a. 超越二分：接受、解决、融合或超越对立、两极、相反、矛盾；即反对者的变革为合作或相互增强的合作伙伴的统一体。

5. 生命力：过程；非死；自发；自我调节；充分功能；

变化但保持不变；自我表达。

6. 独特性：特质；个性；不可比性；新奇；品质；其如此特性；无与伦比。

7. 完美：不多余；无缺失；一切恰如其分，不可再改进；恰到好处；适当；正义；完整；没有超越；应当性。

7a. 必要性：必然性；它就是这样，不能以任何甚至最小的方式改变，而且这样很好。

8. 完成：结束；终结；公正；完成；格式不再改变；满足；目的和终点；无所缺失；命运的实现；结束；顶点；完满；闭合；死亡和重生前；成长和发展的停止。

9. 正义：公平；应当；适当；建筑的质量；必要性；必然性；公正；无偏见。

9a. 秩序：法则；正确；无多余；完美的安排。

10. 纯粹：诚实；纯朴；本质；简洁明了；基本结构；核心；直率；只有必要的；无修饰，不多余。

11. 丰富：差异化；复杂；精细；完整；无所缺失或隐藏；都在那里；“非重要”，即一切同等重要；无不重要的；一切都按原样，无须改进、简化、提取、重新安排。

12. 不费力：轻松；不紧张，不用努力，不困难；优雅；完美且美好的功能。

13. 嬉戏：乐趣；欢乐；娱乐；欢快；幽默；旺盛；不费力。

14. 自给自足：自主；独立；不需要其他事物来确定自身；自我决定；超越环境；按其自身法则生活；身份。

用于可测试的操作，定义“存在价值”的意义

1. 首先，如自我实现（心理健康）的人所描述的，被看作他们自己的报告，由调查者和与其亲近的人所感知到的特征（价值1、2、3、4、4a、5、6、7、8、9、9a、10、11、12、13、14，还有透明度、接受度、自我超越、认知的新鲜感、更多的巅峰体验、共同体感、存在型爱、非追求、存在型尊重、创造性等）。[①]

2. 被视为自我实现的人的偏好、选择、期望、价值观，无论是于他们自己还是他人，还是世界中（在相对良好的环境条件和较好的选择者的情况下）。可能的是，许多自我超越的人，尽管偏好较弱，但在非常好的环境条件和选择者的状态下，仍具有相同的需要。任何或所有B-价值观的偏好可能性会随着以下三个条件的增加而增加：（1）选择者的心理健康度增加；（2）环境的协同效应增加；（3）选择者的力量、勇气、活力、自信等。

假设：B-价值观是许多（大多数？所有？）人深深渴望的（在深度治疗中可以发现）。

假设：B-价值观是获得最终满足的人，无论是否有意识地寻求、偏好或渴望，即B-价值都能带来完美、完成、满足、宁静、命运完成的感觉。也能产生良好效果（治疗和成长）。

3. 由巅峰体验者向调查者报告的世界的特征（或趋向这

---

① 请参见《存在心理学探索》的第三章。

样的特征），在巅峰体验中被感知（即在各种巅峰体验中世界的样子）。这些数据总体上得到了关于神秘体验、爱的体验、美学体验、创造性体验、亲子和生殖体验、智力洞察、治疗洞察（不总是）、运动、身体体验（有时）以及某些宗教著作文献的共同报告的支持。

4. 由巅峰体验者向调查者报告的自我特征（“急性身份体验”）；（可能除了第 9 条的所有价值观，加上创造性；“此时此地”的质量；非追求，可能被视为体现了第 7 条和第 12 条的例证：诗意的交流）。

5. 调查者观察到的巅峰体验者的行为特征（与上文第 4 条相同）。

6. 当有足够的力量和勇气时，其他 B- 认知也是如此。例如，某些巅峰体验，低估体验和孤寂体验（精神病态倒退、与死亡的对抗、防御的破坏、幻觉的价值系统、悲剧和悲惨的经历、失败、与人类困境或存在性困境的对抗）；明智的哲学洞察、建构和深入研究；对过去的 B- 认知（“拥抱过去”）。这种“操作”或数据来源本身并不足够，即需要其他验证。有时支持其他操作的发现，有时与它们矛盾。

7. 观察到的“优秀”艺术的特征（“优秀”在这里意味着“被此调查者所偏好”）；例如，绘画、雕塑、音乐、舞蹈、诗歌和其他文学艺术（除了第 9 条，第 7 条和第 8 条有些例外）。

初步实验：由一组艺术评审员根据“最普遍的审美”到“最不普遍的审美”对儿童的非具象性绘画作品进行十分制评分；一组评审员对所有这些画进行“整体性”的十分制评分；另外两组评审员分别对“活力”和“独特性”进行评分。所有四个变量都呈正相关。初步调查给人留下了这样的印象：通过检查画作或短篇小说，可以对艺术家的健康状况做出超出偶然性的准确判断。

可测试的假设：随着年龄的增长，美、智、善与心理健康之间的相关性会增加。以每增长十岁为一组，对不同年龄段的美、善、智与心理健康进行评分，每项评定都由不同的评审员进行。结果得出的相关性始终为正，三十多岁的人相关值高，四十多岁的人相关值更高等。目前为止，这种假设只得到了偶然性的观察支持。

假设：以十五种 B- 价值对小说进行评分，结果显示“差”小说（由评审员评定）与 B- 价值的接近度比“优秀”小说要小，“优秀”音乐和“差”音乐也是如此。也可以有非规范性的陈述，例如，哪些画家、哪些词、哪种舞蹈有助于增强或体现个性、诚实、自给自足或其他 B- 价值。此外，哪些书和诗更受成熟的人的偏爱。如何利用健康的人进行“生物测定”（对 B- 价值有着更敏感和更高效的感知者和选择者，就像煤矿里的金丝雀一样稀有）？

8. 我们对所处文化中各个年龄段儿童心理健康的增减特征及其决定因素所知甚少，但总体上表明，儿童心理健康的增加意味着正在朝向各种甚至是所有的 B- 价值运动。学校、家庭等“良好”的外部条件，可以定义为有助于心理健康或有利于朝向 B- 价值。用可测试的假设来表达这一点会得出，例如，心理更健康的儿童比不健康的儿童更诚实（美、善良、完整等），健康通过投射测试、行为样本、精神病学访谈或缺乏经典的神经症症状等来测量。

假设：心理更健康的教师应该有助于促进学生对 B- 价值的追求等。

以非规范性的方式提问：哪些条件增强了儿童的完整

性？诚实、美丽、玩耍、自给自足等？

9.“好”的（第 2 条）或“一流”的数学证明是“纯粹”（第 10 条）的终极形式，在抽象真理（第 1 条）中，在完美和完成以及“秩序”（第 7，8，9 条）中。它们可以且经常被视为美丽的（第 3 条）。完成后，它们看起来容易，并且确实是容易的（第 12 条）。这种趋向完美、渴望完美、热爱完美、钦佩完美，甚至在某些人中需要完美等的趋势，大致与所有的机器制造商、工程师、生产工程师、工具制造商、木匠、企业、军队等的管理和组织专家相似。他们也展示了对上述 B- 价值的追求（强烈的倾向或冲动）。这应该可以通过选择来测量：例如，简单流畅的机器和烦冗复杂的机器，平衡力优越的锤子和笨重的锤子，“完全”功能的引擎和部分功能的引擎（第 5 条）等。更健康的工程师、木匠等应该在其所有产品中自然地展示出更多的对 B- 价值观的偏好和接近度。更受欢迎，价格更高的产品应该是它们，而不是那些不那么“靠近 B-”的，或发展和进化较差的工程师、木匠等的产品。对于“好”的实验、“好”的理论和一般意义上的“好”的科学，也可能有类似的情况。很可能，在这些情境中使用“好”这个词的一个强有力的因素是“更接近 B-价值”，这与数学中的意义大致相同。

10. 大多数（深入洞察、揭示、非权威主义、道家的方式的）心理治疗师，无论来自何种流派，只要能够引导他们谈论心理治疗的终极目标，即使在今天，也会提到完全人性、真实的、自我实现、个性化的人，或者一些类似的理想化概念。细化之后，这通常意味着某些或全部 B- 价值，例如，诚实（第 1 条）、良好的行为（第 2 条）、整合（第 4 条）、自发性（第 5 条）、完全发展、潜在的成熟与和谐（第 7，8，

9条）、本质上完全体现自我（第10条）、充分展现并接受所有深层面的自我（第11条）、轻松容易地运作（第12条）、玩耍和享受的能力（第13条）、独立自主和自决（第14条）。我怀疑不会有任何治疗师对此持反对意见，当然不排除有些人会在此基础上做补充。

关于成功和失败的心理治疗实际效果的大量证据来自罗杰斯团队，而据我所知，所有这些证据，无一例外，都支持或与心理治疗的远景目标是B-价值这一假设相一致。这一操作在治疗前后可用于测试尚未经过测试的假设，即治疗也增加了患者的美感，以及他对美的敏感性、对美的渴望和对美的享受。关于幽默感的一系列假设也是可测试的。

初步实验：为期两年的小组治疗实验的非量化观察；在我和参与者看来，大学生男女总体上更加美丽或英俊（并且由外人来判断衡量的话，实际上她们会更加美丽、更有吸引力），这是因为增加了自爱和自尊，以及增加了取悦本组成员的愉悦感成分（因为更加爱他们）。总的来说，如果我们强调治疗的结果，那么无论揭示什么，在某种意义上都已经存在了。因此，通过揭示治疗所展现或揭示的东西，很可能是有机体本质上就有的东西，或来自天性，或来自基因。也就是说，其实质、其最深层的现实，是生物学赋予的。那些被揭示通过治疗而消失的，被证明是或至少被认为是，并非内在的或固有的，而是偶然的、表面上的，由生物体获得或被强加的。B-价值通过揭示治疗被加强或实现的相关证据支持了这种信念，即这些B-价值是最深、最本质、最内在的人类本性的属性或定义特性。这一总体命题在原则上是可以被测试的。罗杰斯的“朝向和远离”治疗技术为研究“什么有助于朝向和远离B-价值”提供了广泛的可能性。

11.“创造性”“人文”或“全面发展”教育的远程目标，尤其是非说教类教育（如艺术、舞蹈等），在很大程度上与B-价值是相重合的，甚至可能是完全一致的，此外，还有各种被视为手段而非目的的心理治疗作为补充。这似乎意味着，这种教育最终在潜意识中渴求着得到与理想心理治疗一样的产物。因此，原则上，所有已经进行或即将进行的关于治疗效果的研究都可以与“创造性”教育相提并论。正如治疗一样，教育也可能会得出一个更为实用、规范的概念，即“最佳”的教育往往能最大程度地“实现”学生的B-价值观。例如，帮助学生变得更具真、善、美，也更完整，等等。这可能将适用于高等教育，尤其是在排除技能和工具获得，或只将技能和工具视为达到最终目标的手段的话。

12.在一些大型的有神论和无神论宗教，以及涉及法定或神秘的变体中，情况也大致如此。总体上，他们传播的是:（1）神是大多数B-价值观的体现;（2）理想的、奉教的、虔诚的信徒至少往往是渴望成为这些“与神相似”的B-价值观的人的明证；（3）所有技巧、仪式、礼仪、教条都可以被视为实现这些目标的手段；（4）天堂是实现这些价值观的终极地点、状态或时间。救赎、赎回、皈依，都是接受上述真理后出现的行为。由于这些命题是由选定的证据支持的，它们需要一个外部的选择原则；或者说，它们虽然与B-心理学相容，但不能证明其为真。谁知道如何选择和使用，宗教文献就成了一个有用的宝库。正如上面的其他命题，我们可以掉转矛头，提出理论命题再次尝试。例如，B-价值观是用来定义那些“真实”的或有功能的、有用的、与道德有益的宗教的。唯一满足这一标准的可能仅限于禅宗、道教和人本主义的结合体。

13. 在我的既往印象中，当绝大多数人在面临极其恶劣或处于自身十分不利的条件时，会选择远离 B- 价值观。例如，集中营、监狱、饥饿、瘟疫、恐怖、来自环境的敌意、被遗弃、漂泊、价值体系普遍崩溃、价值体系的缺失、绝望等。人类尚不知道为什么即便处在相同的“恶劣”条件，总有少数人依然能走向 B- 价值观。不过，庆幸的是这两种走向是可以预测的。

假设：“良好条件”的一个有用的定义是“协同效应”，由鲁思·本尼迪克特定义：“一种将自私和无私融为一体的社会—制度条件——当我追求‘私欲’满足时，我也顺带帮助了他人，而当我追求‘利他’时，我也顺带奖励或满足了自己。也就是说，他能解决并超越满足私欲和追求利他之间的二元对立或极端对立。”因此，我们可以大胆假设：一个良好的社会应当是一个善有善报的社会；社会、集体、夫妻或自我的协同效应越多，就越接近 B- 价值观；而那些恶劣的社会或环境条件往往会使我们彼此对立，因为它使我们彼此对立或互相排斥，当个人私欲（D- 需求）供应不足，以至于不是所有人都能满足自己的需求时，那么就自然而然会出现牺牲他人来满足自己的现象。在良好的条件下，我们为追求美德、B- 价值观等付出的代价很小或几乎不用付出。于是，好的环境诞生有道德的商人，他们也非常容易获得成功；好的环境下，成功的人得到的是众人敬仰，而不是仇恨、害怕或怨恨；好的环境下，人们更愿意纯粹地赞赏和仰慕他人，而不掺杂诸如性欲或权力等外力。

14. 有证据表明，我们所声称的“好”的工作和“好”的工作环境大概率是有助于推动人们走向 B- 价值观的。例如，在不太理想的工作中，人们最重视安全和稳定，而在最理想的工作中，人们才会看重自我实现的可能性。这是“良好”环境条件的一个特例。这里再次暗示了转向非规范性陈述的可能性，例如，哪些工作条件能产生更大的完整性、诚实性、特异性等，那么就可以令“导致 B- 价值观”这一短语替代“好”。

15. 基本需求的层次和它们的排序完全是通过“重建生物学”这一过程来发现的，即看哪些需求一旦受挫就会产生神经症。也许在不久的将来，我们会发明出足够敏感的心理仪器来检验这样一个假设：B- 价值观在受到威胁和挫折时会产生一种病理性或存在性的疾病，或感受到一种被削弱的感觉，那么它们也将被归纳在上述意义上的“需求”中（我们渴望它们以完善自己或成为真正的自己为追求）。无论如何，现在我们可以提出一些尚未研究的可研究问题：“假如生活在一个充满谎言的、邪恶的、丑陋的、分裂的、不完整的、陈词滥调和具有刻板印象的、未完成的、没有秩序或正义的、不必要的、复杂的、过度简化的、过于抽象的、努力的、没有幽默感的、没有隐私或独立性的世界中，会产生什么效果呢？”

16. 我已经指出，一个可用的“良好社会”的操作性定义是它能为所有成员提供基本的需求满足、自我实现和人类成就的可能性。对此表述可以加入这样一个命题：“好社会”（与贫弱社会形成对比）是体现、重视、追求，可能实现 B- 价值观的社会。我们也可以像上面那样，用非规范的方式来表达。抽象地说，理想的优心态文化（良好社会）将完美地实现 B- 价值观。那么，届时，良好社会在何种程度上能与协同社会达成一致呢？

“存在之爱”何以让人无私、中立、超然、睿智?

什么时候，爱会让人盲目？它又在什么时候变得强烈，什么时候变得模糊？

对于所爱之物来说，当爱变得如此伟大和纯粹（无矛盾），以至于我们所追求的是它本来的美好，而不是它能为我们做什么时，这一转折便产生了。也就是说，当它经过我们的同意，超越了手段，成为一种目的时，我们就抵达了这一转折点。就像苹果树，我们深爱它本来的模样，并不希望它变成其他什么东西；我们因它本来的面貌而高兴。任何干扰它的事物都只会伤害它，使它不再完美，或改变了它生活中固有的规则。它就是那么完美，以至于我们害怕触摸它，担心它因我们的触碰而削弱它的完美。所以，当它被视作完美时，就没有了什么改进的可能性。事实上，改进（或装饰等）其本身就意味着它被视为不够完美，至少改进者会认为他的“完美改造”比那棵完美的苹果树的终极形态更加美好；也就是说，他能做得比苹果树更好，他更懂得怎么去做，而且比树本身更懂得。因此，潜意识会告诉我们，那些会给狗美容的人并不是真正的狗狗爱好者。真正的狗狗爱好者绝不会为狗剪掉尾巴、整形耳朵或选择性繁殖（按照某本杂志上宣传的那样），这会让他们愤怒，因为这会让狗变得神经质、易生病、不育、不能正常分娩、癫痫等。（然而这样的人居然还自称是狗狗爱好者。）而那些培育矮树、教熊骑自行车或教猩猩吸烟的人也是如此。

真正的爱，是不干涉、不强求的（至少有时是），因为它能在事物本身找到欢愉；因此，它能够毫无保留、没有任何阴谋诡计或任何自私意图地凝视爱的对象。这种洞察体现为更少地提炼（或选择部分、属性或对象的某一特性），更少地或不完整地观看、更少地分解或解剖。这也意味着更少的主动结构化、组织、塑造、模塑，或根据理论、预设概念进行适配，因为它要使对象能更完整、更统一，更多地保持其本真。它更不太可能按照相关或不相关、重要或不重要、显眼或不显眼、有用或无用、危险或不危险、有价值或无价值、有利或无利、好或坏等自私的带有人类观察标准的方式进行评估。同样，对象也不太可能被分类、归类、放在历史序列中，或仅被视为一个类别的成员、一个类型的样本。

这意味着对象的所有方面（包括无关紧要和重要的那些）或特征（无论是中心的还是边缘的）都更可能得到同等的关心和关注，每一部分都能被认为是令人愉悦的和神奇的。这种存在之爱，无论是对恋人、婴儿、画作还是对花朵，几乎都保留了这种均匀的、强烈的、关怀的、令人着迷的凝视。

在这种大的背景下，小小的瑕疵往往被看作“可爱的”、迷人的、讨喜的，因为它们别具一格，因为它们为对象赋予了特色和个性，因为它们让自己与其他物体区别开来，当然，或许也仅仅因为它们本身就是不重要和非核心的。

因此，拥有 B 型之爱的人（B- 认知者）往往能看到那些 D 型之爱的人或无爱的人所忽视的细节，他还更容易看到对象本身的本质，以其自身的方式和风格存在。它自己那微妙且脆弱的软骨骨骼般的结构更容易被接纳性的目光捕捉，尽管这种目光并不带有主动性和干涉性，也没有多少傲慢的成分。也就是说，当B型认知者在看待某个物体时，物体被感知到的形状更多地取决于它自身的形状，而不是观察者强加给它的。而口型认知者往往更容易出现太粗鲁、不耐烦的状态，就像一个为了自己的食欲肆意切割尸体的屠夫，更像一个要求无条件投降的征服者，或一个把根本没有自己结构的黏土塑造成雕像的雕塑家。

存在价值选择的条件和依据

根据现有的证据，“健康”的人（自我实现的、成熟的、有成效的人等）更经常地选择B-价值。纵观历史，那些最令人钦佩的、爱戴的、被视为伟大的人也大多选择了它们。（难道这就是他们受到钦佩、爱戴、被认为伟大的原因吗？）

动物实验显示，顽固的习惯、之前的学习等，往往会降低生物的效率、灵活性和自我修复的选择能力，这在被切除肾上腺的老鼠中被发现。已往的一些众所周知的实验也证明，人们被迫在十天内选择某些事物，如低效的、令人烦恼的、最初不受欢迎的，当十天结束后，人们往往会继续选择，甚至开始偏爱这些事物。

人类的一般经验也支持诸如在良好习惯领域的发现。临床经验表明，习惯和偏好往往在那些更加焦虑、胆小、刻板、受限的人身上表现得更为强烈和顽固。临床证据和一些实验证据表明，那些富含自我力量、勇气、健康和创造力的成年人和儿童，更有可能选择新的、不熟悉的、习惯以外的事物。

适应性的熟悉感也会削弱选择B-价值的倾向。习惯了以后，臭味也就不再那么难闻，原本令人震撼的事物也就变得不再那么震撼。当人们适应了不良条件，往往就不会再注意到它们，尽管它们的不良影响仍在继续，只是没有被意识到罢了，如持续的噪声、丑陋或长期食用劣质食物。

真正的选择意味着与替代品平等且同时出现。例如，习惯使用低质量音响的人更喜欢普通留声机，而习惯使用高保真音响的人更喜欢高保真留声机。但当两组人同时接触到两款不同质量的留声机时，会不约而同地选择音质更好的高保真留声机。

绝大部分关于辨别的实验文献表明，当备选项和选项同时出现且距离接近，而不是相距较远时，辨别效率更高。我们可以想象，从两幅画中选择更美的一幅、从两种葡萄酒中选择更真实的一种，或从两个人中选择更有活力的一个，当它们在空间和时间上越接近时，就越容易选择出其中更优秀的那一个。

提议的实验：如果品质的范围从 1（劣质的雪茄、葡萄酒、织物、奶酪、咖啡等）到 10（上乘的雪茄、葡萄酒等），习惯 1 级的人可能依然会选择 1，但如果唯一的替代选择是另一个极端，例如 10，那么这个人可能会选择 2 而不是 1，或选择 3 而不是 2，等等，直到最终选择了 10 级。替代选择应该在相同的讨论领域内，也就是说，各级之间不能相差太远。用这种方法测试那些从一开始就喜欢高级物品的人，即在 10 和 9、9 和 8、8 和 4 之间给予选择机会，他们也可能会继续选择较高的等级。

综上所述，揭示洞察疗法可以看作导致“真正的选择”的过程。在接受治疗后，人们做出真正选择的能力将远大于之前。这也就意味着，选择的能力是由体质决定的，而不是由文化决定的；是由个人决定的，而不是由外部或内部的“他人”决定的。同样，选择绝对是有意识进行的，绝非无意识的产物，且恐惧的成分被最小化了，等等。

成功的治疗增加了选择 B- 价值的倾向，以及体现它们的能力，这意味着必须将选择者的性格决定因素考虑在内。例如，通过实际品尝知道“更好”的选择（在价值体系中处于较高等级，趋向 B- 价值），对于受伤的、消极的、一般神经质的、害羞的、胆小的、狭窄的、贫瘠的、严格的、刻板的、传统化的人来说反而更难。（因为他们害怕尝试这种体验，或为了否认这种体验而极力抑制它、压抑它等。）这种性格控制无论在本质决定因素还是获得的决定因素上，都是成立的。

许多实验表明，社会建议、非理性广告、社会压力、宣传，都对人们选择自由甚至感知自由具有相当大的影响作用。也就是说，选择也可能被误解，然后做出错误的选择，越是顺从的人越容易受这种有害效应的影响，反倒是那些独立的、强大的人很少受影响。临床和社会心理学均做出了预测，认为这种效应，年轻人受到的影响比老年人更加明显。然而，所有这些效应和其他类似效应，如潜意识条件反射、宣传、声望建议或虚假广告、潜意识刺激、隐性积极增强等，都是基于盲目、无知、缺乏洞察、隐瞒、欺骗和对情况的不知情。通过使无知的选择者明确意识到他是如何被操纵的，可以在很大程度上消除这些效应。

能帮选择者做出真正自由的选择的主要决定因素，在于选择者的内在本质个性。在他摆脱社会压力的过程中，他的个性体现为独立而非依赖的，或成熟的、充满力量和勇气的而非软弱和恐惧的，且他能依靠真理、知识和意识来强化这一个性。这些条件的满足可以大大提高 B 型选择者的比例。

在价值观的层次中，B- 价值为“最高层次”，在某种程度上，这部分是由基本需求的层次、先验的缺失需求超过增长需求，以及先验的稳态优于增长等决定的。通常，当有两种缺失需要同时满足时，往往先验需求更具优势，即应该选择“较低层次”的价值需求。因此，对 B- 价值的预期偏好，原则上是基于对较低的、更有优势的价值的先验满足。这一概括又引申出了许多预测。例如，安全需求未被满足的人比安全需求得到满足的人，更偏好选择真、善、美，而非选择假、恶、丑等。

这又回到那个古老的问题了：从何种意义上，我们可以说“更高层次”的快乐（如贝多芬）优于“较低层次”的快乐（如猫王）？又该如何证明这个人“困”在了较低层次的快乐中呢？这是可以被教导的吗？那个人是否想被教导？

更高层次快乐的“阻力”是什么？一般的答案是（除了以上所有的考虑）：“更高层次”的快乐比“较低层次”的快乐体验感（感觉起来）更好，对于任何可以被诱导去体验它们的人都是如此。

但是，为了让人们做出真正自由的选择，即能够完全自由地比较两种选择的话，上述所有特殊的实验条件都是必要的。理论上讲，成长只有在“更高层次”的品位比“较低层次”的更好，并且因为“较低层次”的满足已经变得百无聊赖时才可能实现。（参见《存在心理学》第 4 章关于“在追寻新的更高层次的体验过程中愉悦成长”的讨论。）

还有另外一种类型的本质因素也决定了选择，因此也决定了价值。研究发现，鸡、实验室鼠、农场动物从出生起就在选择效率上存在差异，尤其体现在良好饮食的选择上。也就是说，从生物学的角度看，某些动物本来就是高效的选择者，而有些则是天生较差的选择者。如果让这些天生较差的选择者自行选择，那么这些选择者将很容易生病或死亡。儿童心理学家和儿科医生等也以非正式的形式做出了同样的报道。所有这些生物体在为满足和克服挫折而斗争的能量也有所不同。此外，对成人的体质进行研究后表明，不同体质的人在满足选择上存在一些差异。神经症对选择效率、B- 价值的偏好，对真正的需求满足来说，是强大破坏者。我们甚至可以通过生物体所选事物对机体健康“有害”的程度来定义心理疾病，例如，所选择的药物、酒精、不良饮食、不良朋友、不良工作等。

除了所有显而易见的影响因素，文化条件也应列入选择范围内的主要决定因素，如职业选择和饮食等。具体来说，经济和工业条件也很重要。例如，一味寻求利润的大规模、大众分销的行业，总是十分擅长为我们提供物美价廉的衣物，却不擅长向我们提供无化学添加剂的面包、无农药残留的牛肉、无激素的家禽等健康食物。

因此，我们可以认为，那些更健康、更成熟、更年长、更强壮、更独立、更勇敢、更受教育的人会更倾向选择 B- 价值。提高 B- 价值选择比例的条件之一是：这个社会一定没有巨大的压力。

对于那些在使用“好”和“坏”、“高”和“低”等词时感到不安的人来说，可以将上述所有内容转化为轻松的非规范形式，尽管这些也可以在操作上进行重新定义。哪怕是一个非人类的火星人也可以这么问：“在什么时候、由谁、在何种条件下会选择真实、放弃虚假，选择完整、放弃不完整，选择有序、放弃无序，等等？”

这时，另一个古老的问题也可以用这种更轻松的方式重新表述：即，人之初，是性善还是性恶？无论我们如何定义这些词，人类始终都会有善与恶的冲动，并以或善或恶的方式行事。（当然，这种观察并不能回答二者中哪种更深入，哪种更基本或更像本能的问题。）

为了展开科学研究，我们最好重新表述一下这个古老的问题：在哪种条件下、什么时候，人们会选择 B- 价值，也就是选择“好”？又是什么最大化或最小化了做这种选择的概率？什么样的社会会让人们做出这样选择的概率最大化？这里又包含着什么样的教育，什么样的医疗，以及什么样的家庭？所有这些问题反过来又提出了一个新的问题，那就是：怎样做，才能让人变得“更好”？我们怎样才能改进社会？

第十章　人类价值观研讨会所作出的评论

这四篇论文[①]乍看之下似乎截然不同，但从某种角度来看，实际上并非如此。它们都认为，并且分享了关于价值观

① 在1961年12月15日于加利福尼亚州召开的心理学协会会议上，由C.比勒、H.芬加雷特、W.莱德勒和A.瓦茨提交的这四篇论文，研讨会主席L.N.所罗门博士对每位作者的观点进行了总结：在首篇论文中，比勒博士从精神分析的角度出发，探讨生活的基本趋势作为与自然和谐的价值体系的可能基础。她展示了用于接近这一领域的一些实证方法，并介绍了她认为当前最有前景的技术。

芬加雷特博士着手解决道德罪的哲学问题，并提出了一个深刻、有意义的问题：行为是否总是反映某种意识层面对行为背后愿望的内在接受。对这个问题的肯定回答引导他得出了有关道德与神经质罪恶之间区别的有趣结论。莱德勒博士在他的论文中，与读者分享了他作为分析师的经验，特别是那些使他相信在当今时代，心理治疗必须有价值导向的重要事件。治疗师不能再"长时间静静地听，用自由浮动的注意力，没有批评，不给建议——不参与"。当治疗师足够自由地根据自己的理解和良知与当今的患者——那些没有身份的年轻人进行治疗交往时，价值观就进入了心理治疗。瓦茨博士的论文为西方读者呈现了一个可能看起来很新奇，但同时也是基本重要的关于人的本质的概念化。他引用了道家传统，描绘了人在皮肤内和皮肤外的世界，两者都以皮肤作为它们之间的共同边界。这种思考很容易用于描述统一领域的行为，并对任何关于价值和道德的理论都是一种有意义的启示。

发生的某些基本变化，这些变化是革命性的，且是最近才出现的，对此，我们应该保持清醒的认识。

这些论文中没有任何一篇所描述的价值是超越人类的东西，也没有涉及超自然的存在，没有神圣的经书，更谈不上令人尊崇的传统。这些论文的发言者都一致认为，指导人类行动的价值观必须在人类和自然现实的本质中被发现。

价值的所在被暗示为是自然发生的，而且发现这些价值的过程也是如此。它们是通过人类的努力和人类的认知，通过人类实验、临床和哲学经验来一点点揭示（或发现）的。其中没有涉及人类以外的力量。

这进一步说明了，它们是被发现的，也就是说，是被找到或被揭示的，而不是（或者也可以）被发明、构建或创建起来的。更进一步说，它们在某种意义上和某种程度上本就是存在的，正等待我们去发现。从这个意义上说，我们应该视价值与自然的其他秘密一样。我们目前可能对其知之甚少，但总有一天，在我们坚持不懈的探索和搜索中，它们无疑会被我们了解透彻。

所有四篇论文都含蓄地摒弃了那种简化的科学观念，即把它视为传统意义上的“客观”的、只是公众的、只是“在外面”的，并期望所有科学陈述都变成真实的物质形式，即便不是现在，那么将来也一定会。

接受心灵的存在必然会破坏一个纯粹的客观科学理论。有些人会认为这种“唯心主义”会摧毁所有的科学，但我不同意这种荒谬的观念。相反，我认为保留心灵的科学远比没有心灵的科学更有力量。例如，我认为这种更广泛、更包容的科学观念肯定可以轻松处理价值问题。正如我们所知，仅仅试图纯粹地保持客观、冷漠的狭隘科学，找不到任何价值、目标或目的，以至于不得不将它们定义为不存在。最终，它们要么被否认其真实性，要么被永远置于科学认知的范围之外（这使它们“无足轻重”，不值得认真研究）。谈论价值变得“不科学”，甚至是反科学，于是它们被转交给诗人、哲学家、艺术家、宗教人士，以及其他头脑冷静但心地热情的人。

换句话说，这些论文在本质上是“科学的”，尽管是在“科学”这个词更古老、更原始的意义上。我猜想，这些论文在精神或方法上与1920年或1925年左右关于维生素的讨论一样并没有本质上的区别。当时，他们像我们今天一样正处于临床、实验前的阶段。

这样一来，我们当然应该保持讨论和假设的开放性和多样性，我们不应该过早地将各种可能性排除在外。这次研讨会中方法的多样性似乎是恰如其分的，如果有更多时间的话，它们甚至可以呈现更加多样化的形式。当然，现在不是宣扬谁是正统的时候，我非常开心看到这样一种情景，即20年前各个学派之间激烈、尖刻的争论已经不复存在，取而代之的是更加谦卑地承认合作与分工。

我相信，如果我们坦然承认，我们对价值的兴趣不仅是由科学和哲学的内在逻辑驱动的，而且还是由我们文化的当前历史位置，或者更确切地说，是由我们整个种族的位置驱动的，这对我们来说也是一种谦卑。

纵观历史，只有当价值变得无意义，以及人们开始怀疑它时，人们才会讨论价值。我们面临的情况是，所有的传统价值体系其实都失败了，至少对有思考能力的人来说是这样。我们的生活怎能对价值失去信仰和赞同呢？为此，我们必须尝试新的方向，即科学的方向。我们正在尝试将事实价值与愿望价值区分开来，希望通过这种方式发现值得相信的价值，它们必须是真实的，而不是令人满意的幻觉。

Part 4

第四部分

教育

第十一章　知者与所知

我的基本观点是，人与人之间的许多沟通困难都是由个体内部沟通障碍所衍生的副产品；而个人与世界之间的沟通，来来回回，很大程度上取决于它们之间的同构性（即结构或形式的相似性）。世界与个人所沟通的只能是与其相符的，即他应得的或他可以理解的。从很大程度上说，他从世界接收，并给予世界的，只有他自己本身所具备的东西。正如乔治·利希滕贝格在某本书中所说的："就像镜子，如果一个猿猴往里看，镜子里绝不会出现天使。"

因此，对人的个性的"内部"研究是理解一个人能够向世界传达什么，以及世界能够向他传达什么的必要基础。其实，任何一个治疗师、任何一个艺术家、任何一个教师都本能地知道这个道理，但我们应该更明确地将其表达出来。

当然，我在这里所说的沟通是最宽泛意义上的沟通，包括所有的感知和学习的过程，以及所有的艺术和创造形式。我所说的沟通同样也包括原始过程的认知（古老的、神话的、隐喻的、诗意的认知）以及言语的、理性的、次级过程的沟通。我想讨论的，是我们视而不见、听而不闻，以及能传达给我们的一切；我们含糊不明和无法感知，以及我们能用言语表达或能清晰构造的一切。

总而言之，由于外部困难和内部困难的相似性，我们应该期待，伴随着个性的发展、一体性和完整性的提高，以及个性各部分之间内部冲突的减少，我们与外部世界的沟通将会得到改善，即现实的感知应该得到提高。如此一来，人才会变得更加敏锐，正如尼采所说的，想要赢得理解，就必须拥有一定的差异。

关于人格分裂

首先，我们所说的内部沟通失败是什么意思？最简单的例子就是人格分裂，其中，最具戏剧性且最为人熟知的形式是多重人格。我查阅了所有我能找到的文献，翻遍了所有案例，包括我自己保留的一些我接触到的案例，再加上一些不太戏剧性的案例，如神游症和失忆症。在我看来，它们似乎都遵循一个总体模式，我可以将其描述为一个初步的普遍理论，这将有利于我们完成当前的研究，因为它告诉了我们所有人身上存在的那些内部分裂情况。

在我掌握的这些案例中，每一个“正常”的或是初次呈现出来的人格都具有害羞、安静或保守的特点，大多数情况下是女性，她们相当传统，易受控制，相当顺从，甚至自我牺牲，不具攻击性，且“善良”，胆小，容易被利用。在我所知道的每一个案例中，冲破意识并控制个体的“人格”却恰好相反，他们容易冲动而不受控制，自我放纵而不是自我牺牲，大胆、嚣张、无羞耻心，无视传统，渴望快乐，具有攻击性和高要求，不成熟。

当然，这种程度的分裂，我们在所有人身上都能发现。这是冲动和控制之间、个体需求和社会需求之间、不成熟和成熟之间、无责任感的快乐和有责任感之间所做的内在斗争。如果我们在某种程度上能成功地同时成为淘气、孩子气的恶霸和冷静、负责任、能控制冲动的良好公民，我们就鲜少会出现极端分裂，而是变得更加整合。顺便说一下，以下是多重人格的理想治疗目标：保留两个或三个人格，且在有意识或潜意识控制下将其协调地融合或整合起来。

每一个多重人格都在以不同的方式与世界进行沟通，反反复复。他们有着不一样的说话方式、写作方式、放纵方式、爱的方式，他们会选择不一样的朋友。在我接触的一个案例中，具有“任性的孩子”人格的人无论是笔迹、词语和拼写错误，都充满了杂乱的孩子气；具有“自我牺牲、易被利用”人格的人比较则像一个胆小懦弱的、传统的好学生。一种“人格”喜欢读书和学习，另一种则不能，因为他太缺少耐心，也对读书不感兴趣。如果我们有机会看到他们的艺术作品，它们也一定会呈现出很大的差异性。

在我们其他人中，那些被我们拒绝并被排斥到无意识存在的自我部分，也不可避免地会出现突破（无论是输入还是输出），进而影响我们的沟通，影响我们的感知和行为能力。通过投射性测试或艺术表达，这一点可以轻易地被证明。

投射性测试显示了世界在我们眼中的样子，或者更确切地说，它显示了我们是如何将世界组织起来的，我们能从中得到什么，我们允许它告诉我们什么，我们选择看到什么、忽视什么。

我们的表达也是如此。我们表达的是我们自己的个性，我们分裂的程度会直接反映在表达和沟通上，人格越分裂，表达和沟通就越分裂、越片面。而当我们是整合的、统一的、自发的，且能充分发挥功能时，我们的表达和沟通也会是完整的、独特的、与众不同的、充满活力和创造性的，而不是受限的、常规化的和造作的，是真实的而不是伪造的。临床经验为这种图画和语言艺术表达、一般的表达性动作，以及舞蹈、体育和其他全身表达提供了证据。这不仅适用于我们希望对其他人产生的沟通效果，似乎也适用于我们不打算对其他人产生的效果。

我们经常出于害怕或羞愧，把自己的某些部分隐藏起来，这些部分并没有消失，它们只是悄悄地隐藏了起来。当这些隐藏的部分影响我们的交流时，我们可能会感到困惑，不明白为什么自己会说出某些话或做出某些行为，好像这些并不属于我们，于是发出这样的疑问："我怎么会变成这样？我为什么会说出那种话？"

这种现象提示我们，表达自我不仅仅是文化层面的产物，也是生物表现。我们必须探讨人类本能的元素，那些文化无法消除、只能压抑的固有特质。这些特质继续以微妙的方式影响我们的表达，尽管文化的作用无处不在。文化是了解人性的一个必要条件，但不是唯一条件。同样，生物学也是理解人性的一个必要条件，但不足以全面解释。例如，只有在文化的背景下，我们才能学会使用语言，但在相同的文化环境中，黑猩猩却无法学会说话，这一点很值得注意。我举这个例子是想说明，人们在研究交流时往往过分关注社会学，而忽略了生物学。

接下来，我们讨论的是人格的内在分裂如何破坏了我们与世界的交流。通过一些著名的案例，我们可以看到，虽然健康、整合的个体通常是敏锐的感知者和表达者，这一点有大量临床和实验证据支持，如 H. J. 艾森克及其同事的研究。但也有例外，这提醒我们要保持警惕。

精神分裂症患者是指那些无法维持或已经失去控制和防御机制的人。这样的人倾向沉浸在自己的内心世界，与其他人和外部世界的联系日渐减少。这也导致这部分人与世界之间的沟通受到一定的损害，或者说是由于他们对世界的恐惧中断了这种沟通。这时，他们内心的冲动和声音会变得过于强烈，以至于干扰现实。但有时，精神分裂症患者也确实会显示出选择性的优越。因为他们过于受限于被禁止的冲动和初级过程的认知，这让他们偶尔能十分敏锐地解读他人的梦境，或是挖掘他人深藏的冲动，如隐蔽的同性恋冲动。

反过来也是一样。一些最好的精神分裂症治疗师曾经就是精神分裂症患者。而且我们偶尔还可以看到，曾经的患者成了非常出色和有同理心的病房护工，这种情况与“酒鬼互助会”有些相似。我的一些精神科医生朋友现在正在尝试通过短暂使用致幻剂或麦斯卡林来体验暂时的精神病态，以增进与患者的沟通。要与某个人群更好地沟通，最好的办法就是成为他们中的一员。

在这个领域，我们也可以从精神病人格，特别是“迷人”型的人格中学到很多。他们可以被简要地描述为没有良心、没有罪恶感、没有羞愧感、没有对他人的爱、没有禁忌，毫无控制，因此，他们往往能随心所欲，做自己想做的事。他们往往是罪犯、骗子、妓女、一夫多妻制的追随者，并依靠他们的智慧而不是辛勤工作生活。这些人，因为他们本身的缺失，通常无法理解他人的良心煎熬、遗憾、无私的爱、同情、怜悯、罪恶感、羞愧感或尴尬。你不具备的东西，自然就无法理解，它无法与你沟通。或许，一开始这种人看起来给人以轻松、快乐的感觉，你甚至丝毫察觉不出他有神经质，然而，人的本性迟早会暴露出来，所以精神病人格者最终还是会被当成冷酷、可怕的存在。

当然，也有这样的案例。尽管我们说这种疾病往往会导致整体沟通的中断，但在特定的领域，患者反而会表现出更加敏锐、更具技能的一面。精神病人格者非常擅长发现别人心中的精神病元素，无论我们如何小心隐藏。他可以发现并利用我们身上潜在的骗子、罪犯、小偷、说谎者等元素，并借此谋生。他会这样说："你不能欺骗一个诚实的人。"而且，他非常享受检测这种"心灵窃贼"，并十分自信。（当然，这意味着他可以检测到无窃贼的情况，这反过来意味着他可以看到对方的性格和行为举止，至少对于那些具有强烈兴趣的人来说是这样的，即他能与那些理解并认同他的人沟通。）

男性气质与女性气质

内部沟通和人际沟通有着紧密的联系，尤其在男性与女性之间，这种联系更为明显。注意，我并没有说"两性之间"，因为我想指出的是，两性之间的关系在很大程度上是由每个人（无论男女）内心中男性与女性特质的关系所决定的。

我能想到的最极端的例子是那些男性偏执症患者，他们常常有被动的同性恋渴望，简而言之，就是希望被强大的男人侵犯和伤害。这种冲动对他来说是极其可怖的、令人无法接受的，所以他要努力压抑这种感觉。他采用的主要策略

（投射）可以帮助他否认这种渴望，并让这种渴望从自己身体里分离出去，同时还允许他思考、谈论并沉迷于这个令人着迷的话题——是其他男人想要侵犯他，而不是他自己希望被侵犯。因此，这些患者往往显得非常多疑，而这种多疑有时会以非常可怜、明显的方式表现出来。例如，他们不允许任何人站在他们身后，为此甚至会背靠墙站立，等等。

听起来很疯狂不是吗？但这并不是。纵观历史，男人常常把女人当成红颜祸水，而这些男人会被女人所诱惑。当男人爱上一个女人时，他们往往会变得体贴、无私和温柔。如果他们恰好生活在一个认为这些特质不属于男性特征的文化氛围中，那么他们就会对女人生气，因为是女人让他们变得脆弱（阉割了他们），并创造出参孙和得利拉这样的神话，以此来展示女人的可怕。他们用神话投射出自己的恶意，反要责怪镜子反射出的东西。

在美国，特别是受过教育、有思想的女性常常在与她们内心深处的依赖、被动和顺从倾向做斗争（因为在她们潜意识里，这意味着要放弃自我或人格）。对于这样的女性来说，很容易将男性视为潜在的控制者和侵犯者，并以此对待他们，控制他们。

基于这些原因，还有其他原因，在大多数文化和大多数时代里，男人和女人彼此误解，没有真正地友好相处过。可以说，在我们当前的语境中，男女之间的沟通一直很糟糕，最终表现为一方统治了另一方。有时，他们通过劳动分工将女人的世界与男人的世界完全隔离，以及构建彼此毫无交集的男女性格观念来实现和平共处。这确实能带来某种和平，但绝对不能带来友情和相互理解。

那么，心理学家是否能提出更为高明的建议呢？其中，荣格学派明确指出了解决方案，而这一观点也为大多数心理学家所接受：两性之间的对立很大程度上是个体内部的男性特质和女性特质之间无意识斗争的投射。要想实现两性之间的和平相处，首先要在个体内部实现和平相处。

一个男人如果与内在的自己和他所处的文化氛围定义的“女性化”特质作斗争，那么他就会在外部世界与这些相同的特质作斗争，特别是当他的文化氛围更加重视男性特质而不是女性特质的时候，这十分常见。当这些特质变为情感化、不合逻辑、依赖、偏爱某种颜色或对婴儿很温柔时，他就会害怕自己身上具有这些特质，于是发起反抗，试图做与之相反的事情。在外部世界，他也会倾向与这些特质作斗争，如拒绝女性，或把一切都归咎于女性等。那些主动勾引或搭讪的同性恋男性，经常被他们搭讪的男性毒打一顿，这很可能是因为他们的诱惑引起了那位男性内心的恐惧。这也就解释了为什么同性恋行为之后往往会发生殴打这一事实。

我们在这里看到的是一种极端的二元对立，即“非此即彼”的亚里士多德式的思考，戈德斯坦、阿德勒、科日布斯基等人都认为这种思考方式是非常危险的。从心理学家的角度说，我的观点与他们相同，即“二元对立意味着病态化；病态化意味着二元对立”。一个男人如果认为自己是男人，就一定是全部的男人，要么是女人，就全部是女人，那么这个人注定要与自己斗争，并永远疏远女性。只有当他了解了自己的心理是“双性”的事实，并意识到“非此即彼”定义的武断性和二元对立过程的病原性本质，意识到差异的程度可以融合并与彼此形成结构，而不是互斥和相互对立的，他才会是一个更加完整的个体，能够接受并享受自己内心的“女性化”特质（荣格称之为“阿尼玛”）。当他能够与内心的女性和平共处时，他才能够与外部的女性和平共处，也才能够更好地理解女性，减少矛盾，甚至在意识到她们的女性魅力比他自己的女性化特质更为优越时，会变得更加钦佩她们。与一个能被欣赏和理解的朋友沟通，肯定比与一个令人害怕、憎恨和神秘的敌人沟通要容易得多。因此，为了与外部世界的某一部分成为朋友，最好先与自己内部的那一部分成为朋友。

我并不想在此暗示，说哪一个过程一定在前，哪一个过程一定在后发生，它们可以是并行的，也可以从其中一个开始，即接受外部世界的 × 可以帮助他们接受内部世界相同的 ×。

初级和次级过程的认知

在那些必须首要与外部世界成功打交道的人中，对内在精神世界的驳斥会更加强烈，同时也更偏爱常识性的外部世界——“现实”。此外，环境越艰难，个体对内心世界的驳斥就越强烈，对“成功”的调整也越有危险。因此，对诗情画意、幻想、梦幻、情感化的思考的恐惧，男人比女人、成人比儿童、工程师比艺术家表现得更为强烈。

我们还可以看到，更具有深刻的西方趋势或普遍人类趋势的另一个例子，即二元对立。二元对立认为在两种选择或差异之间，人们必须选择其中之一，并排斥未被选择的，就好像我们不能同时拥有两者。

再看一个普遍化的真实案例，即我们在内心对某些东西视而不见、听而不闻，我们在外部世界中也同样对其视而不见、听而不闻，无论是玩耍、诗情画意、审美的敏感性、原始创造力等。

这个例子尤其重要，因为我认为，如果能解决这种二元对立，或许是教育者解决所有二元对立的最佳切入点。也就是说，它可能是一个很好的、可行的起点，教导人类停止二元对立思考形式，转而采用整合式的思考形式。

这是对过分依赖理性主义、语言中心主义和科学主义的批判，强调了这些观点的局限性。很多思想流派，如一般语义学家、存在主义者、现象学家、弗洛伊德心理分析学派、禅宗佛教徒、神秘主义者、格式塔治疗师、人本主义心理学家、荣格学派、自我实现心理学家、罗杰斯心理治疗学派、柏克森心理学派和“创造性”教育家等，都在挑战传统思维模式。他们认为，语言和传统科学方法无法完全控制或解释人类深层的动机，这些动机既可能导致心理疾病，也是健康、快乐和创造力的源泉。

现在，我们开始更多地讨论如何培养健康的无意识、本能、非理性思维和直觉，以及如何将这些能力重新融入我们的生活，以实现自我。普遍的趋势是强调整合而非分裂或压抑，认识到非理性和直觉也是人类智慧的重要组成部分。

然而，这也提出了一个挑战，即所有这些运动变得过于极端或偏离了整合的目标，就都有可能导致新的分裂。抗拒理性、抽象思维、科学方法和智力的态度也可以成为分裂的一种形式。关键在于认识到适当界定和运用智力是人类最伟大的整合力量之一，它能够欣赏并合理利用我们的非理性能力，帮助我们理解和解决复杂的问题。

自主性与同质性

当我们试图理解内在与外在、自我与世界之间的关系时，我们面临的另一个悖论是自主性与同质性之间十分复杂的相互关系。我们很容易同意安吉亚尔的观点，即我们内部存在着两种大概的趋势或普遍的需求，一种趋于自私，另一种趋于无私。自主性的趋势，单独看来，会引导我们走向自给自足，走向与世界对抗的力量，走向更加完整地发展我们自己独特的内在自我，这是根据其自身的法则，其自身的内在动力，是来自内在的心理法则而不是环境的法则。这些心理法则与外部现实的非心理世界的法则不同，且相互独立，甚至是对立的。通过成长和自我实现心理学家，对于身份的追求或自我寻求（个性化、自我实现）的概念，已经为我们所熟知，更不用说存在主义者和许多学派的神学家了。

但我们也意识到，有一种同样强烈而看似与前者相矛盾的趋势，趋于放弃自我，放弃意志、自由、自给自足、自我控制和自主性，从而将自我沉浸于非我之中。其引发的病态结果导致了对血腥、土地和本能的狂热浪漫主义的出现，导致了受虐狂的出现，他们在对人类的蔑视中寻找价值，最终结果是，要么实现了对人类的超越，要么被他最低等的动物本能所淹没。

在其他地方，我对高同质性和低同质性进行了区分。在这里，我想把高度自主性与低度自主性区分开来。我希望展示其是如何帮助我们理解内外之间的同构性的，从而为改进人格与世界之间的沟通奠定理论基础。

个人情感收获安全感的人所拥有的自主性和力量与没有获得安全感的人所拥有的自主性和力量是不同的。简而言之，我们可以说，没有获得安全感的自主性和力量是一种用来对抗世界的增强人格，呈现为完全分离，且相互排斥的二元对立，即一种敌对关系。我们可以把没有获得安全感的人所拥有的自主性和力量看作自私的。假设在一个要么是锤子要么是铁砧的世界中，那么它就是锤子。我第一次在猴群中研究了力量的不同质，即为专制或法西斯统治。在后来研究的大学生群体中，我将其称为不安全的高支配性。

安全的高支配性则是另一回事。拥有这一属性的人，他们对世界和他人都充满了深情，具有兄长般的责任心，对世界有信任和认同感，而不是对它持有敌意和心生恐惧。因此，这些个体的卓越力量常被用来享受、爱和帮助他人。

凡此种种，我们有理由认为这些区别是存在于心理健康与不健康的自主性之间，以及心理健康与不健康的同质性之间的区别。同时还发现，基于这种区别，我们看到它们之间的关系是相互关联的，而不是相互对立的。因为当一个人越来越健康和真实时，高度的自主性和高度的同质性会一起出现，且呈正比例增长，然后趋于融合，形成一个包含它们的更高级别的统一体结构。自主性与同质性、自私与非自私、自我与非自我、纯粹的内心与外部现实之间的二元对立，现在趋于消失，并可以被看作不成熟和发展不完全的副产品。

这种超越二元对立的存在不但常见于自我实现的人，也出现于大多数人在最高度的自我整合时刻，以及自我与世界之间的整合时刻。在男人与女人之间、父母与孩子之间的最高等级的爱中，当一个人在力量、自尊、个性方面发展到极致时，他便与他人发生了融合，失去了自我意识，同时便或多或少地超越了自我和自私。在创作时刻、深刻的审美体验、洞察体验、分娩、跳舞、运动体验中，这种情况也时有发生，我将这些时刻概括为巅峰体验。在所有这些巅峰体验中，人们将很难清晰地区分自我和非自我。当一个人变得完整时，他的世界也将变得完整。当他感觉良好时，世界看起来也很好。以此类推。

首先，要注意，这是一个经验性的说法，而不是哲学或神学的说法。任何人都可以不断去发现这些体验。确切地说，这是属于人类的体验，而不是什么超自然的体验。

其次，请注意，这意味着与某些神学说法存在分歧，有些神学说法暗示超越自我的极限意味着自我摒弃、自我否定、失去自我或个性。而我所说的超越，在普通人和自我实现的人的巅峰体验中，都是随着自主性发展壮大而产生的最终产品，是实现身份的成果；它们是自我超越的产物，而不是自我摒弃的产物。

最后，请注意它们是短暂的体验，而不是持久的。如果说自我超越就是指进入了另一个世界，那么它总会再次回到平凡的世界的。

完全发挥、自发性、B-认知

从科学的角度，我们可以了解更加整合的个性是如何影响接收和传达信息的。例如，卡尔·罗杰斯及其合作者的众多研究表明，随着人在心理治疗中取得的进步，他会在各个方面都变得更加整合，更“开放体验”（更有效地感知）以及更“完全发挥”（更真实地表达）。这是我们的主要实验研究体系，但也得到了许多临床和理论学者从不同方面的支持，而这些支持与普遍结论保持了一致性。

我的初步研究——相对健康个性的研究（不够精确，不能称之为现代意义上的研究）从另一个角度得出了相同的结论。首先，这些研究支持整合是心理健康的一个定义特征；其次，他们支持这一结论：健康的人更具有自发性、更有表现力，他们更容易、更完全、更真实地展开行为；最后，他们支持健康的人感知能力更好（他们自己、其他人、所有的现实），尽管，正如我所指出的，这种优势并不均匀。现在有这样一个故事，某个精神病患者说：“2 加 2 等于 5。虽然我知道 2 加 2 等于 4，但我受不了！”我想补充的是，一种新型疾病，即无价值论者会说：“2 加 2 等于 4，可那又怎样！”而更健康的人实际上会说：“2 加 2 等于 4，这可真有趣！”

换句话说，约瑟夫·博索姆和我最近发表了一个实验，我们发现，安全感强的人倾向将照片中的脸看作更温暖的存在，而安全感弱的人则不然。然而，未来的研究仍有一个问题，即这是善意的投射，还是天真，或是更有效的感知？我们需要的是一个实验，在这个实验中，让被感知的脸从温暖或冷淡划分出可认知的等级。那么，我们可能会问，那些感知或归因于更多温暖的、安全感强的人是对还是错？他们对温暖的脸的感知是对的，对冷淡的脸的感知是错的吗？他们看到的是他们想看到的吗？他们喜欢他们看到的吗？

关于 B- 认知的最后一句。在我看来，这似乎是对现实最纯粹和最有效的感知（尽管这仍有待实验性地验证）。它是对知觉更真实、更可靠的感知，因为它是最不受干扰，最客观，最不被感知者的愿望、恐惧和需求所污染的认知。它不干涉、不要求、最容易接受。在 B- 认知中，二元对立更倾向融合，分类更倾向消失，知觉被看作更为独特的存在。

自我实现的人更倾向这种感知方式。但在我询问的所有人中，我几乎都能得到这种感知方式出现在他们生命中最幸福、最快乐、最完美的时刻（巅峰体验）这样的结论。现在，我的观点是：通过仔细询问，显示随着知觉变得更个体化、更统一、更完整、更愉快、更丰富，感知的个体也变得更有生气、更完整、更统一、更丰富、更健康。它们是同时发生的，并可以由任何一方引发另一方，即世界变得越完整，个体就变得越完整。同样，个体变得越完整，世界也变得越完整，这是一种动态的相互关系，一种互为因果的关系。信息的意义不仅取决于内容，还取决于个性对信息的响应程度，只有“更高层次”的人才能感知到“更高层次”的意义，他本人越高大，能看到的就越多。

正如爱默生所说：“我们是什么，我们只能看到什么。”不过，有一点我们此时必须补充说明，我们所看到的东西，也反过来决定了我们能成为什么，以及我们是谁。人与世界之间的沟通关系是一个动态的关系，是一个彼此形塑和互为加减的过程，我们可以称之为“互相同构”。更高层次的个体可以理解更高层次的知识，但同样，更高层次的环境也会成就更高的个体，就像更低层次的环境降低人的层次一样，他们使彼此更相像。这些观念也适用于人与人之间的关系，可以帮助我们更好地理解人们是如何相互造就的。

第十二章　教育与巅峰体验

如果有人学习过心理学的课程或是翻阅过一本心理学的书籍，那么想必你从中所获得的大部分内容都不曾触及问题的核心——“人本主义”。它们多半将学习描述为获取外在的纽带，获取技能和能力的途径，并认为这些与人性、人格和人本身无关。获取心理学意义上的强化和条件反射，就像捡起硬币、钥匙，或其他财物物品一样简单，甚至很快就可以结束。假如一个人有了条件反射，比如我听到蜂鸣器的声音就流口水，然后这种反射突然消失了，这对我来说其实并没有什么影响，因为我没有失去任何重要的东西。所以我们不妨说，这些关于学习心理学的书籍其实并无太大意义，至少对于人的内心、人的灵魂、人的本质来说是没有多大意义的。

这一新的人文哲学也孕育了对于学习、教学和教育的新认识。也就是说，这一观点认为，教育的功能和目标（人的目标、人文的目标、关于人类的目标）最终都是一个人的“自我实现”，即成为一个完全的人，发展到人类或某个个体能达到的最高境界。用不太专业的话来说，就是帮助一个人成为他能成为的最好的自己。

这个目标在我们选择的心理学课程中所教授的内容需要

进行重大转变。这并非联想学习，虽然联想学习确实很有用，特别是对于学习那些并不真正重要的东西，或者学习那些本质上可以互换的技术手段的人来说非常有用。没错，我们要学习的很多内容都是这样进行的。假如一个人需要背诵一门外语单词，他可以采取死记硬背的方式。在这里，联想法则可能会有所帮助。或者，如果有人想练就良好的驾驶习惯，如对红色信号灯的反应，那么条件反射就很有意义。在技术型社会中，这一点非常重要且有用，但在成为一个更好的人或“成为完全的人”，也就是自我发展和自我实现方面，就大不相同了。

在我的生活中，这样的经历比上课、听讲座、记忆 12 对脑神经的分支、解剖人脑、记忆肌肉的附着点或者在医学院、生物课程或其他类似课程中所做的事情重要得多。

有些经历在我人生中就至关重要，比如孩子出生。我的第一个孩子就改变了我作为心理学家的思考角度，让我看到了我之前热衷的行为主义竟如此愚蠢，所以我抛弃了它。行为主义是不可能的。当我有了第二个孩子，并了解到人与人之间在出生之前就存在着深刻的差异，这使我看到了经验心理学的不足，即不可能按照一种方式教任何人学习任何事。就像约翰 · B. 沃森的理论：“给我两个婴儿，我可以让其中一个变成这样，另一个变成那样。”好像他从未养育过孩子一样。我们非常清楚，父母不能将他们的孩子塑造成任何样子，因为孩子们会按照自己的意愿塑造自己。我们能做的，能产生最大效果的，就是当孩子压力过大时，为他们提供一个可以反抗的对象。

另一个我更为珍视的深刻的学习经验，比我所获得的任何特定课程或任何学位都要重要，那就是我的人格心理分析：发现我的真实身份，我的真实自我。另一个更为重要的基本经验是结婚。就教育意义而言，这无疑比我的博士学位更为重要。如果有人希望开发智慧、理解、我们所需要的生活技能，那么他必须考虑我所说的内在教育——内在学习，即首先学习成为一个普通人，其次，学习成为某个特定的人。我现在正忙于探索这种内在教育观念所附带的所有现象。然后，我必须告诉你一件事，那就是我们的传统教育看起来真的很糟糕。当你开始顺着这个思路思考，也就是说，考虑如何成为一个好的人，然后你可以问自己一个高中所学的课程问题："三角学课程有没有帮助你成为一个更好的人呢？"一个声音会回答："天哪，它从来没有！"从某种意义上说，三角学对我而言简直是浪费时间。我早期也学过音乐，并不成功，因为它让一个原本深爱音乐、热爱钢琴的孩子放弃它。我曾有一个钢琴老师，他灌输给我这样一种观念：我应该远离音乐。当我成年后，不得不重新学习音乐，而且只能靠自己完成。

细心的人一定注意到了，我一直在谈论目的。这本身就是对 19 世纪的科学和当代专业哲学的革命性否定，因为哲学本质上属于技术，而不是目的。从而，我拒绝了作为人类本性理论的实证主义、行为主义和客观主义。我也因此拒绝了整个科学模型以及所有基于历史意外事实发展起来的成果，即科学开始于非个人、非人类的事物的研究，就因为这些统统没有目的。只有当它们变得没有价值且中立时，物理、天文、力学和化学才能从单纯的描述发展成为可能。我们现在了解到的一个重大的错误是，这种从对象和事物的研究中发展起来的模型，已被用于对人类的研究，而这是非法的。这种方法是可怕的，是不会有效果的。

基于这种实证主义模型的，这种客观的、联想的、无价值的、中立的科学模型的大部分心理学，像珊瑚礁或山脉一样由这样那样的小事堆积起来的。这当然不是在说它错了，而是在说它是微不足道的。

需要在这里指出的是，我不想贬低我自己的科学，我认为我们确实知道很多与人类有关的事情，但我坚持认为，我们已经学到的与人类有关的事情大多是通过非物质技术——通过我们更加认识到的人文科学技术学到的。

在最近举行的林肯中心艺术节的开幕式上，阿奇博尔德·麦克利什在谈到世界形势时这样说道：

问题并不是出在科学的伟大发现上——信息富足总比无知要好，不管是怎样的信息还是怎样的无知。问题出在信息背后的信仰上，即认为信息能改变世界的信仰。这是错的，因为它不能。心如果不被人类理解，就像一个没有问题的答案，变得毫无意义可言。怎样才能被人类理解呢？只能通过艺术。正是艺术作品创造了人类的视角，在这个视角中，信息转化为真理。

虽然我理解麦克利什为什么这么说，但我不太赞同他的观点。他想表达的是，那些信息没有经历过新革命，没有经历过人文心理学，没有经历过那些不仅拒绝“无价值”和“中立”的观念，且实际上把价值的发现视为义务和责任——实证发现、展示和验证人性本身固有的价值的科学观念。但现在，这项工作正在紧锣密鼓地进行着。

麦克利什先生所说的可能适用于1920年到1930年，以及直到今天仍然不了解新的心理学的人。“怎样才能被人类理解呢？只能通过艺术。”这也是真的，只不过幸运的是，现在已经不再成立。现在，我们可以收集到能够为人类所理解的信息，这些信息内嵌有价值的、有方向和目标的线索，是能帮助我们通向更高层次的信息。

“正是艺术作品创造了人类的视角，在这个视角中，信息转化为真理。”我不赞同这一点，我们最好讨论一番。首先，必须制定一些标准来区分好的艺术和坏的艺术。据我所知，在整个艺术评论领域都还不存在这种标准。但现在它们已经开始出现了，在此，我想给出一个实证性的线索：某种可能性已经开始浮现，这代表着我们将拥有一些客观的标准来区分好的艺术和坏的艺术。

如果你的情况和我相同，你会知道我们在艺术的价值观上完全混淆了。在音乐领域，这就好比人们试着证明约翰·凯奇和贝多芬之间，或者和猫王之间，孰轻孰重。在绘画和建筑领域，也存在类似的混乱。我们再也没有共同的价值观了。所以，我不再读音乐评论，因为对我来说，它已经毫无意义。艺术评论也一样，我也放弃了阅读。我还发现书评也毫无用处。评价体系根本就是混乱的，毫无标准可言。例如，《星期六评论》最近发表了一篇评论，但评论的内容却是对让·热内出版的一本非常差的书进行的正面评论。这本书是一位神学教授写的，内容简直是一派胡言。

评论是这么说的，由于言辞间的某种悖论，恶已经不再是恶，而变成了善。如果恶变成了完全的恶，那么在某种程度上来说，它可能是件好事。评论还认为鸡奸和吸毒是美好的，且进行了狂热的描述。这对一个花大量时间试图拯救因这些事情而陷入痛苦的人们的可怜的心理学家来说，真的是无法理解。一个成年人怎么会把这样的书推荐为伦理学的典范和年轻人的指南呢？

阿奇博尔德·麦克利什不是说只有通过艺术作品才能理

解真理吗？难道指的是他自己挑选出的某些特定的艺术作品吗？那么他的儿子可能不会挑选这些作品。这样，麦克利什其实就没有太多有价值的话要说了，因为他连他的儿子都说服不了，就别提说服任何人了。我认为这可能是一个象征，代表着我们正处于一个转折点，我们正在走向新的方向，一些新的事物正在发生。这些差异是可以明显感知的，而这些不仅仅是口味或任意价值的差异。这些是最新实证发现的新事物，正是基于此，才产生了关于价值和教育的各种命题。

首先，是关于人类存在更高层次的需求的发现。本能需求是人类生物学组合的一部分——例如，需要有尊严、被尊重、自由自主地发展的需求。高层次需求的发现带来了各种革命性的启示。

其次，是关于我提出的社会科学的观点：许多人开始意识到物理机械模型是一个错误，它把人类引导到了原子弹、精湛的杀戮技术上，如集中营，还有艾希曼。正统的哲学或科学都无法驳斥艾希曼。直到他死去的那一刻，他都无法理解自己犯了什么错，不知道哪里出了问题。在他看来，一切都没问题，他只是很好地完成了一个任务。如果你忽略目的和价值，是的，他确实做得很好。我要指出的是，专业的科学和哲学都致力忘记价值、排除价值观。因此，这必然会导致艾希曼、原子弹，还有我们未知的什么东西！

所以，这正是我担心的，即如果将好的风格和才华与内容和目的分离的话，可能会导致这种危险出现。

现在，我们可以补充弗洛伊德的伟大发现。他唯一的较大的错误，我们现在正在纠正，即他把潜意识单纯看作不受欢迎的恶。但潜意识里也蕴含了创造力、喜悦、幸福、善良的根源，以及它自己所固有的人类伦理和价值观。因为我们知道，潜意识也有健康和不健康的区别。新的心理学正在全力研究这一点。存在主义的精神科医生和心理治疗师实际上已经开始将其付诸实践。新的治疗方法同时也正在实践。

因此，我们的意识有善恶之分，也有好坏之分。而且，善的是真实的，这与弗洛伊德的理论不同。要记住，弗洛伊德信奉自己的实证主义，他出身于物理、化学这样的科学。他是一个神经病学家。他曾公开发誓，要开发出一个可以完全归结为物理和化学陈述的心理学。他也致力于此。当然，他自己最终也反驳了自己的观点。

关于我所说的我们既已发现的这种更高层次的本性，最大的问题是，我们如何解释它？弗洛伊德式的解释一直是简化版的还原论。按照弗洛伊德的理论，假设我是一个善良的人，那么我的善良就是对我杀戮冲动的抑制反应。不知为何，在这里，杀戮似乎成了比善良更基本的东西，善良反而成了一种试图掩盖、压抑、保护我的方式，因为我认识到我的内心深处是一个残酷的杀手。如果我很慷慨，那么是因为我的内心极度吝啬。这真是一个很奇特的理论。这里有一个明显的问题，比如，为什么他不说杀人是对被杀者的极度的爱的一种抑制反应呢？因为爱，所以杀人。这同样是一个合理的结论，事实上，对很多人来说更为合理。

但我们必须回到主要的观点上，回到令人兴奋的新发展上，回到历史的新时刻上。我深深地感觉自己正处于一个历史的浪潮中。150 年后的历史学家会怎样描述这个时代？真正重要的是什么？什么在发生？什么已经结束了？我相信，今天许多头条新闻，到那时已经有结果了，而人类的“成长尖端”依旧在成长，如果我们设法将其持续下去，在未来一百年或两百年后将会依然保持繁荣。历史学家将会把它作为一个历史进程谈论下去。这里，正如怀特海所指出的，当你得到一个新的模型、新的范式、新的观察方式，重新定义旧词语，使它拥有不同的含义时，突然之间，你灵光乍现，就得到了一个新的启示和不凡的洞察力。到那时，你就可以以不同的方式看待事物了。

例如，我刚才所谈论的内容产生了这样一个结果，即坚定地否定了弗洛伊德关于个体的需求与社会和文明的需求之间存在必要的、固有的、内置的、对立的主张。这是一个实证的否定（不是虔诚的、任意的、先验的或一厢情愿的），因为事实并非如此。我们现在知道如何限定条件使个体的需求与社会的需求相辅相成，而不是相互对立，并且让它们都朝着相同的目标努力。我声称，这是一个实证性的陈述。

另一个实证性的陈述与巅峰体验有关。在调查研究巅峰体验时，我们会这样询问一组人和某个人："你认为一生中最让你欣喜的时刻是什么？"或者这样问："你有过超常的狂喜体验吗？"人们可能会认为在一般人群中，这样的问题只会引来茫然的凝视，但其实我们得到了许许多多的回答。显然，这些超乎寻常的狂喜体验一直是私密的存在，因为人们不太可能在公开场合谈论。它们确实有些令人尴尬，让人羞愧，甚至不够"科学"——对许多人来说，它们可能是罪大恶极的。

在对巅峰体验的调查中，我们发现了许多触发巅峰体验的因素和经历。显然大多数人，或几乎所有人，都有过巅峰体验或狂喜。我们可能会这样提问，问你一生中最快乐、最幸福、最欢愉的时刻，也可能像上文我所问的那样提问，还可以这样问：那时你觉得自己有什么不同？世界看上去有什么不同？你的感觉如何？有什么冲动？身心是否发生了什么变化？我想说的是，最容易获得巅峰体验的两个途径（从实证报告的简单统计来看）是音乐和性爱。我们暂且搁置性教育的问题，现在讨论它还为时过早——尽管我相信终有一天人们不会再对此轻浮地一笑置之，而是会非常严肃地对待，然后教育孩子们，它就像音乐、爱情、洞察力、美丽的草地、可爱的婴儿一样。通向天堂的途径有很多，性爱和音乐都可以。这两条途径恰好是最容易的，最普遍的，也是最容易理解的。

为了更好地识别和研究巅峰体验，我们应该制作出一系列的触发因素清单。结果这个清单实在太长，以至于有必要进行概括总结。总之，凡是真正卓越、真正完美的体验，凡是朝着绝对正义或绝对价值迈进的，都会产生巅峰体验。虽然这并不绝对，但至少是我从我们关注的许多事物中总结得出的。请记住，此时此刻，我是以科学家的身份进行的谈论，虽然这听起来并不像科学性术语，但它确实是一种新型的科学。一篇即将发布的论文表明，一种人文科学已经诞生了，且我认为，它是自开天辟地以来在生育方面诞生的最大的改善。这是一篇关于自然分娩时巅峰体验的论文，论文指出，分娩可能是巅峰体验最强有力的来源。我们知道如何引发巅峰体验，知道女性生育孩子的最佳方式是什么，同时它是一种能使母亲最易获得伟大而神秘的体验，如果你愿意，你甚至可以将其称为一种启示、一种觉醒、一种洞察。顺便说一句，这就是她们在受访时所说的“成为不一样的人”，因为在相当数量的巅峰体验中，我所说的“存在认知（B-认知）”也随之产生。

我们必须为所有这些尚未被加工、尚未被解决的问题创造新的词语。“存在的认知”事实上是柏拉图和苏格拉底谈论的那种真正的认知，而他们探讨的几乎是一种关于纯粹的快乐、卓越、真理和善良的技术问题。然而，他们为什么不讨论一种实现欢乐、幸福的技术呢？在此，我必须补充一个，也是唯一已知的能够引发父亲实现巅峰体验的技术。当我和我的妻子首次在大学研究时，就发现了这些问题。其中有一点令我们很在意，女性经常谈论从生孩子中获得的巅峰体验，但男性从来没有。直到现在，我们终于找到了教男人从生孩子中获得巅峰体验的办法。简单来看，这意味着人们的思维发生了改变，尤其是看事物的方式发生了变化，这让他们可以生活在不同的世界里，拥有不同的认知，而且其中一些人是向着幸福生活的方向前进的。现在，这些都被整理为数据，然后呈现出各种通往神秘体验的途径。在这里不多论述，因为它们实在太多了。

在此之前，我们发现，巅峰体验大多来自“古典音乐”。至少，我还没有从约翰·凯奇或安迪·沃霍尔的电影中，以及从抽象派表现主义的绘画或类似的东西中找到巅峰体验。报告中的巅峰体验，那种难以言喻的欢喜、疯狂的欣喜、对另一个世界或另一个生活层面的幻想，都来自古典音乐——那些伟大的经典作品。还须指出的是，这些体验也融入了适当的舞蹈或节奏。当然，单纯就这一个研究领域而言，它们其实并没有什么区别，因为它们已经融为了一体，尤其是当我提出音乐是通向巅峰体验的途径时，已经把舞蹈包括在内了。对我来说，它们就是一体的。非常简单的节奏体验，如好的伦巴，或孩子们边敲鼓边做的那些事（不管它们是音乐、舞蹈、节奏、运动，还是其他什么）。那些对身体的爱和意识，以及崇拜，分明都是最好的通往巅峰体验的途径。这些也是通往“存在认知”的最好途径（我不敢保证，但统计数据上总结如此），去感知柏拉图式的本质、内在价值、存在的终极价值。这反过来又像一种有益于疗愈的方式，既能治疗疾病，又能实现自我成长，实现完全人性的超越。

这也意味着，巅峰体验常常会产生某种后果，而这些后果可能非常、非常重要。音乐和艺术能带来相同的效果，因此，它们之间一定存在某种交集。如果一个人明确自己的目标、知道自己在做什么，并且清楚自己的追求方向，那么音乐和艺术就能产生与心理治疗相同的效果。由此，我们可以从一方面谈论如何打破陈词滥调、改善焦虑等症状；或者从另一方面谈论如何发展自发性、提高勇气、发展奥林匹斯神般的幽默、培养感官意识与身体意识等。

最重要的是，音乐、节奏和舞蹈是发现自我身份的最好的方式。我们天生拥有这样的构造，来刺激或触发我们的自主神经系统、内分泌腺、情感和情绪，进而产生各种效果。事实如此，这没错，但我们对生理学的了解还不够，根本无法理解为什么会发生这样的事。但这就是事实，是不可否认的体验。就像疼痛，也是一种不可否认的体验。在那些内心空虚的人中（可悲的是，这种人占了人口的一个很大的比例），他们不知道自己的内心正在发生什么，他们的生活受时钟、计划、规则、法律、邻居暗示的影响。他们就是这样，只有借助他人的导向才能发现真实的自我。他们的内心深处正发出某种信号，有声音在高声呐喊："天哪，这太棒了，永远不要怀疑！"这正是一条通往自我实现和自我发现的路径。通过倾听内心的声音，内心的反应，以及来自内心发生的一切，来发现自我身份。这也是一种付诸实践的教育，对此，我们需要时间去论证，然后让它引导我们进入另一种与之平行的教育体系和教育方法中。

这时，数学就像音乐一样变成了妙不可言的存在，甚至产生巅峰体验。不过，有不少数学教师在铆足了劲儿阻止这种现象发生。我也是在三十岁后，读了一些关于此类书时，才稍稍领略到数学竟可以作为一种美学进行研究。除数学外，人类学（从学习另一种文化的层面上看）、历史学、社会人类学、古生物学或科学研究也都如此。我有我的论据，这里可以再次强调一下。如果你与伟大的创造者、伟大的科学家，或有创造性的科学家合作过就知道了，他们的交谈方式就是我最好的论据。所有的科学家必须改变自己的形象，逐渐转向有创造性的科学家，因为这种科学家是依靠巅峰体验生活的。他们追求的正是那些高光时刻，比如解决某个难题时，或突然通过显微镜看到了一种非比寻常的方式时。这些具有启示的、灵感乍现的、具有洞察力和理解力的、狂喜的时刻对他来说至关重要。但科学家们对这种时刻又是非常害羞和尴尬的，因此，他们从来不会在公开场合谈论这个问题。

要想从他们口中挖掘出这些情感，需要一种非常非常细腻的诱导技巧，好在我已经成功地挖掘到了。只要我们能说服这些有创造性的科学家，使其相信人们不会因此而嘲笑他们，就能让他们承认自己的某些巅峰时刻。例如，在证明某个关键的关联性时，正确答案突然跳出来的那一刻，他们确实产生过极其强烈的情感体验。他们只是从来没有说出来。至于教科书上的那些关于他们是如何描述科学研究的东西，都是一派胡言。

我想强调的是，如果我们足够清楚自己在做什么，也就是说，如果我们拥有足够的哲学思维，一定能利用那些最容易产生巅峰体验的启示或经验，进而重新评估历史教学或任何其他形式的教学模型。

最后，我想强调一个问题，我确信这是涉及艺术教育的所有人都应该思考的问题，有效的音乐教育、艺术教育、舞蹈和节奏教育，与我所说的把学习自我身份当成核心教育的内在教育有着本质上的紧密关联。如果无法做到这一点，教育就是无用的。教育的目的就是让人们学会成长以及向哪个方向成长，学习什么是好的，什么是坏的，什么是可取的，什么是不可取的，学习选择什么和舍弃什么。在这种注重内在的学习、教学和教育领域，我认为我所提到的那些艺术，与我们的身心、我们的这种身份，尤其是生物学身份联系得如此紧密，以至于我们无法把这些课程当作教育中的奢侈品或鸡肋，我们必须把其当作教育中的基本目标。

我指的是这种教育可以为我们提供无限窥见、洞察终极价值的机会，而它很可能会将艺术教育、音乐教育和舞蹈教育当作核心。（如果是我的话，会让我的孩子首选舞蹈。对于两三岁，甚至四岁的孩子来说，最简单的就是让他们单纯学习节奏。）孩子有了这样一种经验，就像建立起了一个模型，能够帮助我们将学校其他课程从价值中立、目标缺失、毫无意义的境地中拯救出来。

第十三章　人本教育的目标与意义

阿道司·赫胥黎去世前不久，正面临一个巨大的突破边缘，他正试图在科学、宗教和艺术中间建立一个伟大的综合体。很多思想在他最后一部小说《岛》中得到了体现。尽管《岛》作为艺术作品的意义不是很大，但作为一篇论文的话，反倒生动地展示了人类潜在的可能性。其中，最具革命性的观点就与教育有关，因为赫胥黎乌托邦中的教育体制追求的目标与我们当前社会的教育体制有着本质的不同。

当我们审视当前社会的教育体制时，我们可以看到两个截然不同的因素。其中一个方面，当前社会教育体制下，几乎所有的教师、校长、课程规划者和学区主管都致力将我们这个工业化社会所需的知识传递给孩子们，而不特别注意创意，也很少去思考为什么要教授这些内容。他们最关心的是效率问题，即怎样在最短的时间、最小的成本和付出下，向尽可能多的孩子灌输尽可能多的知识。另一方面，有一小部分具有人文主义倾向的教育者，他们把教育的目标定义为培养人才，或从心理学角度说，帮助孩子们实现自我超越。

课堂学习的目标往往是为了取悦老师和奖励自己，这是不争的事实。一般来说，在课堂上，孩子们很快就能认识到，自己的创造性见解往往会受到惩罚，而重复背诵则会得到奖励，所以他们集中精力回应老师想听的内容，而不是自己真正理解了的东西。正是因为课堂学习侧重行为而非思考，使现在的孩子们学到的是如何在行为上符合要求，而保留自己的思想。

实际上，思考往往与外部的学习是相悖的。宣传、灌输和操作性条件反射的效果在真实的洞察下都会失效。以广告为例，最简单的破解方法就是真相。你可能会担心潜意识的广告和动机影响，但其实你只需要一些数据证明某个牙膏品牌的缺点，就能对所有的广告免疫。

再举一个关于真相对外在学习产生的破坏性效果的例子。一个心理学专业的学生在讲解条件反射时悄悄地对教授进行了条件反射，教授在不知情的情况下，越来越频繁地点头，直到讲座结束，他仍在不断地点头。当学生指出教授的点头行为时，他立即停止了动作。自那之后，即使有再多的学生微笑，也无法让这位教授再点头了。真相就是这样让学习失效的。深入去想，我们不妨问一问自己，多少课堂学习实际上是建立在无知之上的，又有多少洞察因此而被摧毁。

当然，在现有的教育体制下，学生们已经深陷外在学习，他们对成绩和考试的反应就像黑猩猩看到了筹码。在国内一所顶级大学里，一个男孩坐在校园里看书，路过的朋友问他为什么读这本书，这本书并不是指定的必读书籍。就好像读书的唯一原因，只能是它会带来外在回报。在这所大学的筹码环境中，这是合乎逻辑的存在。

大学教育的内在和外在之间的区别，可以通过关于厄普顿·辛克莱的故事来说明。辛克莱年轻时，因为贫穷而无法筹集足够的学费完成大学课程。不过，在他仔细阅读学校的手册后，发现一个窍门。如果学生某个科目不及格，就不会获得这门课的学分，这意味着他必须选择另一门课来替代这门课。学校不会再收取第二门课的费用，因为他已经为学分支付过一次了。辛克莱就是利用这一政策，故意挂科，而免费读完了所有的科目。

“获得学位”本身就总结了以外在价值为导向的教育弊端。学生在大学投入一定的时间后，就获得所谓的学分，然后自动获得学位。大学里教的所有知识都有其“现金价值”的学分，而对于大学教授的不同科目的学分几乎没有区别。例如，学习一个学期的篮球课程与学习一个学期的法国语言学课程可以得到一样多的学分。由于整个社会只认定最终的学位才具有真正的价值，所以在完成所有学业之前就离开大学会被社会认为是浪费时间，家长更会将其看作一场悲剧。当你们听说谁家的女儿在大四毕业前就离开学校去结婚，一定会替那位母亲感到惋惜，因为这个女儿之前所接受的所有教育都“浪费”了，这就像是大学前三年所接受的学习价值都被遗忘了。

最理想的大学，应该是没有学分限制、没有学位要求，更没有必修课的。在这所大学里，他想学什么就可以学什么。我和一个朋友曾在布兰迪斯大学开设了一个叫作“大一研讨会——知识生活入门课”的系列研讨会来实践这一理想。我们对外宣称，这门课不会有任何必读或必写的内容，也不会给予学分限制，而且讨论的内容完全取决于学生自己。我们告诉学生，我们是专业的心理学教授和实践精神科医生，我们所期望的是通过对研讨班和我们自己兴趣的描述，来指引学生应该参加哪些课程，可以不参加哪些课程。这个研讨会，全都由学生自愿参加，无论成败，也都由自己负责。而传统的教学课程则与之完全相反，它具有强制性，人们是被迫参加的。

在理想的大学中，内在教育对所有想要接受教育的人开放，因为每个人都有权利学习和进步。学生群体可能既包括有创造力、聪明的儿童，也包括成年人；既有智障者，也有天才（因为即使是智障者，也可以接受情感和精神上的学习）。到那时，大学将无处不在——也就是说，教育不再受限于特定的建筑和特定的时间。教师也可以由任何人承担，只要他有东西想与人分享。教育将持续终身，因为学习可以发生在任何年龄，即使是死亡，也可以发展成为一个具有哲学启发的、具有高度教育性的体验。

理想的大学将是一个具有教育性的静修之地，你可以在此找到自己，找出你喜欢和想要的东西，以及擅长和不擅长的事情。人们可以在此选修各种科目、参加各种研讨会，不必非得确定一个方向，只要是朝向发现职业的目标迈进即可。一旦发现了目标，他们完全可以充分利用技术教育。简而言之，理想大学的主要目标是帮助人们发现自我，以及发现与之相伴的职业使命。

我们所说的“发现自我”是什么意思？指的是找出自己真正的愿望和特点，以及能够以表达它们的方式生活。你应该学会真实，并允许你的行为和言语成为你内心情感真实而自发的表达。我们大多数都已经习惯了逃避真实。比如当你正在争吵，内心怒火中烧时，电话突然响了，你仍然会拿起电话温柔地说出“喂”。真实就是将这种虚伪减少到零。

真实性的教学技巧有很多。训练小组旨在让你意识到你是谁，怎样真实地对待他人，给你一个诚实的机会说出你最真实的内心，而不是展示外表或礼貌地回避。

健康、坚强和明确的人可能比大多数普通人更能清楚地倾听到自己内心的声音。因为这样的人清晰地知道自己想要什么，以及不想要什么。在他们的内心，总会知道这种颜色和那种颜色是否搭配，他们知道羊毛质地的衣服会令皮肤瘙痒，或者他们明确地知道自己不喜欢肤浅的性关系。与这种人相反的其他人，则是空虚的，是与他们的内在信号脱节的。他们只知道按照时钟吃饭、排便和睡觉，而不是按照自己身体的提示。他们使用外在标准来选择一切、决定一切，他们会因“这种食物对你有好处”来选择食物，会因“这件衣服看起来很潮”来选择衣服，更会因为“我爸爸告诉我”来选择价值观和伦理观。

我们还十分擅长混淆孩子对自己内心声音的认知。当一个孩子说：“我不想喝牛奶”时，他的母亲一定会这样回答：“不，你想喝牛奶。”当他说：“我不喜欢菠菜”时，妈妈则会告诉他：“你喜欢菠菜。”自我认知的一个重要标志就是，能清楚地接收来自内心的信号。当妈妈在为孩子制造混乱的信号时，可以肯定这不是在帮助孩子。她完全可以这样说：“我知道你不喜欢菠菜，但你最好还是吃掉它，因为……”

具有审美天赋的人，可能比大多数人更能判断关于颜色、外观、图案的适宜性等方面的东西，因为他们的内心对这些更加敏感，更有冲动。高智商的人在感知真理方面也有类似强烈的冲动。他们总是能判断出哪种关系是真实的，哪种不是，就像有审美天赋的人总能够看出这个领带与这件夹克是否搭配。

目前，有许多人开始研究儿童的创造力与高智商之间的关系。有创造力的孩子往往是那些内心有着强烈冲动的孩子，内心总会告诉他们什么是对的、什么是错的。非创造性的高智商孩子的内心则没有冲动的声音，他们被驯服了，只懂得寻求父母或老师的指导和启发。

健康的人在伦理和价值观方面，内心也有这种清晰的冲动声音。自我实现的人在很大程度上超越了他们的文化价值观，他们已经超越了美国公民的身份，站在世界公民、人类成员的角度，去客观地看待社会，喜欢它合理的地方，批判它不合理的地方。如果教育的终极目标是自我实现，那么，教育应该首先让人们能够超越自己所属文化的限制，成为世界公民。这里有一个技术问题，即如何使人们克服自己从小就接受的文化熏陶。这就相当于唤醒一个小孩对全人类同胞的情谊，使他在成年后厌倦战争，并为避免战争而努力？无论是教堂，还是主日学校，都没有做到这一点，他们对此采取回避的态度，宁可去教孩子们研读圣经故事。

学校和老师还有一个目标，那就是帮助孩子发现职业，发现他的使命和宿命。我是谁？我能用我的生命做什么？倾听自己内心的声音。其实，找到自我几乎等同于找到自己想要从事的职业，并把它当成你将为其献身的祭坛。就像寻找自己的伴侣一样去寻找毕生的工作。现在的年轻人喜欢“玩儿场子”，喜欢同时接触很多人，来一两次风流韵事，甚至在结婚前认真地试婚。他们认为只有这样才能发现自己喜欢对方哪些方面，以及不喜欢对方哪些方面。当他们越来越能意识到自己的需求和愿望时，就意味着越对自己有了足够的了解，然后就能找到彼此，并认出彼此。有时，当你找到你毕生想要从事的职业时，也会如此。这时，你会突然感觉非常好，让你觉得一天 24 小时都不够用，甚至开始抱怨人生何其短暂。然而，在我们现在的教学体系中，许多职业顾问对人类生存的目标，甚至基本幸福所需的东西一无所知。这种类型的顾问，只懂得考虑当前的社会特需航空工程师和牙医。他们不会告诉你，如果你对你的工作不满意，就意味着你失去了实现自我的最重要的手段。

归纳总结一下，也就是说，学校应该帮助孩子们深入审视自我，并从这种自我认知中形成一套自己的价值观。但我们当前的教育体系并没有教授价值观，这可能是战争遗留问题。因为战争使教会和国家分开，统治者决定价值观的讨论本应该是教会的责任，而世俗学校只需关注其他问题即可。幸运的是，我们的学校或许由于缺乏真正的哲学，以及缺乏接受过适当训练的老师，所以没有教授价值观，也同样没有教授性教育。

众所周知，人本主义教育哲学带来了许多后果，其中之一就是对自我观念的不同理解。这个概念十分复杂，我们很难三言两语将其描述出来，因为这是几个世纪以来，教育第一次谈论到了内在本性、特定的物种属性、动物本性的东西。这与欧洲的存在主义观点完全不同，特别是萨特的存在主义认为，人完全是他自己的产物，且由也仅由他自己的独立意志任意产生。对于萨特和所有受萨特影响的人来说，一个人的自我变成了一种肆意妄为的选择，成了一种不受引导的、完全出于自我强烈意愿去从事某事的人。萨特的本质其实是否认了生物学的存在，完全放弃了任何绝对的或至少是物种以内的价值观。这非常接近将强迫性神经症作为一种生活哲学的论调，在这种神经症中，很容易发现我所说的“体验的空虚，内心冲动声音的缺失”。

美国大多数人文主义心理学家和存在主义精神病学家并不是萨特主义，他们更接近心理动力学家。多年的临床经验让他们形成了一种构想，认为人类具有本质的、生物学性质的物种成员身份。在他们看来，“揭示”疗法就是为了帮助人们发现真实的自我，简而言之，“揭示”的是他自己的主观生物学，他借此可以持续自我实现，持续“塑造自己”，持续做出选择。

这里的关键问题是，人类是这世上唯一一个很难归纳其属性的物种。对于猫来说，它就是一只猫，没有任何问题。因为猫本身并不复杂，也不矛盾，更没有冲突。这只猫也并没有表现出想成为狗的迹象，因此，它们作为猫的本能非常明确。然而，人类并没有像猫一样如此明确的动物本能。我们的生物本质、我们的本能残留，是微弱而微妙的，是很难捕捉到的。外在的学习比我们最深刻的冲动更有力量。人类的本能早已经处于濒临灭绝的状态，它们极其微弱，必须深度挖掘才能找到，这就是我所说的内省生物学、生物现象，意味着必须寻找身份、寻找自我、寻找自发性和自然性。我们可以试着闭上眼睛，隔离噪声，停止思绪，放下所有的繁忙，仅以一种道家和接纳的方式放松身心（就像你半躺在精神分析师的躺椅上那样）。你要去耐心等待，看会发生什么，或等着看脑海里会冒出什么。这就是弗洛伊德所说的自由联想，自由漂浮的关注，而不带任何任务导向性。如果你通过努力，取得了成功，学会了如何做，你就可以摒除杂念，忘记外部世界，然后听到那些来自内在的细微、微妙的冲动声音，这就是你的动物本能。它不仅来自人类的公共物种属性，还来自你专属的独特性。

不过，这里存在一个非常有趣的悖论：一面说着要发掘你的独特性，即让你变得与这世界上的任何人不同，又一面说着发现你的物种性，也就是人类的公共属性。其实正像卡尔·罗杰斯发出的疑问：“当我们越深入探索自己的独特性和独一无二的自我、越努力寻找我们自己的个人身份时，为什么越能发现人类的物种性呢？”这让人难免想起拉尔夫·瓦尔多·爱默生和新英格兰的超验主义者。即深入发现你的物种性与发现你的自我是相融合的。完全成为人（学会如何成为人）意味着两者同时进行。你正在学习（主观体验）你特有的是什么，你如何是你，你的潜能是什么，你的风格是什么，你的节奏是什么，你的品位是什么，你的价值观是什么，你的身体朝哪个方向前进，你的个人生物学将带你去哪里，即你如何与他人区别开来。与此同时，它意味着你正在学习成为与其他人类动物相似的人意味着什么，即你该怎样与其他人保持相似。

教导人们认识到生命的宝贵之处，应该是教育的目标之一。假如一个人的生活毫无乐趣可言，那么这样的生活就没有价值。虽然体验不到快乐的人生是不幸的，但这是事实，许多人都没有体验过快乐，没有体验过那些极少数的、完全对生活充满肯定态度的巅峰时刻。弗洛姆曾谈到过经常体验快乐、对生命充满热爱的追求者，以及从未体验过快乐、对生命的把握十分脆弱、对死亡充满期待的追求者。死亡追求者会冒各种愚蠢的风险，好像他们渴望一个能解救他们的意外，免得他们自己去结束生命。在恶劣的环境下，如在集中营，那些珍视生命的人，往往会拼命活下去，哪怕多活一分一秒；而另外一些人则放弃挣扎，任生命走向死亡。我们通过如辛那农这样的戒毒机构发现，吸毒者正在自我毁灭，但哪怕你能为他们找到一点生活的意义，他们也很愿意放弃毒品。正如心理学家认为酗酒者本质上是心理抑郁的人，因此对生活充满了厌烦，他们常常把自己的生命描述为一个一马平川的平原。柯林·威尔森通过他的著作《新存在主义导论》

指出，生活必须有意义，必须充满被验证为具有价值的高强度时刻。如果不是这样的话，想要死亡就成了合理的存在，试想，如果活着就是为了忍受无尽的痛苦或无尽的无聊，谁还想要活着呢？

儿童也是能够获得巅峰体验的，而且这些体验在童年时期经常发生。同时，我们也知道，现在的教育体制往往是有效压制巅峰体验并遏制其可能性的有效工具。那些自然而然就尊重孩子的老师，绝不会在看到孩子们欢快地玩耍后就感到不悦，这样的老师很少见。这也难怪，传统的教育模式，往往是一个班有三十五个孩子，老师还必须在特定时间内完成学科课程，这意味着老师不得不更多地维持秩序，那么学习环境就不可能变得愉快。不过，这种传统的官方教育理念和师范学院似乎都默认让一个孩子过得开心是危险的。即使是在工业化社会，其实那些必要的学习，如阅读、加减乘除等，哪怕教学任务再困难，也完全可以让孩子们愉快地习得。

学校教育可以做些什么来抵消孩子们求死的愿望，加强一年级孩子对生命的渴望呢？也许最重要的是给孩子一种成就感。孩子们在帮助比自己年纪小或身体弱的人完成某事时会得到很大的满足。避免墨守成规，可以鼓励孩子的创造力。因为孩子们总是喜欢模仿老师的态度，所以应当鼓励老师成为一个积极、快乐和向往自我实现的人。即便父母行为扭曲，只要老师的行为模式更健康、更强大，孩子们就会自动将这种模仿从父母转移到老师身上。

首先，包括讲师、调节者、强化者和发号施令者，与现行的教师模型不同的是，道家式的助手或教师是善于接纳而非侵入干预式的。有人曾告诉我，拳击手的世界有这样一条不成文的规则，如果有个年轻人自认为很出色，并想成为拳击手，那么他会走进健身房，找到一个经纪人，告诉他："我想成为职业拳手，我想加入你的团队，我想让你栽培我。"这时，对方会对他进行特别的测试。优秀的经纪人会选择手下的职业拳手与这个新人进行比试，逼迫他、挑战他，让他发挥出自己的最佳水平。通过测试，如果这位拳手确实有潜力，是个打拳的好手，那么经纪人会接受这个年轻人，把他训练成最好的拳击手。也就是说，如果他是乔·多克斯，他会以乔·多斯克的风格为基础，进一步打造。他一定不会一开始就这么告诉他："忘记你之前学到的东西，以全新的方式从头开始。"这就好比在告诉他"忘记你的身体结构"或者"忘记你擅长什么"。他会接受这位拳手，根据他自己的天赋来培养他，使他成为最好的具有乔·多克斯风格的拳手。

这给我留下了深刻的印象，我认为，教育界的许多领域都可以这样运作。如果我们想成为顾问、辅导员、教师、导师或心理治疗师，我们首先要做的是接纳我们所面对的人，并帮助他了解自己已经是怎样一个人，他本来的风格是怎样的？他有什么天赋？他适合做什么，不适合做什么？他应该如何在他现有的基础上进行提升？他本来有哪些优点和潜质？我们应该为孩子提供一个好的氛围，去接受他的天性，而不是对他既有的状态构成威胁，进而将恐惧、焦虑和防御减至最低。最重要的是，我们要关心孩子，享受他的成长和自我实现。这听起来很像罗杰斯式的治疗师的观点，比如他的"无条件的正面关注"，他的一致性、开放性和关怀。现在已经有证据表明，这种方法可以让孩子"展示自我"，让他能表达和尝试，甚至去试错，直到看到真实的自己。在这一点上，就像训练小组或情感交流小组、非指导性咨询小组一样，适当的反馈能够帮助孩子发现自己是谁。我们必须学会珍视孩子在学校的“激情”：他的兴趣、专注，他持续的好奇心，他狂热的欢喜，最差，我们也可以珍视他的兴趣、爱好等。这些都可以引导他走向更远的地方，尤其是可以引导他进行努力、持续、沉醉式的，和富有成果的学习。

相反，巅峰体验，敬畏、神秘、惊奇或完美的体验，我认为均可以被视为学习的目标和回报，既是它的终点，也是起点。如果这对伟大的历史学家、数学家、科学家、音乐家、哲学家等专业人士都成立，那么为什么我们不尝试利用这些研究成果，让孩子们最大化地获得巅峰体验呢？

我必须说，支持这些建议的那点可怜的知识和经验，主要来自聪明和有创造力的孩子，而不是来自智障、贫困或生病的孩子。然而，我也必须说，锡南浓社区里的那些表现不佳的成年人、训练小组里的成员、Y 型理论的产业、伊莎兰式的教育中心、格罗夫式的使用迷幻剂化的研究，以及莱因式的对于精神病患者的研究，以及其他此类的经验，这一切都教会了我，永远不要预先否定或放弃任何人。

内在教育的另一个重要目标是确保满足孩子的基本心理需求。只有当孩子的安全、归属、尊严、爱、尊重和自尊的需求都得到满足，他才能达到自我实现。在心理学术语中，当孩子觉得自己值得被爱，知道他属于这个世界，有人尊重他、需要他时，他将不再感到焦虑。大多数来到锡南浓戒毒所的毒贩，他们的需求几乎都没有被满足过。锡南浓创造了这样一个环境，即他们把这些戒毒者当成四岁的孩子，让他们在这样一个能逐一满足基本需求的环境中慢慢成长。

教育的另一个目标是使我们的意识保持新鲜，这样我们就会持续地意识到生活的美好与奇迹。当下的文化氛围，经常让我们变得麻木，以至于我们从未真正仔细品味那些我们看到的东西，或仔细倾听我们听到的东西。劳拉·赫胥黎有一个由放大镜组成的立方体，在中间插入一朵小花，亮起灯光，从方块的两侧观察这朵花。就这么观察一会儿，观察者会完全沉浸在全神贯注的体验中，由此产生一种迷幻效果，这是因为我们看到了事物非常具象化的一面和令人惊叹的一面。想象自己即将死去，或者你身边的人即将死去，是一种很好的提醒我们日常体验的方法。当你真正面临死亡威胁时，你的感知方式一定会变得不同寻常，至少会更加关注。如果你知道某个人将要死去，你会更加深刻、更加亲切地看待他，绝不会像我们平时那样将其分门别类。刻板印象总会让你习惯任何事物，你必须学会对抗它。最终，教学的最佳方法，无论是数学、历史还是哲学，都是让学生意识到其中的美。我们必须告诉孩子，要统一地看待事物，必须能够同时看到时间和永恒，看到同一个事物神圣的一面和世俗的一面。

我们还要学会控制自己的冲动。用弗洛伊德治疗过度抑制的时代已经过去很久了，今天我们面临的是相反的问题——迫不及待表达每一个人的冲动的问题。我们可以教会人们，控制不一定是压抑的。自我实现的人有一套太阳神的控制系统，在这套系统中，控制与满足共同作用，使满足更加愉快。他们知道，比如，坐在一个摆放得当的餐桌前吃饭比坐在一个单纯煮熟了食物的餐桌前更有趣，尽管准备餐桌和食物需要更多的控制力。性的体验也是如此。

教育的任务之一是要实现伪问题的超越，面对生活中存在的现实问题，要努力克服。所有与神经质相关的问题都是伪问题，但邪恶和苦难却是真实的，是每个人迟早都要面对的。苦难可以让人实现巅峰体验吗？巅峰体验是由两部分组成的——一个是兴奋的情感部分，另一个是启发的智力部分。而且，这两者并不必须同时出现。例如，性高潮可以极大程度实现情感上的满足，但并不会给人以智力的启发。在面对痛苦和死亡时，人们也可能会出现非情绪方面的启示，正如玛格妮塔·拉斯基的书《狂喜》中所指出的。现在我们已经获取了相当丰富的关于死亡心理学的文献，文献明显指出，有些人在临近死亡时确实经历了某种启发，并获得了哲学洞见。赫胥黎在他的书《岛》中就描绘了一个人在死亡时并不是被毫无尊严地拖出生活的，他可以和死亡和解，并接受死亡。

怎样才能成为一个优秀的选择者呢？这是内在教育的另一个重要内容。这完全取决于你自己。假如你面前有两杯雪利酒，一杯是便宜的，一杯是贵的，你会选择哪一个？假如让你闭上眼睛，能否品尝出两个牌子的香烟的区别呢？如果你分辨不出来，那就代表没有区别。我可以分辨出来好的雪利酒和便宜的雪利酒，于是我现在只买贵的雪利酒。但我分辨不出好的杜松子酒和便宜的杜松子酒，于是我只买最便宜的杜松子酒。既然我分辨不出来好与坏，为什么一定要费心买贵的呢？

当我们一再强调自我实现时，它意味着什么呢？我们理想的教育体系，应当体现出什么样的心理特征呢？自我实现的人拥有良好的心理状态，且满足了基本需求。那么在怎样的激励下，他才能成为这样忙碌有为的人呢？

首先，自我实现的人无一例外都有一个他们坚信的事业、一个让他们献身的职业。他们口中的“我的工作”，指的是他们人生的使命。如果你问一个自我实现的律师为什么选择这一职业，不觉得法律事务琐碎而乏味吗？他会说："唉，我但凡看到有人被他人利用，我就很生气。觉得这不公平。"对这位律师来说，追求公平就是他的终极价值。他可能说不清道不明，自己为什么如此重视公平，就像艺术家说不清自己为什么如此重视美一样。换句话说，自我实现的人总是为了追求某个他认定的终极价值才去做现在做的事，因为在他们看来，这件事本身就值得去做。他们热衷这些价值，并努力保护它，一旦这些价值受到威胁，他们就会被激怒，奋身抵抗，甚至自我牺牲。这些价值对自我实现的人来说，不是摸不到看不见的，它们就像骨骼和血脉，已经成了他们身体的一部分。永恒的真理、美和纯粹是自我实现的人的原动力。他们超越了极端思维，试图看到背后的统一性；他们试图整合一切，使其更加全面。

接下来，我们要讨论的问题是，这些价值是否出于本能，是否与生俱来，就像人体本能渴求爱或维生素 D 一样？如果我们的饮食无法摄取维生素 D，就会生病。同理，爱也是一种需求。如果你从你的孩子身上剥夺所有的爱，可能就会杀死他们。医护人员早就发现，得不到爱的婴儿，一个小小的感冒就能杀死他。我们是否也同样需要真理？我发现，如果我被剥夺了真理，就会患上一种心理疾病——变得偏执，多疑，总是试图看穿一切，寻找每一件事背后的隐含意义。长期的不信任感，确实是一种心理疾病。所以我会说，被剥夺真理会导致一种疾病——一种心理疾病，因为被剥夺了某种存在价值。

美感被剥夺也会导致疾病。如果把一个对美感极度敏感的人放在丑陋的环境中，他会变得沮丧不安。这可能会影响女士们的生理期，让人头痛等。关于美的环境和丑的环境，我进行了一系列实验来验证这一点。当受试者在丑陋的房间里看到要评判的人脸照片时，他们会认为照片上的这些人是精神病患者、偏执狂或者危险人物，这说明丑陋的环境会让人们看起来更加不堪。

丑陋环境对你的影响取决于你的敏感度和你从讨厌的刺激中转移注意力的难易程度。更进一步说，与讨厌的人一同生活在不愉快的环境中会导致某种病理。如果选择与美好、正直的人相处，会发现自己感觉更好，更加振奋。

正义是另一种存在价值，历史为我们提供了大量案例，展示了当人们长时间被剥夺正义时，会发生什么可怕后果。例如，在海地，人们学会了不相信一切，学会了怀疑所有人和所有事，认为每一件事背后都隐藏着腐败和堕落。

我遇到过许多年轻人，他们满足了自我实现的所有标准。他们的基本需求得到了满足，很好地运用了自己的能力，并且没有表现出明显的心理症状。

然而，他们同样感到困惑不安。他们不再相信任何存在价值，不信任三十岁以上的人所崇尚的价值观，认为“真理”“善良”和“爱”这样的词都是空洞的毫无意义的。他们甚至失去了改造这个世界的信心，所以他们能做的就是以一种破坏性的方式进行无意义的抗议。如果你没有价值观，你可能不会患上神经质，但你会患上认知和精神上的疾病，因为在某种程度上，你与现实的关系发生了扭曲。

如果存在价值与维生素D、爱同等重要，一旦缺乏它们，你就会生病，那么人们几千年来所谈论的宗教、柏拉图式的或理性的生活就成了人性的基本组成部分。人类的需求是具有层次结构的，其中，生理需求位于层次结构的基底，而精神需求位于顶端。然而，与生理需求不同，存在价值本身并没有分层。这个存在价值与另一个同样重要，每一个都可以来定义其他的。例如，真理必须是完整的、具备审美的、全面的，奇怪的是，它必须像奥林匹斯山上的神一样有趣。美必须是真实的、善良的、全面的等等。现在，如果所有的存在价值都可以彼此定义，那么我们可以从因子分析中知晓，某种通用的因子支撑着它们所有这些因素的基础——用统计学术语来说，就是有一个 G 因子。存在价值不是一堆毫无关联的枝条，而是一块宝石的不同面。既致力真理的科学家，又致力正义的律师都是在致力同一件事。每个人都发现了他最适合的通用价值的方面，就是他在生活、工作中所使用的东西。

存在价值最有趣的方面是，它们超越了许多传统的二元对立，如自私与无私、肉体与精神、宗教与世俗。如果你正从事的工作是你热爱的，且是你心甘情愿奉献终生、具有最高价值的，你就同时占据了自私和无私、利己和利他。如果你已经将真理当成了一种价值，它就已经被你吸收，成为你的一部分，融入了你的血液。那么，一旦你发现整个世界充满了谎言，你就会痛苦万分，想要寻找真相。在这个意义上，你自己的界限已经远远超出了个人的兴趣范围，涵盖了整个世界。那么世界上任何地方的任何人受到不公正的对待时，就好像你也受到了不公正对待，尽管你可能永远不会遇到那个人，但你就是可以感同身受。

我们来看“宗教”与“世俗”这对二元对立。在我小时候，宗教的形式对我来说非常可笑，于是我失去了对宗教的兴趣，失去了“寻找上帝”的欲望。但我依然有一些坚持宗教信仰的朋友，当然，他们已经超越了农夫眼中对神的那种认知，他们谈论神的方式就像我在谈论存在价值。如今，神学家们认为最重要的问题是宇宙的意义，以及宇宙是否有尽头之类的。寻求完美，坚守价值观的发现，是宗教传统的本质。越来越多的宗教团体开始公开宣称宗教的外在形式并不重要，就像星期五不吃肉这种规矩甚至是有害的，因为它们的存在让人们对宗教的真正含义感到困惑，并开始再次在实践和理论上献身存在价值。

享受并致力存在价值的人也更加珍视基本需求的满足，因为他们认为这是神圣的。对于那些既从存在价值的角度，又从基本需求是否满足的角度看待彼此恋人的人来说，性交也能成为一种神圣的仪式。想要追求灵性的生活，其实不必在柱子上打坐十年，只需让生活秉持存在价值，那么你的身体及所有的欲望就都能变得神圣。

如果我们将唤醒和实现存在价值作为主要的教育目标，将迎来一个崭新而璀璨的新文明。人们会变得更加强大、更加健康，更多地掌握自己的生活。人们也会有更多的责任感和更合理的价值观来指导自己的选择，人们将开始积极地改变他们所属的社会。朝向心理健康的运动，等同于朝向精神和平和社会和谐的运动。

Part 5

第五部分

社会

第十四章　社会与个体的协同效应

我想将这一章献给鲁思·本尼迪克特作为纪念，正是她于1941年在布林莫尔学院发表的一系列讲座中首次提到并发展了“协同效应”的概念。这个概念之所以不为人所熟知，是因为她的手稿遗失了。当我第一次读到这些讲座手稿时，我才震惊地发现她给我的副本原来是现存的唯一一份。由于她不太在乎这篇手稿是否能发表，所以我很担心再次丢失它。这种担忧后来证明是有道理的。她的执行人玛格丽特·米德后来搜寻了她所有的文件和资料，但始终未能找到那份手稿。所幸我请人尽可能打印出了其中的多半内容，而这些摘录即将被发表，所以我在本章中只引用其中的一小部分。

协同效应的发展和定义

鲁思·本尼迪克特[①]在她的晚年尝试克服并超越与她名字错误地关联的“文化相对论”的教条。据我回忆，她对这一错误的关联非常不悦。她认为她所撰写的《文化模式》是一篇有关整体论的散文。她以整体论的思维而非原子论的方式描述社会，以一种单一的、完整的有机体，具有一种她自己特有的诗意的风格和基调来描述。

我在1933年到1937年学习人类学时，基本的情况是，文化被看作独特的、与众不同的，没有什么科学的方法处理它们，也无法做出概括。每一种文化似乎都与其他的文化不同，人们只能从内部了解每一种文化。本尼迪克特一直努力尝试实现比较社会学。对于一个女诗人来说，这种尝试来自直觉。她一直碍于科学家的身份而苦苦挣扎，不敢公开说出某些理论，因为这些理论不够规范、不够冷静，又十分复杂，不适宜公开发表。

正如她所描述的，她把自己挑选出来的四对不同的文化信息写在大张的新闻纸上。每当她灵感乍现时，就用这种方式表达出来，就像我把我的想法写在旧笔记本上一样。

---

① 本尼迪克特（1887—1948）是哥伦比亚大学的人类学教授，也是一个以Ann Singleton名义发表的诗人。她主要研究的是美洲印第安人。在第二次世界大战期间，她研究了日本文化，为盟军宣传提供了基本信息。她的著作包括《文化的模式》《种族、科学与政治》以及《菊与刀》。

在每一对文化中，总有一种是焦虑的，另一种不是；一种是暴躁的（显然是一个非科学的词），另一种不是。她不喜欢暴躁的人。四对文化中，总有一方是暴躁和令人讨厌的，另一方则是好的、讨喜的。当遇到战争威胁时，她会谈到士气低落和高昂的两种文化。一方面她会谈论仇恨和侵略，另一方面又会谈爱和感情。在她不喜欢的四种文化中，有没有普遍存在的呢？与她喜欢的四种文化相反的又是什么？她暂时地称这些为不安全和安全的文化。

她喜欢祖尼文化、阿拉佩什文化、达科他文化以及爱斯基摩族群文化的一支（我忘记是哪一支了），认为它们是好的、稳定的、吸引人的。我的实地调查（尚未发表）将北方的布莱克福特文化视为一个稳定的文化。那些不好的、粗鲁的，让她感到害怕和震惊的是楚克奇文化、奥杰布瓦文化、多布以及瓦基图尔部落文化。

她一次次地对这些文化进行概括和总结，在当时，这些总结甚至可以被当作标准的“开罐器”。她基于种族、地理、气候、大小、财富和复杂性来对它们进行比较。但这些标准都行不通，因为它们在四个稳定的文化中都存在，而在四个不稳定的文化中又都不存在。她没有办法在这些基础上进行整合，因为它们之间毫无逻辑，无法分类。她提出这样的疑问：哪些文化中的人会自杀，哪些文化中的人不会自杀？哪些文化实行一夫多妻制，哪些不是？哪些文化是母系文化，哪些是父系文化？哪些文化有大房子，哪些文化有小房子？所有这些分类原则都派不上用场。

最后，真正起作用的是我称之为行为的功能，而不是明显的行为本身。她意识到行为不是答案，她必须寻找行为的功能、它所表达的意义、它试图传达的信息、它所表达的性格特征。我认为这种跳跃在人类学和社会理论上是一场革命，为比较社会学奠定了基础，它将各种社会置于一个连续体，而不是将每一个都视为独特的和自成体系的。以下摘自她的手稿：

> 比如说自杀。自杀已经不止一次地被证明与社会环境有关：在某些条件下，自杀率会上升，而在其他条件下会下降。在美国，自杀是心理灾难的一个评判标志，当人们无法或不愿面对某种情境时，就会选择自我了断，就像快刀斩断“戈尔迪之结”。但在其他文化中，自杀的意义可能完全不同。在古老的日本，失利的武士会把自杀当成一种光荣的行为，当成一种比生命更重要的恢复荣誉的行为——这正是武士道精神。在原始社会，自杀有时被当成妻子、姐妹或母亲在哀悼中，表达爱的极致行为。这是一种确认，确认近亲的爱超过生活中的其他事物，当这个亲属死去时，生活不再有价值。在这样的社会中，自杀就成了最高的道德准则，是对理想的最终确认。有些部落中把自杀当成对另一个人的报复，报复那些伤害过他的人或对他怀有恶意的人，这更像中国人对自杀的看法。这种自杀是对另一个人采取的最有效，甚至有时也是唯一的报复行动，它发挥的效率等同其他文化中的法律，与我们之前提到的任何类型的自杀都不相同。

协同效应的定义

本尼迪克特最终选择了“高协同效应”和“低协同效应”这两个概念，而没有选择“安全”和“不安全”的概念。这两个概念较为客观，不易受到人们理想和品位的投射而遭受怀疑。她这样定义这些术语：

> 有没有与高度侵略性相关的社会学条件，或与低侵略性相关的社会学条件？我们所有的基础规划都达到了这样或那样的不相称，因为它们的社会形式提供了互利的优势，并消除了以牺牲群体中他人为代价的行为和目标。从所有比较材料中得出的结论是，那些非侵略性显著的社会，其社会制度让个人在同样的行为和时间内，服务他自己和团体的利益。非侵略性的发生（在这些社会中），不是因为人们是无私的并将社会义务置于个人愿望之上，而是社会让这两者的利益保持一致。从逻辑上看，生产——无论是种植红薯还是捕鱼——都是一个普遍有益行为，如果没有人为的机构扭曲这样一个事实，即每次的收获或捕获都增加了村庄食物供应，那么一个人完全可以成为一个好的农民，并为社会做出贡献。因为不只他受了益，他的伙伴也受了益……
>
> 我要谈论的是那些社会结构为相互对立和反作用的行为提供条件的低协同效应文化，以及为相互增强的行为提供条件的高协同效应文化……我所谈到的是拥有高社会协同效应的社会，他们的社会机构会确保他们在各自的分工中互惠互利，以及社会协同效应低的社会，会使一个人的利益凌驾于另一个人之上，而大多数没有受益的人必须竭

尽所能地成为受益的一方。

这些社会中，社会机构的设置是为了超越自私和无私的对立、自我利益和利他的对立。在这样的社会中，自私的人必然会为自己获得回报。拥有高协同效应的社会必然是一个德行能得到回报的社会。

我想谈一下处理高协同效应和低协同效应的一些表现。由于我使用的是25年前的笔记，究竟哪些是本尼迪克特的思想，哪些是我的思考，我不太记得了，在此深表歉意。多年来，我以各种方式使用了这个概念，使它发生了某种程度的融合。

原始社会的高协同效应和低协同效应

财富的分流与漏斗效应

关于经济制度，本尼迪克特发现，无论社会富裕还是贫穷，明显的、肤浅的、价值层面的事物都不重要。真正重要的是，安全、高协同效应的社会有她所说的财富分流系统，而不安全、低协同效应的社会有她所说的财富漏斗分配机制。我可以将漏斗机制简洁地、隐喻地总结一下：它们可以安排任何社会，保证财富、吸引财富，对拥有的人给予，从没有的人那里拿走，使贫穷的更贫穷，富有的更富有。在安全、高协同效应的社会则情况相反，财富往往会分散开来，从高处流到低处。它以某种方式，从富人流向穷人，而不是从穷人流向富人。

我所见过的一个分流机制的例子是北部黑脚印第安人的太阳舞仪式中的“赠送”活动。在这个仪式中，部落中的人把所有帐篷聚集成一个巨大的圈子。部落里的富人（富人意味着那些努力工作并积累了很多的人）会积累大量的毯子、食物、包裹，有时一些有趣的东西也值得他们积攒起来，比如一箱百事可乐。一个人会把过去一年积累的所有财物都堆在一起。

我记得有这样一个男人。在仪式的某个环节，他按照平原印第安人的传统大摇大摆地走过来，吹嘘自己的成就，“你们都知道我做过什么，你们都知道我做到了那种地步，你们都知道我有多聪明，我是多么好的牧人、多么好的农民，所以我积累了巨大的财富。”然后，他以非常高贵的姿态，充满骄傲而又不带羞辱的姿态，将这堆财富赠送给寡妇、孤儿、盲人和生病的人。在太阳舞仪式结束的那一刻，他所有的财产被散光了，只留下身上穿着的衣服。

他以这种协同的方式（我不能说它是自私还是无私的，因为明显地，这已经超越了自私和无私）送出了他所有的财产，但在这个过程中，他向人展示了自己是一个多么了不起的人，他多么有能力、多么聪明、多么坚强、多么勤奋、多么慷慨，因而又是多么富有。

我记得刚迈入部落社会时，曾试着找出最富有的人，结果发现那个富人其实一无所有，这令我很困惑。当我询问这片印第安保留地的白人行政书记谁最富有时，他提到的那个人却是印第安人从来都没提及过的人，那个人正是账上记载的拥有最多牲畜、最多牛马的人。当我回头问我那位消息灵通的印第安联系人关于吉米·麦克休及其所有的马匹时，他们轻蔑地耸耸肩说："他只是自己留着它们。"在他们眼中，根本不会视他为富有。尽管他们的酋长一无所有，但在他们眼中酋长是"富有"的。那么，美德是如何得到回报的呢？正是以这种公开体现慷慨的方式在部落得到了最热烈的尊敬和爱戴。因为他们为部落带来了利益，温暖了部落的人的心灵，部落的人为之骄傲。

换句话说，如果这位慷慨的酋长偶然发现了金矿或获得了巨大财富，部落的每一个人都会因为他的慷慨而感到高兴。如果他不慷慨，就像我们社会中常见的那种人，那么情况就不一样了。就像我们身边突然暴富的朋友，很容易与我们产生对立。我们的社会总是滋生嫉妒、羡慕、怨恨、疏远，最后可能变成仇家。

在本尼迪克特列举的财富分流机制中，赠送只是其中之一。还有一种是仪式上的热情好客，就像许多部落里，富人总是会邀请所有亲戚来访，并款待他们。还有那些慷慨、互惠的关系、食物分享的合作技巧等。在我们的社会中，我认为按收入和财产递增的税收就是一个很好的分流机制的例子。理论上，如果一个富有的人财产翻倍，这对大家来说就是好事一件，因为这意味着其中很大一部分财产进入了国库。我们可以假设它们将用于公共利益。

关于漏斗机制，有高额租金、高利贷（相比之下，我们对高利贷知之甚少，据我所知，夸扣特尔人的利率是每年1200%）、奴隶劳动、劳动剥削、暴利、穷人的税收比富人更高等。

我想你可以看出本尼迪克特关于社会制度的意义、效果或特征所保持的一些观点了。单纯地赠送金钱在行为上是没有意义的。我认为在心理层面上也是如此。很多心理学家没有意识到行为既是对心灵的一种防御，也是对心理的一种直接表达。这是隐藏动机和情感、意图和目的的一种方式，也是揭示它们的一种方式，因此不能只看表面。

使用与所有权的关系

使用与所有权的关系也可以从这种角度分析。我的翻译，能说一口流利的英语，他上过加拿大学校，读过大学，因此很富有，尤其在这种部落里，智慧与财富紧密相连，其实这种观念在我们的社会里也一样。他是部落里唯一拥有汽车的人。我们大部分时间都在一起，但我发现他很少开车。因为大家总是会走过来问："泰迪，你的车钥匙呢？"他就把钥匙递了过去。在我看来，拥有一辆车对他来说，仅仅意味着支付汽油、修轮胎、救援那些不知道如何操作它的人等。这辆车属于任何需要它的人，因为泰迪总是有求必应。显然，作为部落里唯一拥有汽车的人，他是骄傲的、快乐的和满足的，而不是被人嫉妒和敌视的。所有人都为他拥有这辆车而高兴，而且如果有车的人是五个而不是一个，他们同样会高兴。

给人安慰和让人恐惧的宗教

在协同效应方面的区别同样适用于宗教体制。你会发现，在安全感高或协同效应高的社会中，神或诸神、鬼魂或超自然生物通常是仁慈的、乐于助人的、友善的，有时甚至这种方式在我们这样的社会看来是亵渎神明的。例如，在布莱克富特部落，任何人都可以拥有一个个人的神明，可能一个他在山上见到的某个幻影，就可以在扑克游戏中显灵。这些个人神明总是给人以亲和感，当某人打牌时获得顺子时，他甚至会忽然叫停游戏，到角落里与他的神明交流片刻，再决定是否继续玩下去。而在低协同效应或低安全感的社会里，神明、超自然生物和鬼魂都是残酷无情、令人恐惧的。

我曾在布鲁克林学院用一种非正式的方式（大约在 1940 年）对这种关系进行过验证。我曾用我制定的问卷测试过几十名年轻人，看他们有没有安全感。我问了那些宗教信徒这样的问题：假如你从睡梦中醒来，感觉到上帝要么在房间里，要么在看着你，你会有什么感觉？有安全感的人们倾向于感到欣慰，认为自己得到了神明的眷顾，没有安全感的人则感到害怕。

现在从更大的视角上看，我们可以在有安全感和没有安全感的社会中找到很多这种文化上的区别。西方有复仇和愤怒之神，也有爱神，两相对立，表明我们的宗教信仰或许是由有安全感和没有安全感的宗教混合组成的。在没有安全感的社会里，那些拥有宗教权力的人通常会为谋取私利而利用这一力量，而在拥有安全感的社会里，宗教力量就像在祖尼部落中那样，为了使庄稼更好而祈雨，为整个部落谋福利。

你可以通过祈祷的方式、领导的风格、家庭关系、男女之间的关系、性爱的措辞、情感联系的风格、亲情和友情的关系等，区分这种心理学上的目标或效果。如果你能明显感觉到这种差异，应该就能够预测你在这两种社会中期待的是什么。需要补充的是，有一点对于西方人的思维方式来说可能有些出乎意料：高协同效应的社会总是善于消除羞辱，低协同效应的社会则完全没有。在低协同效应的社会中，生活是令人羞辱和尴尬的，是让人伤心的，这是必然的。在本尼迪克特所描述的四个不安全的社会中，羞辱会一直存在下去，永远不会结束；而在安全的社会中，总有一种方式可以结束它，然后还清你的债务，与之断绝关系。

现代社会的高协同效应和低协同效应

你一定已经注意到，我们的社会是一个混合协同效应的社会。我们有高协同效应，也有低协同效应。例如，我们社会的慈善活动中有广泛的高协同效应，而这在许多其他文化中根本不存在。我们的社会有着非常慷慨包容的文化，而且经常是以一种非常友好的、给人以非常安全感的方式呈现出来。

另外，我们的社会显然还存在一些效应，这些效应使我们彼此对立，使我们成为必然的竞争对手，它将我们置于一个必须争夺有限商品的情境中。这就像零和游戏，其中一个赢了，另一个必输。

我可以试着举一个简单的例子来说明，那就是大多数学院使用的评分制度，特别是基于曲线的评分。我经历过这样的情境，非常清楚这种与同伴对立的感觉，那时，同伴的优势于我而言反而变成了一种伤害。假设我的名字以 Z 开头，按字母顺序公布成绩，并且我们知道只有六个 A。当然，我一定希望在我之前的人会拿到低分。每次有人拿到一个低分，对我来说都是一件好事。每次有人拿到一个 A，对我来说就是坏事，因为它降低了我拿到 A 的机会。这时，我很容易脱口而出："我希望他成绩很差。"

这种协同效应非常重要，不仅对普遍客观的比较社会学很重要，还因为这种比较社会学为评价一种文化及其内部的一切提供了一种超文化价值体系的可能性，还因为它为乌托邦理论提供了科学基础，而且它对其他领域的更为技术性的社会现象很重要。

在我看来，还没有足够多的心理学家，尤其是社会心理学家，意识到有重大而要紧的事情正在一个领域。这个领域甚至还没有名字，我们或许可以称其为组织理论，或工业的社会心理学，或企业理论，或商业理论。大多数对这一领域感兴趣的人都读过的入门书是麦格雷戈的《企业的人性面》。在这本书中，他把 Y 级理论水平的社会组织作为高协同效应的一个例子。它描述了如何协调社会机构，认为无论是在商业、军队还是大学中，都可以使组织内的人与其他人协调一致，而不是将他们变成对手。在过去，我用了几年的时间，研究过这样一个企业，因此可以确信，至少在高协同效应或有安全感的社会组织中，它是可能的。我希望这些新的社会心理学家能尝试使用本尼迪克特的概念，将这样的组织与基于"好处是有限的，如果我得到得多，你就得到更少"的原则的组织进行仔细对比。

我还想推荐大家去阅读利克特的著作《管理的新模式》一书，本书可以称作有关工业组织中协同效应的各个方面的广泛而仔细的研究的集合。在这本书中，利克特讨论了他提及的"影响派"，试图处理一个难解的悖论，即那些好的领班，好的领导者，那些在实际结果上评价很高的人往往比其他人更懂得放权。你怎么看放权越多，拥有的权力就越大这样一个事实？利克特对这种悖论的解释十分有趣，从中你可以看到一个西方人正在努力理解一个并不太西方的概念。

我认为，从此以后，知情者想要构建乌托邦，就要与协同效应的概念达成和解。在我看来，任何乌托邦或优心态文化（我认为这个名字更好），都必须以一套高协同效应作为其基础。

个体中的协同效应

身份认同感

协同效应的概念也可以应用于个体层面，应用于两个人之间的人际关系上。它为高级的爱情关系提供了一个相当不错的定义，即我之前提到的“存在之爱”。关于爱情的定义是多种多样的，如两个人的兴趣一致，或者两个基本需求层次合并为一个，或者当你的脚上长着鸡眼，我的脚好像也会疼，或者我的快乐取决于你的快乐，等等。关于爱情的大部分定义都暗示了这种身份认同感。但这也与高度协同的概念十分相似，即两个人在某种程度上协调了他们的关系，使得两个人的利益产生了协同，也意味着你获得了利益，我也获得了利益，而不是你获得了利益，我却因此而损失。

对英美低经济阶层的性生活和家庭生活进行的一些近期研究，描述了他们所谓的剥削关系，这显然是一种低协同效应的关系。这里总会面临这样一个问题，即家里谁是老大，谁是老板，或者谁更爱谁，结论是更爱对方的那一个就是傻瓜或者必定受伤的那一个，等等。所有这些都指向低协同效应，并暗示了好处总是有限的，而不是无限的。

我认为，这种身份认同的概念，不仅来自弗洛伊德和阿德勒，还有其他来源，可以基于这个新基础加以拓展。也许我们可以说，爱可以定义为自我、个人、身份的扩张。我想我们都经历过这种感觉，尤其在与孩子、妻子或丈夫，以及与我们非常亲近的人在一起的时候。我想说的是，尤其在与无助的孩子在一起时，你宁愿自己咳嗽，也不希望你的孩子在夜里咳嗽。看到孩子咳嗽，比自己咳嗽更令人痛心，因为你是更加坚强的成年人。因此，如果你能替孩子承受这份痛苦，显然更好。这便是两个个体之间心理屏障的融合。我建议，可以把这当成身份认同概念的另一个方向。

超越自私与无私的二元对立

我想我最好越过本尼迪克特的观点。她似乎经常在直线连续性、两极性、自私与无私的二元对立中进行讨论。很明显的是，她在形式上明确地暗示了这种二元对立的超越性，即通过创造一个上位统一体，证明所谓的二元性只是因为它还没有进化到统一的状态。在高度发展的、心理健康的人，或者我们所谓的自我实现的人中，如果你尝试对他们进行评价，会发现他们在某些方面表现得异常无私，但在其他方面异常自私。了解弗洛伊德关于健康和不健康的自私或阿德勒关于“社会利益”研究的人一定能读懂我的意思。不知为何，这种两极性、二元对立，这种一个增多意味着另一个减少的假设就都消失了。它们融合在了一起，诞生了一个我们还未命名的单一概念。从这个角度看，高度的协同可以代表二元对立的超越，成为将对立面融合为一个的单一概念。

整合认知与意愿

最后，我发现协同效应的概念有助于理解个体内部的心理动力学。而且，这种价值有时显得异常明显，例如在看到个体内部的整合为高度协同效应，以及普通的病理性精神解离视为低协同效应，这就像一个人把自己撕裂，与自己为敌一样。

在各种动物种类和人类婴儿自由选择的研究中，协同理论可以进一步完善理论表述。可以说，这些实验展示了认知和意愿的协同工作或融合。也就是说，大脑和内心、理性和非理性说的是同一种语言的情况，即我们的冲动引导我们走向明智的方向。这也适用于坎农的稳态概念，他称之为“身体的智慧”。

在某些情况下，尤其是焦虑的、缺少安全感的人倾向于他们想要的东西对其自身必然是有害的，就像好吃的东西可能让人发胖。明智或正确的做法，应该是鞭策自己做事情。你必须强迫自己去做，因为许多人都有这种深层的假设，即我们所希望的、所渴望的、所喜欢的、好吃的，很可能是不明智的、不好的、不正确的。但食欲和其他的自由选择实验相反地指出，我们喜欢的更有可能是对我们有益的东西，至少在相当好的选择者和相当好的条件下是这样的。

现在，我想用埃里希·弗罗姆的一句话作为结论，这句话给我留下了深刻的印象："病态的本质在于我们总是渴望那些对我们有害的东西。"

第十五章　规范社会心理学的问题[①]

需要注意的是，研讨会的描述强调切实可行，而不是梦想、幻想或愿望能否实现。为了强调这一点，你的论文不仅必须描述你所设想的美好社会，还必须对实现这个社会的方法进行具体说明，即进行政治方面的探讨。明年该课程的名称将改为“规范社会心理学”。这是强调这门课将以经验主义的态度为主。这意味着我们将以程度、百分比、证据的可靠性、缺失信息的获取、需要的调查和研究以及可能性等方式进行讨论。我们不会在二元对立、非黑即白、非此即彼、完美、不可实现或必然性上（没有必然性存在）浪费时间。我们可以假设改革是可行的，进步和改善也是可行的。但是如果规定在未来某个时刻实现完美理想，这是不太可能的，我们不会浪费时间谈论这个问题。（恶化或灾难也是有可能

① 本章来自在为布兰迪斯大学高年级学生和研究生开设的为期一个学期的研讨会的讲义。除了为指定的阅读和论文提供共同的假设、规则和问题背景外，我还希望这些讲义能够帮助研究小组在经验和科学的领域进行研究。所提出的研讨会的课程目录可以这样描述：“乌托邦社会心理学：面向心理学、社会学、哲学或其他社会科学研究生的研讨会。讨论选定的乌托邦和幸福心理学著作。研讨会将关注经验和现实的问题：人性所渴望的社会有多好？社会所渴望的人性有多好？什么是可能的和可行的？什么不是？”

发生的。）总的来说，仅仅反对某事是不够的，应该同时提出更好的替代方案。我们将以整体的方法来解决改革、革命或改善个体或整个社会的问题。此外，我们还可以假设在个体改变之前，是不必先改变社会的，或者在社会得以改变之前，也不必先改变个体。我们完全有理由假设两者的改变是可以同时进行的。

在没有充分理解个体目标即追求成为何种人并以此来判断社会之前，也就是说如果没有这种一般性假设，就无法进行规范性社会思考。我以这样的假设为前提，即良好社会，任何试图改善自身的社会的直接目标，是所有个体的自我实现或与此相近的某种规范或目标。（超越自我——生活于存在层面，对于那些个性坚强而自由的人，即自我实现的人是最有可能的。这必然涉及社会安排、教育等方面，以实现超越。）问题是我们是否有一个值得信赖、可靠的健康或理想的人的概念呢？此外，这个规范性的理念本身是有争议的，在不知道怎样改善自己的情况下，人类有可能改善社会吗？

我们还必须对自主社会需求有一个概念，我认为，这些需求是独立于心理内部或个体心理健康或成熟的。我认为，一个一个地逐渐改善，不是改善社会问题的可行方案。即使是最好的个体在糟糕的社会和制度环境下也可能表现得十分糟糕。可以建立社会制度，确保个体互相攻击；也可以建立社会环境，鼓励个体彼此协同。也就是说，可以创造社会条件，使一个人的利益成为另一个人的利益，而不成为另一个人的不利。这是一个基本假设，虽有争议，但应该是可以证明的。

1. 讨论规范的适用范围时，我们面临几个选项：它们是否应该适用于全人类、国家、亚文化群体、家庭，还是个人？有人认为，只要世界上存在拥有独立主权的国家，实现普遍和平就是一个遥远的梦想。因为国家主权的存在往往意味着战争的可能性，这是难以避免的现实。在这个前提下，许多规范性社会思想家可能认为，我们应该努力限制国家主权，推动类似全球联邦主义的概念，以促进更广泛的和平与合作。一旦接受了这样的假设，就会引出如何改善现有国家结构的问题，比如美国的州际分权，或者探讨在美国这样的大熔炉中，不同亚文化群体（如犹太人、华人）的地位，甚至是如何构建更加幸福的家庭和个人生活。

这种视角并不意味着我们不能同时关注个人幸福和社会改进的其他层面。实际上，理论和实践都表明这些目标是可以共存的，而且互不排斥。简而言之，追求规范的适用范围是一个多层次的问题，涉及从全球到个人的各个层面，而实现这些目标的关键在于找到各层次之间的平衡和协调。（我建议以我的《优心态管理》一书中的“社会改进理论：缓慢革命论”部分作为讨论基础）。

2. 选择性或非选择性的社会。关于我对优心态社会的构想，可参阅《动机与人格》)，还可以查看《优心态社会，美好社会》一文。同时，我的《优心态管理》一书中有零散的可参考的部分。我对优心态社会的定义明显是一个选择性的亚文化，即它仅由心理健康、成熟或自我实现的人及其家庭组成。从乌托邦的历史来看，有时候会面对这个问题，有时候则不会。我假设这个问题，必须通过有意识的决策。在你的论文中，你必须明确你是在谈论整个人类物种，即非选择性的，还是在谈论一个选定的较小群体，也就是有特定的人选要求。此外，你还必须回答关于是否驱逐还是同化扰乱秩序的个体的问题。如果你的优心态社会是一个选定的群体，一旦个体被选入或出生在这个群体中，是让他们一直保持在该群体内？还是设置一些条款以驱逐、监禁等方式来处理罪犯、恶人呢？（根据对精神病理学、心理治疗以及社会病理学的了解，以及对乌托邦的历史，我假设任何非选择性的群体都可能会被病态或不成熟的个体摧毁。但由于我们的选择技术仍然有限，我认为任何试图实现乌托邦或优心态社会的群体必须有能力驱逐那些无选择技术的反乌托邦个体。）

3. 多元主义。接受和利用个体在性格和体质方面的差异。许多乌托邦构想所有人是可以互换的，是彼此平等的。然而，我们必须接受这样一个事实，即人们在智力、性格、体质等方面的确存在非常大的差异。对个体的个性、怪癖或个人自由的许可必须明确个体差异范围。在理想的乌托邦中，通常不存在智力低下者、精神失常者，也不存在老年人。此外，往往会以隐蔽的方式界定理想的人类，而在我看来，考虑到我们对人类多样性的实际了解，这种标准过于狭窄。一套规则或法律怎么可能适用于所有人呢？你是否允许广泛的多元主义，比如服装、鞋子等款式和风格？在美国，我们现在允许人们在食品方面有更多的选择，但在服装风格方面的选择非常有限。例如，傅立叶基于接受和利用非常广泛的构造差异建立了整个乌托邦体系。而柏拉图的理想国里只划分出了三种人类。你想要多少种人类类型？可能建设一个没有异类的社会吗？自我实现的概念是否让这个问题显得落伍？如果你接受最大范围的个体差异和性格才能的多元主义，那么你已经进入了一个接受了大部分或所有人性的社会。自我实现是否意味着接受怪癖或异类？如果是，又能接受到什么程度呢？

4. 支持工业还是反对工业？支持科学还是反对科学？支

持知识分子还是反对知识分子？许多乌托邦构想都是像梭罗那样偏向自然、农村和农业的（如鲍索迪的“生活学校”）。其中许多构想都是远离城市、机器、货币经济、分工等的。对此，你是否同意？去中心化的、农村化的工业有多少实现的可能呢？它与周围环境，如花园城市、花园工厂能和谐相处吗？如果住房与工厂相连，就可以免除上下班的奔波吗？现代技术是否必然奴役人类？在世界各地，确实有一些小部分人正在回归农业，当然这对小部分人来说是可行的。但对整个人类来说是否可行？同时，有一些社区是有意识地围绕制造业而不是农业或手工业建立的。

有时，在反技术、反城市的哲学中，会出现一种反抽象思维的倾向。有些人认为这些倾向脱离了基本的具体现实，没有血肉之躯，过于崇尚神圣，与美和情感对立，不自然等。

5. 中央集权制社会还是非中央集权无政府主义的社会？计划经济是可能的？必须实行中央集权吗？必须有武装吗？大多数知识分子对哲学上的无政府主义知之甚少或一无所知（我推荐阅读《玛纳斯》）。玛纳斯哲学的一个基本方面就是哲学上的无政府主义。它强调权力下放而不是权力集中，强调地方自主、个人负责，对任何形式的大型组织或大规模权力积累的不信任。它不相信把武装力量作为一种社会技术的社会。它在与自然和现实的关系上具有生态学和道家哲学的特点。

在一个社区内，如基布兹、弗洛姆式的工厂或合作伙伴经营的农场或工厂等，等级划分是必要的吗？命令是必要的吗？需要掌权者吗？强制执行多数人意愿的权力是有必要的吗？有权实施惩罚吗？

科学界可以作为一个无领导的优普西克“亚文化”的例子，分散、自愿、彼此协调，富有生产力，并拥有强大而有效的伦理准则（运行良好）。与此相比，锡南浓亚文化则高度组织化，层级分明。

6. 关于恶行的问题。在许多乌托邦中，这个问题被单纯忽略了。这个问题要么被人排斥，要么被忽略。人们认为，乌托邦应该没有监狱，也没有人受惩罚，没有人去伤害他人，没有犯罪，等等。我支持这样一个基本假设，即对于坏的行为、心理病理行为、邪恶行为、暴力、嫉妒、贪婪、剥削、懒惰、罪恶等问题，我们必须有意识地面对和解决。（通向绝望和放弃的捷径就是相信某种存在会消除冲突、斗争、愚蠢、贪婪和个人嫉妒。）我们必须在个人和社会两方面去讨论恶行，即从心理学和社会学层面讨论恶行（这也意味着在历史层面讨论。）

7. 不现实的完美主义的危险。我认为追求完美的想法是危险的，即可以要求理想或完美的解决方案本身就是一种危险。乌托邦的历史显示出许多不现实、难以实现的、非人性的幻想。（例如，让我们彼此相爱；让我们平等分享；所有人在各个方面都必须平等；任何人不可以拥有高于他人的权力；武力是邪恶的；“没有坏人，只有没有被爱的人”。）常见的情况是，完美主义或不切实际的期望往往导致失败，进而导致幻灭，进而导致冷漠、灰心或对所有理想的希望充满敌意。也就是说，完美主义大多（或总是）导致对希望的极端敌意。在完美主义被证明不可能的情况下，改善也就无从谈起。

8. 如何处理侵略、敌意、争斗、冲突。这些可以消除吗？在某种意义上，侵略或敌意是否出于人类本能？怎样的社会制度助长冲突？怎样的社会制度能减少冲突？尽管在人类划分的主权国家间战争是不可避免的，但假如所有人类生活在一个统一的世界，是否就有可能不需要武力了？这样的世界，政府是否需要警察或军队武装？（作为讨论的基础，我建议阅读我的《动机与人格》第10章“毁灭本能”，以及附录B。）我的总体结论如下：侵略、敌意、争斗、冲突、残忍、虐待在精神分析治疗中普遍存在，或许在心理学上也普遍存在，即在幻想、梦境中普遍存在。我假设每个人都能在实际或可能性上找到攻击性行为。当我看不到某人有任何攻击性行为时，我会怀疑他是在自我压抑或自我控制。我假设当某人从心理不成熟或神经症向自我实现或成熟过渡时，攻击的本质会有非常明显的变化，即残酷、虐待或刻薄的行为是在未发展或神经症或不成熟的人中发现的，但随着人们逐步趋于个人成熟和自由，这种攻击性会变为一种应激性的或正义的愤怒，以及自我肯定、抵制剥削和支配、对正义的激情等。我还假设成功的心理疗法会改变这种攻击的本质，即将其从残酷转变为健康的自我肯定。我还假设，言语上的攻击会减少实际攻击行为。我假设社会制度可以被设置成使任何质量的攻击变得有可能或不太可能。我假设，年轻男性比年轻女性更需要释放暴力。是否有令人满意而又对他人无害的方式来指导年轻人如何明智地处理和表达他们的攻击欲？

9. 生活应该多简单？对生活的复杂性应该有何限制？

10. 社会应该允许个人、儿童、家庭有多少私下活动？又应该允许有多少共同活动？有多少团结、社交、社区生活？应该有多少隐私，“让其存在”，不干涉？

11. 社会可以有多宽容？一切都可以宽恕吗？什么是不能容忍的？什么是必须受到惩罚的？社会可以对愚蠢、虚假、残忍、心理病态、犯罪等保持多少宽容？社会安排必须为智力缺陷者、老人、无知者、残疾者等有多少保障机制？这个问题也很重要，因为它涉及过度保护的问题，以及是否妨碍那些不需要保护的人的自由，更进一步，是否妨碍思想、讨论、实验、个性等的自由。它还带出了无菌环境的危险问题，以及乌托邦作家试图消除所有危险以及一切邪恶的倾向。

12. 公众口味能接受何种程度的变化？对自己不赞同的事物要有多少宽容度？对于贬低、破坏价值观的“低级趣味”又需要有多少宽容度？对毒品成瘾、酗酒、迷幻剂、抽烟的问题又有多少容忍度？对电视节目、电影、报纸的趣味又是如何要求的？据称这是公众想要的，且可能与统计数据的真相相差不远。

对于公众需求的统计，你又会干涉多少？你是否给予杰出者、天才、有才华、有创造力、有能力的人，以及智障者以平等的对待？

关于英国广播公司，你怎么看待它？它应该一直进行说教吗？它应该在多大程度上反映尼尔森收视率？是否应该推出三个不同类型的频道，或五个频道？电影制片人、电视节目制作人等，是否有责任教育和提高公众趣味？这是谁的责任？还是谁都可以不关心这个事？

例如，对于同性恋、恋童癖、暴露狂、虐待狂等，应该采取什么措施？是否允许同性恋者拥有孩子？如果一对同性恋者完全在私人领域进行性生活，社会是否应该干涉？如果一名虐待狂和一名受虐狂在私下互相满足，这是否属于公众的事？他们是否可以公开自己的取向？异装癖是否可以公开曝光？暴露狂是否应该受到惩罚，或者进行限制、监禁？

13. 领袖（及追随者）、有能力者、优秀者、强者、老板、企业家的问题。他们是否真心钦佩和爱戴（事实上的）比自己更优秀的人？他们是否能够处理好又爱又恨的矛盾情感？如何保护他们免受嫉妒、怨恨和“邪恶的眼光”的影响？

如果所有新生儿都被赋予完全平等的机会，个体仍会在能力、才华、智力、力量等方面出现各种差异，对此应该怎么办？是否应该给予更有才华、更有价值、产出更多的人以更大的回报、更高的薪酬、更多的特权？

“灰色特权”的想法在哪些情况下适用，即向强大的人支付较少的（金钱）报酬，同时用金钱以外的方式予以补偿，比如满足更高层次的需求和超越需求，比如获得自由、自主、自我实现的权利？

领导、老板等这类人，是否有可能安于贫困（或简朴）？可能性多大？对于创业者、具有较高成就的人、组织者、发起者，以及喜欢发号施令的人、掌握权力的人，应该给予多少自由？如何让人们自愿地自我服从？谁负责垃圾处理？强者和弱者将如何关联？如何相处？如何在权威（警察、法官、立法者、父亲、船长）面前心怀爱戴、尊重和感激？

14. 人们是否有可能实现永久的满足？短期的满足呢？作为讨论的基础，我建议阅读“关于低级抱怨、高级抱怨和超越需求抱怨”（本书第 18 章）。还有柯林·威尔森的著作。可以假设，对所有人来说，满足都是一种短暂的状态，无论社会条件怎样，永久的满足是不可能实现的。这与天堂、涅槃、期望获得巨额财富、闲暇、退休等带来的好处相似。与此同时，类似的发现是解决“低级”问题不会带来任何满足，反而能带来“更高层次”的问题和“更高层次”的抱怨。

15. 在探讨男性和女性之间如何实现相互适应、相互欣赏和相互尊重时，我们面临深刻的社会文化变革。纵观历史，大多理想中的社会（乌托邦）通常由男性构想，而且往往带有父权制的色彩。这种偏见常常将女性在智力、领导力和创新方面的能力严重低估。然而，随着女性的解放，女性有了更多实现个人潜能的机会，这无疑对两性关系产生了影响。这要求男性重新审视自身的角色和行为，探索是否可能超越传统的“支配—从属”等级关系，以适应新时代的女性。在一个自我实现的男女关系中，婚姻可能呈现怎样的新形态？能基于尊重、平等、合作和共同成长吗？在这样的优心态社会中，女性和男性的角色、责任和性生活是否会经历重大变化？那么，到时该如何定义更加多元化的性别特质？

16. 宗教和“灵性生活”在不断演化的社会中也面临重构。在一个优心态的文化或社区中，个人可能会探索非传统的、个人化的灵性路径，或者发展出新的共享价值观和宗教实践。即便是传统宗教，也可能适应这种变化，以更加包容和进步的方式存在。应该怎样培养和教育儿童，使他们向着自我实现的目标迈进，并追求价值生活（灵性、信仰等）？如何使他们成为健全心理社会的一员？我们是否能从其他文化，从民族志文献和高协同文化那里学习？

17. 家庭内部、兄弟之间、互助会等的问题。人类似乎存在一种类似本能的需求，即归属感、根基感。在这种小群体中，喜爱和亲密是自由给予的。很明显，这些小群体的规模必须小，绝对不超过 100 人。不管怎样，数百万人之间永远不太可能产生喜爱和亲密，因此，任何社会都必须以亲密的小群体为起点，从底层自下而上地组织起来。在我们的社会中，至少在城市里，家庭就是一个亲密的小群体。还有宗教团体、姐妹会、兄弟会等。训练小组和对话小组实践坦诚、反馈、诚实，努力建立友谊，寻求亲密的方式。是否可能将这种情感制度化？工业社会往往具有很强的流动性，人们往往四处迁移，这会不会削弱人与人之间的联系？此外，这些群体是否应该跨代？还是同龄人？儿童和青少年不具备完全实现自我管理的能力（除非是有意向地朝向这个目标培养）。非成年人组成的同龄群体是否有可能按照自己的价值观生活，即没有父母，没有长者的影响？

问题：没有性的亲密关系是否存在？

18. 有效的帮助者；有害的帮助者；有效的非帮助（道家的不干预）。假设在任何社会中，强者都愿意帮助弱者，或者在任何情况下都必须这样做，那么帮助他人（更弱、更贫穷、更无能、更不聪明的人）的最佳方式是什么？能帮他们变得更强大的方式是什么？如果你是更强或更年长的人，你认为怎样做既能保证他们的自主权，又能对自己负责？如果你是富有的人，该怎样帮助贫穷的人？富裕的国家该怎样帮助贫穷的国家？

为了讨论，我将把帮助者武断地定义如下：①希望帮助他人的人；②随着自己更加成熟、健康、更加完满时，他会同意自己成为更好的帮助者；③他知道什么时候应该效仿道家的态度，不进行干涉，即不提供帮助；④主动提供帮助，但这种帮助是否被选择视他人意愿而定；⑤把帮助他人当成自我成长的好方法。

换句话说，如果一个人想要帮助他人，那么非常理想的方式就是自己成为更好的人。

问题：一个社会可以容纳多少不帮助他人的人，即寻求个人救赎的人、隐士、虔诚的乞丐、独自在洞穴里冥想的人、将自己从社会中隔离出来只活在自己世界的人等？

19. 将性与爱制度化。我猜想，先进的社会，性爱应该是自由发展的，是没有婚姻和其他限制的。“原始”社会的情况类似，即相对完全的婚前性自由，再加上婚后一夫一妻制或近似一夫一妻制。在这些社会中，婚姻伴侣的选择在很大程度上不是基于性，而是基于个人品位以及作为文化伙伴的因素，如生育孩子、经济分工等。这个猜想合理吗？它意味着什么？在性欲或性需要方面，已经出现了非常大的改变，特别是在女性中（在我们的文化中）。假设每个人都拥有同等强烈的性欲显然是不明智的。一个良好的社会，是否能接受巨大的性欲差异？

世界上许多地区，性、爱和家庭的方式正在急速变迁，包括许多乌托邦社区，如罗伯特·里默的小说中所描述的。各种新的社会形式正在被提出并付诸实践。这些“实验”的数据尚不可用，但终有一天必然会得以考虑。

20. 如何选择最佳领袖的问题。在我们的社会中，有许多群体，例如青少年，似乎更喜欢选择糟糕的领导者，而不是优秀的领导者。也就是说，他们总选择那些会导致他们走向毁灭和失败的人——选择失败者而不是胜利者，选择偏执狂、精神病人、吹牛大王。

任何想要进步的良好社会都必须能够选择那些在实际才能方面最适合这项工作的个体作为领导者。怎样才能让这种好的选择越来越多？什么样的政治结构会使偏执狂获得更大的权力？什么样的政治结构能减少或消除这种可能性？

21. 哪些社会条件最有利于人性的充分发展？这是对人格文化研究的一种规范性表述。与此相关的有社会精神病学的新文献、心理卫生和社会卫生运动的新文献、目前正在进行的各种形式的团体治疗，以及像埃萨伦研究所这样的优心态教育社区。是时候提出问题了，即如何使课堂更具有优心态文化特征——学校、大学以及一般教育——然后继续讨论其他每个社会（或“Y 型理论”）的机构。优心态管理是这种规范性社会心理学的一个示例。在这里，社会及其内部的每个机构如果能帮助人们朝着更完整的人性发展则被定义为“好”，如果损害了人性则被定义为“坏”。在这一点上，我们必须从社会病理和个体病理两方面去讨论。

22. 一个促进健康的群体本身是否可以成为自我实现的途径？（参见有关优心态工厂、锡南浓戒毒所、理念社区等资料。）有些人相信，个体的利益必须与群体、机构、组织、社会，甚至文明本身的利益相对立。宗教的历史经常显示出个体神秘主义者与教会的对立和分裂。教会能够促进个体发展吗？学校和工厂能够促进个人发展吗？

23. 理想主义与实用主义、唯物主义、现实主义之间的关系如何？假设更低层次的基本需求比更高层次的需求有优势，而更高层次的需求又比超越性需求（内在价值观）占优势。这意味着唯物主义优先于理想主义，但任何优心态或乌托邦的思维中都必须考虑它们。

24. 许多乌托邦都描绘了一个由理智、健康和高效能的公民构成的世界。即使社会在最初建立时只选择这样的个体，但仍然会有人生病、年老、虚弱或无能。到时，谁来照顾他们？

25. 我认为消除社会不公将导致“生物不公”，即遗传、产前和出生时的不平等，例如有的孩子生下来就有健康的心脏，而有的孩子生下来心脏就有问题——这当然是不公平的。一个人比另一个人更有才华、更聪明、更强壮、更美丽，这也是不公平的。生物不公可能比社会不公更让人难以承受，因为当社会不公时，还有辩解的可能。良好的社会该如何应对这个问题？

26. 在社会或社会的组织中，无知、谣言、隐瞒真相、审查和盲目是必要的吗？有必要为执政集团保留某些真相吗？再仁慈的独裁政权，似乎也需要隐瞒一定程度的真相。对年轻人来说，哪些真相是危险的？杰斐逊式民主需要完全获取真相。

27. 许多现实和幻想中的乌托邦都依赖一个智慧、仁慈、机智、坚强、高效的领袖，一位哲学君王。但这可靠吗？谁来挑选这个理想的领袖？如何保证这种领导权不会落入暴君手中？这种保证有可能吗？好的领袖去世后会发生什么？领导者无实权、权力分散、每个个体和无领导者群体保留权力的社会，有存在的可能性吗？

28. 无论过去还是现在，至少一些成功的乌托邦社区，例如布鲁德霍夫社区，在其文化中建立了某种坦白机制，使得人们可以私下或公开自白、互相讨论、相互坦诚、真实反馈等。

目前，在锡南浓和类似优心态（Y 理论）工厂和工业的训练小组、各种类型的治疗小组等方面，这也是成立的。请查看埃萨伦研究所的宣传册：《回到隧道：锡南浓》；《优心态管理》的 154—187 页；《柠檬销售员》；《应用行为科学》杂志、《人本主义心理学》杂志等。

29. 如何将热情与怀疑的现实主义相结合？将神秘主义与实践智慧和有效的现实测试相结合？将理想主义和完美的（作为指南方向所需）与接受不完美的手段相结合？

第十六章 锡南浓和优心态文化[①]

首先，为了避免误解，我必须承认我过去过着受保护而闭塞的生活。我对现在世上发生的许多事情一无所知，而我之所以开始了解这个世界，正是想从那些不像我一样闭塞的人的角度来看待这个世界。我想要看看我能学到什么。从你们的角度来看，唯一对你们有价值的是我作为一个天真的人，在看待你们习以为常的事物时可能会注意到你们所忽视的东西。也许通过这种方式，我可以简单地告诉你我对这类事情的反应以及我能解决的问题。

我是一个研究理论的心理学家。过去我也从事过临床心理治疗，但当时的情况与现在截然不同，使用的方法不同，研究的对象也不同，如大学生和持有特权的人。我花了一辈子的时间学习如何与人相处，变得小心翼翼、温柔体贴，就像对待易碎的瓷器一样。在这些发生的事情中最让我感兴趣的是我发现我所保持的态度可能是错误的。我读过的关于锡南浓的资料，以及昨晚和今天下午目睹的，都表明了这样一

① 这篇文章（由亚瑟·瓦莫思编辑）是基于我在纽约州德托普村所做的一个即兴演讲写成的，德托普村是锡南浓的一个分部，位于纽约州斯塔滕岛。锡南浓是一个由原来的瘾君子运营的社区，瘾君子来这里接受治疗。

个想法：把人看作“易碎的茶杯”的概念已经过时了。对人大声说话会伤害对方，让人们哭泣，或者崩溃，或者自杀，或者因为你对他们大喊大叫而发疯——这些想法或许已经过时了。

而你们所在的社会群体中，这种假设似乎恰恰相反，人们非常坚韧，一点也不脆弱。他们可以承受很多糟糕的境遇。最好的办法就是直接面对他们，不需要悄悄地、小心翼翼地接近，也不需要采用迂回的方式对待他们。反而要直接地置身于事情的中心。我建议，可以把这称为“无废话疗法”。它有助于清除防御、合理化、掩盖、逃避、来自世俗的寒暄。你可能会说，世人是半盲的，而我所看到的是视力正常的。在这些群体中，人们拒绝接受往日的掩饰。他们撕开了面纱，拒绝任何废话、借口或任何形式的逃避。

到目前为止，我一直在假设，然后被告知这种假设非常有效。有人曾经自杀过或者出现过任何形式的精神崩溃吗？没有。有人因为这种严格的治疗而发过疯吗？没有。昨晚我看到了这种治疗方式，对话非常直接，效果很好。尽管这与我长久以来所接受的培训背道而驰，但它对我这样一个试图弄清楚人类普遍本性的理论心理学家来说意义非凡。这引发了一个关于整个人类物种本质的真正问题——人类究竟有多坚强？他们能承受多少？关键问题是人们能承受多少真相？这对人们有什么好处，有什么坏处？我想起了 T.S. 艾略特的一句话：“人类无法承受过多的真实。”他在暗示人们无法坦然面对现实。然而，你们在这里所经历的表明，人们不仅能够接受真实，而且真实对人是非常有益、非常有效的。它可能会加快事情的进展，即使这种真实可能触及人的痛处。

我从一个非常关心锡南浓的朋友那里听说过一个瘾君子

的故事，他经历了这样一种情况，即第一次在生活中体验到真正的亲近、真正的友谊和真正的尊重。这是他第一次体验到真实和直率，这也是他第一次感觉到可以做自己，而且人们不会因为这样而看不起他。这种感觉太美妙了：他越是做自己，人们就越喜欢他。我的朋友说的这些让我深受触动。他想到他所喜欢的朋友能从这种情况中受益，于是说了一些看起来很疯狂的话："真遗憾他不是一个瘾君子，如果他是一个瘾君子，他就可以来到这个美妙的地方。"在某种程度上，这里成了一个小型乌托邦，一个世外桃源，一个远离尘嚣的地方，在这里你可以获得真正的直率、真正的坦诚、真正的尊重，以及真正的团体协作体验。

我在这里产生的另一个想法：也许这里存在一些良好社会的元素，而疯狂只是它的表面？多年前，我与北部黑脚印第安人共过事。他们是很棒的人，我对他们很感兴趣，并花了一些时间与他们相处，了解他们，这让我获得一个有趣的经历。在进入保留地时，我以为印第安人就像摆放在架子上的蝴蝶标本。然而随着了解的深入，我逐渐改变了这种看法。保留地上的印第安人是体面而有教养的，而村子里的白人是我一生中碰到的最讨厌的恶棍和浑蛋。了解越多，事情反而变得越矛盾。我分不清哪个是精神病院？分不清谁是看守者，谁是病人？一切都变得混乱了，这里就像一个良好社会的微型缩影。这里并不是在给残疾人制造拐杖，而是在沙漠中创造绿洲。

午餐时的对话引发了我的另一个思考。我们提出了这样一个问题，即人们普遍需要什么？在我看来，很多证据表明，人类需要的基础事物其实并不多，所以这个问题也并不复杂。首先，他们需要一种安全感，在幼年时得到妥当的照顾，能让他们找到安全感。其次，他们需要一种归属感，一种来自家庭、部族或群体的归属感，或者让他们觉得自己属于并且有权参与的组织。再次，必须有人喜欢自己，觉得自己值得被爱。最后，他们必须感受到尊重。大致就是这些了。你可以谈论心理健康，谈论成熟和强大，谈论成长和创造力，这些都是像“维生素”一样的心理效用。如果这是真的，那么大部分美国人口都缺乏这种“维生素”。人们可以为了掩盖真相而设计出各种各样的谎言，而这造成了这样一种事实，即美国公民在这个世界上几乎没有真正的朋友。很少有人能获得心理学家所说的真正的友谊。理想的婚姻也是如此。你可以说，我们面临的那些明显的困境——无法抵制酒精、无法抵制毒品、无法抵制犯罪、无法抵制任何事情——这些问题都是缺乏基本的心理满足而导致的。问题是，难道德托普村提供了这些心理“维生素”？今天早上我在这里漫步时，得到了答案：它确实提供了。记住这些东西：首先，安全感，摆脱焦虑，摆脱恐惧；其次，归属感，你必须属于一个群体；再次，爱，必须有人爱你；最后，尊重，你必须得到他人的尊重。德托普村之所以“有效”，不正是因为它提供了可以产生这些“维生素”的环境吗？

我几乎被思绪吞没。我提出了上千个问题，想出了上千个想法，但这些似乎只是问题的冰山一角。就这样说吧：你认为这种直率的真实，有时听起来有些残酷的真实，是否可以作为安全感、爱和尊重的基础？它是伤人，而且必然会伤到人。每个人都有亲身体会。你认为这是个好主意吗？刚刚面试了一个新成员，我坐在一旁观察。那场面可谓剑拔弩张，不留情面，非常直接，非常坦率。所以，如果发生在你身上，你觉得适用吗？对此，我十分有兴趣洗耳恭听。另一个我非常感兴趣的问题是，这种特殊类型的群体活动，是否能提供归属感？在活动中，每个人都能合拍，一切事务都由群体负责，以前有没有这种感觉？这种残酷的真实，并非侮辱，反而是一种尊重的表现。你可以接受事实，接受它真实的样子。这可以成为尊重和友谊的基础。

我记得很久以前听过一个分析师谈论这方面内容，那是发生在团体治疗之前的事了。他谈到了这种真实，当时，我感觉他的言论很愚蠢，也很残忍。他是这样说的："我给我的患者施加他们所能承受的最大焦虑。"你明白这意味着什么吗？他们越多地承受焦虑，就会提供越多的可以帮助的机会，整个过程就会进行得越快。从这个经验看，也就没那么愚蠢了。

这就引出了教育的理念，可以把德托普作为一个教育机构。它是一片绿洲，一个良好社会的缩影，它提供了所有社会应该提供但未能提供的东西。从长远来看，德托普提出了整个教育问题，以及社会文化如何利用教育的问题。教育不仅仅是书本和文字。德托普的教育是更广泛意义上的教育，是教人学会如何成为一个成熟的、优秀的成年人。（在这一点上，马斯洛博士和德托普居民之间进行了一场活跃的互动。不幸的是，居民的许多有趣评论没有被记录在磁带上，所以下面的转录只包含马斯洛博士的详细且自成体系的评论，即便脱离了这次互动也可以理解。）

关于德托普和自我实现理论

原则上，每个人都可以自我实现。如果没有，那一定是因为某些事情阻碍了这个过程。可以支撑这一事实的数据比我想象得还要多，对成熟、责任感和美好生活的追求也比我想象得更加强烈，以至于它能让你摆脱所有你脱口而出的烦恼。至少对于某些人来说是这样。在这里，人们必须在痛苦、尴尬等因素面前为自己争取一席之地。这让我对自我实现的需求的想象有了更深刻的认识。当然，这里的人是能够承受这种粗鲁对待的，而哪些人是无法承受的呢？因为这种诚实过于痛苦，又有多少人将其拒之门外了呢？

关于责任感的发展

这样看，培养优秀成年人的一个方法是给他们责任，假设他们可以承担这种责任，让他们为尽责而挣扎、努力，让他们自己解决办法，而不是过度保护、纵容，或者替他们做事情。当然，也有不能完全忽视的情况，但那是另一个故事了。我认为这里正在发生的事情正是这种责任感的培养。你们不必听任何人的话，假如你们必须做某事，就去做，没有任何借口。

我可以举一个黑脚印第安人的例子来说明我的意思。他们是坚强有自尊心的人，他们是最勇敢的战士。他们是坚强的人，能承受残忍的真实。如果你观察他们是如何培养这种品质的，就会发现是通过尊重他们的孩子实现的。我可以给你举几个例子。我记得有一个小男孩，他想要打开小屋的门，但他太小了，没法打开。那扇门又大又重，他只好用尽力气去推。在美国，人们一定会站起来帮他把门打开，黑脚印第安人却坐在那里，一直坐半个小时，默默看着那个男孩使劲推门，直到他自己把门打开。他拼尽全力，出了一身汗，然后获得了每个人的赞美。所以我说，黑脚印第安人比美国人更懂得尊重孩子。

另一个例子发生在我非常喜欢的一个小男孩身上。他当时七八岁，通过仔细观察，我发现他是一个富有的孩子。他名下有几匹马和几头牛，还拥有一个特别贵重的医药包。有个成年人出现，想买他的医药包，这是他最有价值的东西。我从他父亲那里了解到，当这个只有七八岁的小男孩面临这个提议时，他一个人去了野外冥想。他离开了大约两三天，在野外露宿，独自思考。他没有向父母征求意见，父母也没有告诉他任何事情。他回来后就宣布了自己的决定。如果是我们，可以想象，一定会告诉这个男孩该怎么办。

关于新的社会疗法

这是一个能引发你专业兴趣的思考。有一种新的工作正在兴起，这是一种行动主义者的工作，它需要的是经验而不是书本知识。这种工作就像老式牧师和教师的结合体。你必须关心人们，必须与他们打成一片，而不是保持距离；你必须尽可能多地了解人性。我建议称其为“社会疗法”，这似乎是在过去一两年里慢慢发展起来的一种工作。这份工作，做得最好的人不是博士，而是那些混迹街头自学成才的人。他们知道自己在谈论什么，他们知道何时要坚持，何时要放松。

美国三分之一的人口，以及世界其他地区 98% 的人口，可以被称为“非特权阶层”。需要有人来教他们摆脱文盲，需要心理治疗来让他们变得成熟和负责，等等，而现在已经出现了人员短缺的问题。在我看来，普通的学术培训可能会对这些人有所帮助，但还不够。目前，大量的工作正被推到社会工作者手中，就他们的一些培训情况来看，他们大多数并不知道该如何着手开展工作。因此，比起依赖培训，让经验丰富的人来填补这些新机构的部分岗位会比较好。德托普的有趣之处在于，它是由有着丰富经验的人管理的，这些人懂得如何与处在相同情境下的人交流。这是一种工作，一种新型的职业。

关于当前的社会革命

我可以列举出不同地区发生的社会变革。教堂都在变革，宗教也在变革。革命正在进行中。有些地方较其他地方进行得快，但它们都在朝着相同的方向发展，即朝着更加完全的人性化的优心态文化方向发展。在此基础上，人们将变得如他们所期望的那样更加强大、更富有创造力、更快乐，人们开始享受生活，并且身心健康。你可以谈论优心态文化宗教，它正悄然发生。我写过的一本书《优心态管理》，正是讨论关于工作环境、职业、工厂等问题的。在那里也正在发生一场革命。在某些地方，整个工作环境朝着人性化的方式设定。通过这些程序设定，人性得到发展，而不是削弱。

有很多关于婚姻、爱情和性的书籍、文章、调查，都是如此。所有这些都指向了一个理想，这个理想告诉我们应该前进的方向，即朝着一个能充分发挥人性的方向前进。

到目前为止，完全可以肯定的是，整个社会的氛围仍然是一片死寂。不过，有了如此多的增长点，如此多的不同点，可以把它们当成未来的浪潮。你知道的，这里并不是世界上唯一一个谈论这些事情的地方，还有数十个地方也在谈论此事。我们很少听说这些情况，因为它们是独立发展的。假如你想到一个明智的主意，假如我有了一个新发现，那么，我就会知道，既然我能想出来，其他人也一定可以。对正在发生的事情总会有人做出回应，而更敏感的人做出回应的速度也更快。

教育也是如此。我认为，如果我们聚集在一起，把所有的经验，不论好的坏的都汇集在一起，我们可以彻底改革整个教育体系。我们甚至可以重建它。我们可以提出好的建议——建立一个全新的教育体系。这是具有爆炸性的建议，因为它需要人性的真实、人性的需求和人性的发展，而不是像一千年以前留下来的那种过时的传统遗产。

谈论优心态教育是个难题。我认为，可以通过我提出的建议做出一些思考，把它视为一种试验，做出一些贡献。行动起来吧！就像全世界都在注视着你，看看会发生什么——什么是有效的，什么是无效的；什么是好的教育，什么是不好的教育；什么是成功的教育，什么是失败的教育。

我们之所以能够这样做，有能力坐在这里闲聊，而不必在田间收割稻谷以维持生计，是因为美国是富有的国家。这对我们来说并不是一件奢侈的事，不过我们至少可以坐下来闲谈，而地球上其实没有多少国家的人可以花这么多时间去闲谈。从这个意义上说，我们可以先行尝试各种试验。你可以把自己的经验看作一堂教育课，或者像生物学家谈论植物的生长尖端一样。当然，当你感到乐观时，可能会说这是生长的尖端，而不会说是不同的世界。当你感到悲观时，又似乎觉得世界上大部分社会都是一片死寂。它们是传统的、约定俗成的、过时的想法。各种各样的道德教训的确是适用于1850年的。当然，这在一定程度上也取决于你的情绪。但我认为这种看法是公正的，即这不仅仅是一片死寂，也许它是人性成长的尖端。

关于“相遇”小组

我可以告诉你们一件事。昨晚我参加了一个“相遇”（交谈）小组，我不知道如果我长时间参加那种活动会有什么反应。在我一生中，从来没有遇到过谁能对我如此直言不讳。这与传统世界，尤其大学教授的世界形成了鲜明的对比。教职工会议跟这些“相遇”活动完全不同，它们完全没有意义，所以我从来不参加。在教职工会议中，所有人都彬彬有礼，没有人喝倒彩。这么说吧，记得有一次，一个教授即便忙到不可开交，也从来不口吐脏字。但昨晚的情形完全不同，它震惊到我了。在我所处的世界里，每个人都彬彬有礼，大家都竭力避免对抗。我的周围有很多谨小慎微的老处女——我的意思是男性的“老处女”。我认为，如果你们能参加一次我们的教职工会议，来一次真正的“相遇”，那将是一件很棒的事情。它会彻底颠覆一切，我相信这才有意义。

一个重要的研究问题

这引出了我在这里询问的一个问题。这是一个非常重要的问题，我猜你们可能说不出正确答案。问题：为什么有些人会留下，其他人则不会？这也意味着，如果将这个地方视为一种教育机构，那么它对多少人有多好处？有多少人愿意来此受教？有多少人不愿意来此受教？你们也知道，从来没有来过的人也并不意味着失败。

你们现在是克服了障碍，克服了恐惧。而那些没有克服恐惧的人呢？你们对他们有什么看法？你和他们有什么区别？这个问题很现实，因为你们将来会毕业，会在其他地方从事类似的工作，到那时，你们必须面对如何才能让更多的人留下来的问题。

关于心理治疗

你看，对于精神分析，对于个体心理治疗，问题是一样的。他们根据自己的经验所得出的理论是，这种直率让人们远离治疗。他们所做的是温和地引导人们，给这些人几个月的时间，然后真正触及问题。他们先试着建立一种关系，然后施加压力。与这里的情况完全不同，这里没有人会等六个月的时间，总是恨不得马上开始密集的治疗。问题在于什么方法，对谁最有效。与常规的精神分析方法相比，这里似乎进展得要快很多。

这让我想起另一件事。我以前接受的理论，也是我在心理治疗中使用的理论，是尽量不让患者知道真相。我要做的是帮助他们发现有关自己的真相，并且这往往需要很长时间，因为真相并不是好东西，你必须一点点面对它。在此，我可以提供一个可以与之对比的图景，说明这里的做法是把真相直接呈现在你的面前。没有人会坐在那里等上八个月，直到自己发现真相。至少那些留下来的人能够接受这种做法，而且这似乎对他们有利，但这与整个精神病理学理论相矛盾。

关于自我认知小组

不知什么原因，这个小组能够帮助人。他们所知道的是，虽然不知为什么，但它总归是有效的。我还有一大堆的想法没有真正整理出来。我还不确定应该如何去做，因为这需要时间。根据我们昨晚的讨论，我非常明确地感到，这个小组能反馈给你的，是你跟一个人做 100 年的精神分析也难以获得的东西。谈论某人的样子以及你在别人眼中的形象，然后有六个人一致地给出对你的印象，这很有启发。也许你不了解自己在世界上的真实形象，你可能无法了解真正的自己。是的，这是一个新的假设。在精神分析学中并不存在这种假设。其他人是怎么看待你的，这并没有什么思考价值，因为真实的你只能从你自己的内心、梦想和幻想中去发现。

我有这样一种感觉，如果我与那个小组在一起，我会听到以前从未听过的事情，就像有一个摄影机，在向我展示其他人眼中的我。然后我可以思考一下，看看他们的看法是对还是错？其中有多少真相？我感觉这会让我更了解自己。这种自我认知在寻找自我身份认同的过程中很有用。

当你克服了痛苦，自我认知会成为一件美好的事情。了解某件事情比猜测它、揣摩它要好。“也许他没和我说话是因为我不好，也许他们那样做是因为我不好。”对于普通人来说，生活就是一系列的“也许”。他不知道人们为什么对他微笑，或者为什么不对他微笑。能够不再猜测是一种非常舒服的感觉，有自知之明是一件好事。

第十七章　对优心态管理的看法

一个基本问题是，什么样的工作条件，什么类型的工作，什么类型的管理，以及什么样的奖励或报酬，能够帮助人性健康成长，达到更完整和更充实的状态。也就是说，什么样的工作条件最有利于个人自我实现？但我们也可以反过来问，在一个相对繁荣的社会和相对健康的人群中，繁荣到可以理所当然地满足基本需求（食物、住所、衣物等的满足），那么怎样才能更好地利用这些人来实现组织的目标和价值观？应该怎样最好地对待他们？在什么样的条件下，他们会发挥最有效的工作？除了金钱奖励，还有哪些非金钱奖励能够激励他们？

优心态文化的工作条件不仅有利于个人实现，还有利于组织的健康和繁荣，以及保证组织生产的产品或服务的数量和质量。

管理问题（在任何组织或社会中）可以一种新的方式来看待：如何在组织中建立社会条件，使个体的目标与组织的目标融合。什么时候可能？什么时候不可能？什么时候有害？哪些因素可以促进社会和个体的协同效应？哪些因素会增加社会与个体之间的对立？

这些问题显然触及个人和社会生活中最深刻的问题，涉及社会、政治和经济理论，甚至哲学问题。例如，我的《科学心理学》（1981年）展示了需要和可能存在一种人本主义的科学，以超越自我设定的无价值、机械形态的科学限制。

我们可以假设，基于古典经济理论对人类动机的不充分理论，也可以通过接受更高级人类需求的现实，包括自我实现的冲动和对最高价值的热爱，而发生革命性的变革。我相信，类似的情况也适用于政治学、社会学以及其他人文社会科学的学科和行业。

所有这一切都是为了说明这一点，即这不是关于管理的新的技巧，或者肤浅的新“花招”，它可以用来更有效地操纵人类，以实现他们自身所需的目标。这不是一本剥削指南。相反，这是一个明确地将一套基本的正统价值观与另一个声称不但更有效，而且更真实的新价值观进行对抗的过程。它提出了一些革命性的观点，即人类本性被低估了，人类有着更高级的本性，这种本性与他的低级本性一样“本能化”，并且这种更高级的本性包括对有意义的工作、责任、创造力、公正、价值的需求，以及倾向于将事情做好的愿望。

在这种框架下，仅仅以金钱来衡量“报酬”显然已经过时了。较低层次的需求的确可以通过金钱来满足，但当这些需求已经得到满足时，人们就会想要得到更高层次的“报酬”，如归属感、情感、尊严、欣赏、荣誉，以及自我实现和培养最高价值的机会——真理、美好、效率、卓越、公正、完美、秩序、法律等。

显然，这里有很多需要思考的内容，不仅适用于马克思主义者或弗洛伊德主义者，还适用于政治权威主义者、军事权威主义者或“爱发号施令”的老板，以及自由主义者。

第十八章　关于低需求抱怨、高需求抱怨和超越需求抱怨

总体原则可以这样总结：人们基于不同的动机层次，也就有了不同水平的生活。也就是说，人们可以过优越的生活，也可以过贫苦的生活；可以在丛林中勉强生存，也可以生活在一个幸福的、满足基本需求的优心态社会，从而能够生活在更高的层次，思考诗歌、数学或类似的事物本质的问题。

一个人处于何种生活动机水平，是可以通过多种方法判断出来的。举个简单的例子，一个人幽默发笑的方式就能透露出他们的生活水平。带有挑衅意味，甚至有点残忍的幽默往往代表着这个人生活在最低需求水平，比如，老太太被狗咬了，或者村子里的智力障碍者受到其他孩子的折磨，等等。而像亚伯拉罕·林肯式的幽默，或者说富含哲学、教育意味的幽默，通常能引起人们会心一笑，绝不会让人们捧腹大笑。这与敌意或征服无关，这种高层次的幽默类型对于低需求水平的人来说，根本不被理解。

我们可以将投射性测试作为一个例子，来说明我们生活的动机水平是如何在各种症状和表现行为中表达出来的。罗夏测试可以用来表明一个人正在积极追求、渴望什么。个体

已经得到充分满足的所有基本需求往往会被个体遗忘，并从意识中消失。已经被满足的基本需求在某种意义上，至少在意识中是消失的。因此，人们渴望、需要和希望的往往是他们动机层次最需要被满足的那一层。专注于这一特定需求表明所有较低的需求都已得到满足，也表明那些更高级别且超越了个体追求的需求尚未成为可能，因此他不会考虑那些需求。这可以从罗夏测试中判断出来。同样，这也可以通过对梦境的分析判断出来。

还有抱怨的水平也可以用来判断人们的生活动机水平。如果在工业情况下研究抱怨的水平，它也可以用作衡量整个组织健康水平的指标，尤其当这个组织拥有足够多的样本时。

例如，生活在专制的混乱的工业环境中的工人，随时面临恐惧、匮乏、饥饿，这样的环境决定了工作类型、老板的行为方式，以及工人面临残酷剥削时的顺从程度等。这些深怀怨言的工人往往会在层次较低的基本需求方面陷入困境。在最低的需求水平上，这意味着对寒冷、潮湿、生命危险、疲劳、糟糕的住所，以及所有这些基本的生存需求的缺失。

当这种抱怨出现在现代的工业环境中，那就意味着管理遇到了很大的问题，使组织内部的生活徘徊在了很低的水平。即使在一般的工业环境中，这种低级程度的抱怨也几乎不会出现。从积极的方面来看，之所以出现那些代表着希望或渴望的抱怨，是因为它们超越了现在已有的较低的水平。例如，墨西哥的工人可能在经济保障和安全水平方面发出积极的抱怨，因为他们不知道这份工作能做多久而无法做家庭预算。他可能抱怨工作无法完全保障他们的安全，抱怨工头的蛮横专断，抱怨为了保住工作必须忍受屈辱，等等。我们可以将这些围绕生物本能和安全感层面的抱怨，以及非正式社交群体层面的抱怨，称为低级抱怨。

更高级别的需求主要表现在尊重和自尊上，在这一层面上会涉及尊严、自主权、自我尊重、他人的尊重；还有自我价值感、获得赞扬和奖励以及对自己成就的肯定等问题。这个层面上的抱怨可能是关于失去尊严、威胁到自尊或威望的事情。至于超越需求抱怨方面，这里指的是在自我实现中存在的超越性动机。更具体地说，这些可以总结为存在价值观。对完美、公正、美丽、真理等超越需求也会在工业环境中逐步显示出来，如开始抱怨效率低下（即使这实际并没有影响到抱怨者赚钱）。实际上，抱怨者是在做一个关于他的世界不完美性的陈述（再次强调，这并不是自私的抱怨，而是一种无私的哲学家的抱怨）。或者他可能抱怨的是为什么没有人告诉他全部的真相，没有获悉全部的事实，或者抱怨在自由交流中受到了阻碍。

这种对真理、诚实和所有事实的偏好，再次证明这是超越需求的一部分，而不是“基本”需求之一，而且能够在这个层面上抱怨的人应该过着一种高水平的生活。在愤世嫉俗的，被窃贼、暴君或恶劣人统治的社会中，不会出现这样的抱怨，只会出现较低层次的抱怨。抱怨不公正也是超越需求的抱怨。在一个管理良好的地方，我在他们的工人协议中看到了很多这种情况。他们更多的是抱怨不公正，即使这种不公正对他们个人的经济利益是有利的。另一种超越需求抱怨是关于美德方面的，即善行没有得到善报，恶行却得到了回报，这是一种无效公正。

换个角度说，上面所说的所有内容明显地揭示了人类总是会抱怨的。这个世界没有伊甸园，没有天堂，除偶尔一两个短暂的瞬间外，没有什么能让人类感到满足的，而这本身就是对人性发展到顶级的一种肯定。我们无法想象 100 万年以后，人类将发展到何种境界。人类总是喜欢把一切美好的、幸运的东西揽入怀中，并为此高兴一阵子。一旦他们习惯了这些美好的东西，就会忘记曾经拥有的这份开心，然后追求更高级别的幸福，因为他们总会发现，无论现在多么美好，将来总有比现在更美好的。在我看来，这是一个能一直持续下去的永恒的问题。

因此，我在这里必须强调这一点，我在那些与管理相关的文献中看到了太多的失望和幻灭，有时甚至会看到放弃启发式管理模式，回到威权主义管理模式的案例，这是因为管理者发现无论怎样改革，人们都不会出现任何感激之情，反而当更好的条件出现时，抱怨之声不绝于耳。然而，根据动机理论，我们永远不能奢望抱怨停止，而应该期望抱怨越来越高级，即人们的抱怨从低层次提升到更高层次，最终达到超越需求抱怨的水平。这与我所提出的人类动机永无止境的理念相一致，随着条件改善，人类的动机会不断向更高水平发展。它也符合我对挫折层次的理念，即我反对将挫折简单地视为不好的，我假设挫折是有不同层次的，从低挫折水平到高挫折水平的过渡，是幸福、好运、良好社会条件和良好个人成熟的标志等。

假如一个人抱怨城市花园的项目设计得并不完善，抱怨公园里的玫瑰花被随意践踏，并且引起了妇女委员会的激烈讨论，那么这说明抱怨者生活在一个较高层次。抱怨玫瑰花被随意践踏，说明你不但解决了温饱问题，还有房子住，房子里还有暖和的壁炉，不必担心疾病的侵袭，不担心被暗杀，因为警察和消防部门给了你足够的安全感，政府管理有效，学校体制良好，政通人和，所有基本需求已经满足。关键的问题是，不能把高层次的抱怨简单理解为一般的抱怨，应当用来指示所有已经得到满足的先决条件，然后使得这种抱怨在理论上上升到某种高度。当一个明智的管理者理解了以上内容时，他就会明白改善条件会提升抱怨的水平，并提升挫折水平，而不再期望通过改善条件来停止所有抱怨。如此，他就不会在全力改善工作条件后，仍然继续得到抱怨时感到幻灭和愤怒了。我们必须搞清楚，这些抱怨的动机水平是否提升，这才是真正的考验。当然，这也是必要的。而且，我们要学会对抱怨水平的提升感到高兴而不只是感到满足。

这里确实出现了一些特殊问题，其中一个是如何定义公正和不公正的问题。人与人之间存在许多琐碎的抱怨和攀比，比如谁的灯更好，谁的椅子更舒适，谁的工资更高一点，诸如此类。这些事情就是这样琐碎，人们会比较办公室桌子的大小，会比较花瓶里放的是两朵花还是一朵花，等等。在这种情况下，我们需要根据具体情况进行判断，判断这是不是一种公正公平的超越需求，还是一种支配优势等级的表面方式，以及试图在这种等级制度上攀登名望的阶梯。道尔顿的书中有一些这样的例子，从上下文中可以得知，这显然是指安全需求。其中有这样一个例子，有人注意到，如果老板的秘书对一个人表现得友好，而对另一个人表现得疏忽，那么这往往意味着后者即将被解雇。也就是说，在特定的情况下，我们需要推测出他人的动机和想法。

另外一个例子很难评估，即尝试以激励的方式分析金钱的含义。金钱在动机层次中几乎可以表示任何事物。它可以代表低级、中级或高级的价值观，甚至是超越性价值观。当我尝试具体指定需求层次时，确实出现了一些我无法做出判断的情况——在这种情况下，我的做法是，干脆不做评价，将其抛之脑后，不试图划分出它的动机层次。

可以肯定的是，一定还会有其他难以评估的情况。也许最谨慎的做法就是不对它们进行评级，只把它们当作无法使用的数据。当然，如果有人正在进行大规模的、仔细的、与个体有关的研究，那么可以回头重新访问那些被调查者，看看他们某些特定的抱怨代表什么意思，比如有关金钱方面的抱怨。但在当前的研究中，这是不可行的，也是不必要的。因为我们要对两个机构——一个管理良好的工厂和一个管理不善的工厂——进行实验研究，并采用同一套标准加以评估。

真正糟糕的环境的含义

我们必须弄清楚极端情况下的糟糕环境是怎样的。在有关管理的文献中，我们没有任何真正糟糕的环境案例，因为一般的或非专业的工人不能真正适应这种糟糕的环境，这种环境接近内战时的境况。我们可以列举战俘营、监狱或集中营为极端案例。或者，在美国，那些只有一两个员工的小型企业，以它们在高度竞争、分毫必争的行业中的生存境况为例，老板只有通过榨取员工的最后一滴血才能维持生计，直到员工绝望地辞职。在这种情况下，老板一定会在员工辞职之前，尽可能多地榨取利润。我们不要陷入这样一种错觉，即认为相对管理不善的大型公司的环境“非常恶劣”，事实上，它们并不差。请记住，99% 的人类都愿意用几年的时间来换取在我们国家管理最差的大型公司工作的机会。我们必须扩大比较范围。我认为，对于这样的研究，或许有必要收集我们经历中真正糟糕的环境的案例。

另外一个复杂因素

良好的条件有一个正在逐渐显现的特点，尽管它大大有利于促进大多数人的成长，但也会对一小部分人产生不良后果，甚至是灾难性的后果，当我第一次遇到这个现象时，也为此感到震惊。例如，给予权威主义者自由和信任，只会让他们做出更多的不良行为。自由、放纵和责任感会使真正依赖和被动的人陷入焦虑和恐惧，然后精神崩溃。我对此了解不多，因为我只是在几年前才开始注意这一现象，不过牢记这一点对这份工作着实有益。在尝试进行任何实验，提出任何理论之前，我们应当积累更多关于这方面的自然案例。可以这样说：有相当一部分人正处于精神疾病的边缘，如有的人很容易受到偷窃的诱惑，只是他们从未意识到这一点，因为他们始终处于一个被监视的工作环境中，很少会意识到这种诱惑。例如，假设一家银行突然变得“自由”，取消所有的控制，解雇侦探，并给予员工充分的信任，那么，10 个人或 20 个人里面，肯定会有 1 个（我不知道确切的比例）首次意识到自己感受到偷窃的诱惑。其中一些人会存在侥幸心理，而屈服于这种诱惑。

这里重点要说的是，不要认为良好的环境会使所有人都成长为自我实现的人。某些神经症患者不会对这种环境做出积极的回应，某些类型的体质或气质的人也不太可能做出这样的回应。最后，在这个地球上，你几乎可以在任何人身上找到些许罪行，诸如小偷小摸、施虐等，而这些罪行正是在这些所谓的“良好环境”下被唤起的，尤其当人们受到信任并可以凭借自己的荣誉和诚信行事时。我想起了 1926 年至 1927 年，我在康奈尔大学读本科时，荣誉制度是如何运作的。令人惊讶的是，大约 95%（甚至更多）的学生对这个制度十分满意，并认为这个制度对他们来说十分有效。但总有少部分人不会受这个荣誉制度的制约，他们会利用它来抄袭、撒谎、作弊等。可见，当诱惑太大、风险较高时，荣誉制度仍然不能普遍使用。

原则上讲，以上所有的理念和技巧都可以应用于其他社会心理情境。例如，在大学环境中，我们可以通过教职员工、管理层和学生的抱怨来判断整个大学社区处于哪个层次。在这种情况下，人们可能会提出高于这个层次的抱怨，寻求满足。同样的情况也适用于婚姻，甚至可以用来判断婚姻状态的好坏，或者可以成为检验婚姻健康程度的一种方法，即通过婚姻中的抱怨和牢骚的层次来判断婚姻的美好程度。抱怨丈夫忘记给自己带花回来，或者抱怨丈夫在咖啡里放了太多糖的妻子，与抱怨丈夫打破自己的鼻子、打掉自己的牙齿或者给自己留下了疤痕的妻子，显然不属于一个层次。同理，儿童对父母的抱怨、儿童对学校老师的抱怨也存在这种情况。

我认为我可以对此做出一个总结，即人际关系的健康程度或发展水平可以通过评估抱怨和怨言的层次来判断。需要记住的一件事是，无论婚姻、学校、父母有多好，总有需要改进的地方，即总会有抱怨和牢骚的出现。我们应该理所当然地认为，有必要将这些抱怨按照正负面进行划分。也就是说，当人们无法满足基本需求时或当需求被剥夺时，会迅速抱怨，且这种抱怨十分尖锐、直接，而当这些需求很容易得到满足时，他们又会很快把其当作理所当然。换句话说，这些满足并不能带来欣赏或感激，即使当这些满足被剥夺时，它们可以真真切切地带来强烈的抱怨。与此形成鲜明对比的是，我们必须谈论积极的抱怨和关于改进的建议，这些通常是关于动机层次中更高层次的内容，即眼前的需求，以及下一个期望。

从原则上讲，我认为对这项关于怨言的研究进行延伸，先要收集极端情况下的恶劣老板和糟糕环境的真实案例。例如，我熟知的一个装修工，十分痛恨他的老板，他的老板总是吹口号叫他，而不是叫他的名字，这对他来说是一种侮辱，但他又找不到更好的工作。随着时间的推移，这种持续不断的蓄意侮辱，让他变得越来越愤怒。另一个例子是我大学时期在酒店餐厅工作时的经历。当时，我在度假胜地的一家酒店找了个暑期服务员的工作（大约在 1925 年），为此我还支付了去酒店的路费，但到了酒店，我被降级为低薪的餐厅杂工，而且拿不到任何小费。当时的情况是，我被欺骗了，没有钱回去，而且再找其他暑期工作太晚了。老板口头答应很快会让我成为服务员，我信了他的话。作为一个拿不到小费的餐厅杂工，我每月的收入大约只有 10 ～ 20 美元。而这份工作没有休息日，即每周要做 7 天，且每天工作 14 个小时。另外，这位老板还要求员工额外承担准备所有沙拉的工作，就因为负责沙拉的员工要迟一两天才能来。当大家额外做了几天这项工作后，问老板沙拉师傅在哪里，他说第二天就来。结果，直到两个星期后，沙拉师傅都没出现。显然，老板欺骗了所有人，他只是想通过这种方式节约成本。

最后，7 月 4 日（美国独立日）那天，酒店迎来了三四百位客人，老板要求我们在 4 日晚餐前连夜准备出精致的甜点，而这种精致的甜点做起来需要花费大量的时间。全体员工一开始都无怨无悔地做这件事，但在我们端上第一道菜之后，所有员工都走出了餐厅，辞去了工作。当然，这件事对员工来说，造成了巨大的经济损失，因为再想找一份好工作为时已晚，甚至有可能找不到任何工作了，但它所带来的出于仇恨而报复的满足感竟一直持续到了 35 年后的今天。这就是我所说的真正糟糕的环境，以及我所说的引发内战的条件。

总之，收集这种待遇、这种情况的案例，可以帮助我们列出一份清单，以便使管理良好的员工更深刻地意识到他们的幸福（通常他们根本不会把眼前的状况当作幸福，反而认为它们是理所当然的，这很正常）。也就是说，想要阻止他们抱怨，不如给他们列出一份真正的糟糕环境的清单，问问他们是否发生了清单上的不幸。比如，工作环境是否遍布虫子，是否太冷或太热，是否太吵闹、太危险，是否时刻担心有腐蚀性化学物质溅在自己身上，是否有受伤或被人攻击的危险，机器设备是否有安全防护措施，等等。想必所有人看到这份 200 个问题的清单时才会清醒意识到，没有出现这 200 个糟糕环境，那么这份工作已经不错了。

Part 6

第六部分

存在—认知

第十九章　关于纯粹认知的笔记

“suchness”是日语词语“そのまま”的同义词（这些描述可以在铃木大拙的书《神秘主义：基督教与佛教》中找到。从字面上来说，它指的是事物的“本来面貌”。它也可以用英语后缀“-ish”来表示，比如“tigerish”表示就像老虎一样，或者“nine-year-oldish”（像9岁一样）、“Beethovenish”（像贝多芬一样），或者德语词“amerikanisch”（像美国人一样）。这些都指的是物体的独有性特征，或者说是其特有的个体性质，使其与整个世界中的其他事物区别开来。

古老的心理学术语“quale”与“suchness”的含义类似，都与感觉有关。“quale”指的是无法描述或定义的特质，凭借这一特质，可以区分红色与蓝色。也就是说，红色的特质与蓝色的特质是完全不同的。

在英语中，当我们说某个特定的人“他就是这样！”时，我们是在暗示这是可以预料的，因为这是与他的本性和特质相符的，等等。

铃木在《神秘主义：基督教与佛教》中第一次将“そのまま”定义为“suchness”（日语的意思为“就是这样”），并随后暗示这与“统一的意识相同”，与“生活在永恒之光”的意思相同。他引用了威廉·布莱克的话，暗示在他说“让手掌持有无限，让瞬间拥有永恒”的时候，他正是在谈论“そのまま”，也就是“suchness”。在这里，铃木非常明确地暗示这种“suchness”或“そのまま”与“存在认知”（Being-cognition）是相同的，但同时，他暗示“以其本来面貌看待事物，就是具体的感知”。

科特·戈德斯坦在研究脑损伤患者时发现，这些人的感知方式非常具体。例如，在色彩视觉方面，他们失去了抽象认知的能力。这意味着，这些患者不再以一般的方式看待“绿色”或“蓝色”，而是将每种颜色视为独特的存在，与其他任何颜色无关，不属于任何连续体，也无法与其他颜色进行比较。每种颜色被感知为独一无二地存在于世界中的唯一实体，这种感知方式体现了“suchness”（事物的本质）中的一个要素，即不可比较性。如果我的理解正确，我们在讨论这一现象时需要谨慎，以免将戈德斯坦描述的脑损伤患者的具体感知与健康人的具体感知能力混为一谈。此外，我们还需要将此类具体感知与一般的存在认知区分开来。存在认知不仅包括对事物具体“suchness”的感知，还涵盖了抽象概念的理解，甚至是对整个宇宙的认识。

还有一点需要注意，就是要将上述内容与巅峰体验本身或者铃木所描述的悟道体验区分开来。例如，存在认知（B-cognition，即 B- 认知）总是在人们经历巅峰体验时出现，但在没有巅峰体验的情况下也可能会出现，甚至有时在悲惨的体验下也可能出现。此外，我们还必须区分两种类型的巅峰体验和两种类型的存在认知。首先，有帕克的宇宙认知或其他各种神秘主义者所描述的宇宙意识。在这种意识中，整个宇宙是可以被感知的，并且一切事物都被看作彼此联系的。我的研究对象用这样的话来描述这种体验：“我能够看到我身处宇宙之中，我能够看到我在宇宙中的位置；我能够看到我有多重要，也能够看到我有多渺小，因此它不仅让我感到谦卑，也让我感到自己很重要。”

“我绝对是这个世界不可或缺的一部分，我身处这个大家庭，或者说我是在这个大家庭内部的，而不是从外面看过来或与世界分离的，也不是从一个悬崖望向另一个悬崖，而是我置身于事物的核心，我属于这个大家庭，而不像一个孤儿，或者一个被收养的孩子，或者从外面通过窗户看进来的人。”

这是一种形式的巅峰体验和存在认知，我们必须将它们与另一种形式明确区分开来。在另一种形式中，出现了极度的痴迷状态，即特定对象的意识被极端缩小，缩小到只有一张脸、一幅画、一个孩子、一棵树等，其他事物完全被遗忘，甚至连自我也被完全遗忘。这时，痴迷程度甚至能让他深深遗忘这个世界上其他一切事物，从而产生一种超越的感觉。即使没有抵达超越，也至少产生一种自我意识陷入迷失的状态，或者感觉自我消失不见了，世界也消失不见了，这意味着感知对象成为整个宇宙。在那一刻，这个对象是世界唯一的存在。因此，现在适用于观察整个世界的所有感知法则都适用于观察这个我们如此痴迷但本身又被割断的对象，因为它已经变成了整个世界。这就是两种不同类型的巅峰体验和两种不同类型的存在认知。铃木随后在提到这两种体验时，并没有加以区分。有时，他会说能从一朵小野花中看到整个世界。有时，他会以宗教和神秘主义的方式，即开悟的方式谈论对上帝、天堂或整个宇宙的认知。

这种与世界割断和收缩的痴迷状态类似日本的“无我”

概念。在这种状态下，你正在全心全意地做着你正在做的事情，不去想其他事情，毫不犹豫，不批评、不怀疑、不压抑。这是一种纯粹、完美和完全自发的行为，没有任何障碍。只有当自我被超越或遗忘时才有可能发生。

这种“无我”状态经常被说成开悟状态，很多禅宗文献将“无我”描述为全身心地投入眼前事，如全心全意地劈柴。然而，信奉禅宗的人们将这种状态描述成与宇宙融为一体的神秘感。在某些方面，它们显然是不甚相同的。

因此，我们也应该对禅宗对抽象思维的这种攻击持批判态度。在禅宗看来，好像只有具体的“suchness”才有价值，而抽象只能是危险的。当然，我们不能同意这种观点。这将是自愿地将自己还原到具体的层面，而且会带来戈德斯坦所提到的不良后果。

从这些方面考虑的话，很明显心理学家不能把具体感知视为唯一的真相或唯一的真理，也不能把抽象看作唯一的危险。但我们必须记住自我实现的人既能够具体地看待事物，也能够根据情况进行抽象思考；而且他们能够在这两种方式中切换自如且享受其中。

铃木通过一个花朵的例子阐述了这一点。这朵花不仅仅以其具体的形态存在，还被视为神性的体现，散发着超越的光辉，象征着宇宙的整体。这里的花朵不但是一个简单的物体，而且被看作一种存在的认知，代表了整个宇宙，成了“存在王国”中的一部分。

与之相对的是，丁尼生在诗中摘下了那朵花，试图通过抽象分析来理解它。这种方法被铃木批评。相比之下，日本诗人通过保留花朵在自然中的位置，沉思它的“即物性”及其所处的环境，展现了一种更为整体和深刻的理解方式。这种观察强调了花与环境的联系，以及对事物本质的深入沉思。

铃木还引用了托马斯·特赫恩的一句话。第一句引用语非常适宜地说明了统一意识，即存在领域和匮乏领域的融合，第二句引用语也是如此。但在后面，问题开始了，铃木谈到纯粹状态，仿佛一种统一意识，即时间与永恒的融合，与特赫恩之前描述的孩子的原始纯粹的状态相似。铃木说这是为了重回伊甸园，复归天堂，那时智慧之树尚未结果。“正是因为偷食了禁果，知识之果，才导致我们不断求知的习惯。但从方法论的角度来看，我们从未忘记那原初的纯粹。”铃木将这种圣经上的纯粹，这种基督教的纯真概念与“suchness”的存在关联起来。我认为这是一个非常严重的错误。基督教一直对知识心存恐惧，就像伊甸园寓言中，知识是亚当和夏娃堕落的原因一样，自那以后基督教一直存在一种反智主义，一种对读书人、科学家等的恐惧心理，同时认为圣方济各式的纯粹比理性的知识更好。传统基督教在某些方面，甚至会有这样一种感觉，即这两者是相互排斥的，也就是说，如果你知道得太多，就无法拥有纯粹的信仰，且理所当然地认为信仰比知识更好，所以不应过多地学习、求学，或者成为科学家等。在我所知道的所有“原始”教派中，它们无一例外都是反智的，不信任学问和知识，仿佛这些东西“只属于上帝而不属于人类”①。

然而，无知的纯真与智慧的纯粹并不相同。而且，儿童的具体感知和感知事物本性的能力，绝对不同于自我实现的

① 我曾经猜测，这个传说中的“知识”也可能是指“知识”的隐性含义，即吃苹果可能意味着发现了被禁止的性，以这种方式失去了纯粹，而不是传统解释中的方式。因此，也许这也可以解释传统基督教的反性观念。

成年人。至少在这个意义上，无知的纯真和智慧的纯粹是完全不同的存在。

儿童尚没有被还原到能感知具体层面的东西，甚至也没有长大到能理解抽象层面的东西。儿童的纯真，出于无知。这与智慧的、自我实现的成年人的“第二纯粹”或“第二天真”完全不同。成年人已经了解了 D- 领域的全部真相，认识到了整个世界，知晓人世间一切罪恶、争吵、贫穷和眼泪，但他们又能超越它们，拥有统一的意识。在这种统一的意识中，他们看到了 B- 领域，看到整个宇宙的美，即使这里依然充满罪恶、争吵、眼泪。通过缺陷，或深陷缺陷之中，他们依然能看到完美。这与特拉赫恩所描述的儿童的无知的纯真完全不同。这种纯真状态绝对不同于圣人或智者所能达到的境界，这些人经历了 D- 领域，并没有止步于此，他们与之共事、与之搏斗，吃过苦头，但又能完全超越它。

这种成年人的纯粹或“自我实现的纯粹”可能与统一的意识有所重叠，甚至可能是同义的，其中 B- 领域与 D- 领域融合在一起。这是一种区分健康的、现实的、有知识的完美人性的方式，这实际上可以由强大、有力和自我实现的人实现，而这完全依赖对 D- 领域的充分了解。这与孩子的 B- 认知有着天壤之别，孩子是天真无邪的，对世界一无所知。这也与某些宗教人士，包括特拉赫恩所生活的幻想世界是不同的，在他们的幻想世界里，D- 领域是被整体否认了的（在弗洛伊德的意义上）。他们注视着它，却视而不见，不承认它的存在。这种不健康的幻想就像只看到“存在”，而没有看到任何“匮乏”。这是不健康的，因为它只是一种幻想，或者它根本就是建立在否认或幼稚的无知，缺乏知识和经验的基础之上的。

这相当于在区分高度涅槃与低度涅槃、向上的合一与向下的合一、高级还原与低级还原、健康还原与不健康还原。有些宗教人士企图制造诱惑，将对天堂的感知，或对存在的感知，视为对童年、对天真无知的还原，或者是对偷食禁果之前的伊甸园的还原。仿佛在说，知识会让你痛苦。这意味着“不如做个无知的人，这样就永远不会痛苦了”“那时你就会在天堂，回到伊甸园，与那个充满泪水和争吵的世界告别”。

但是这里存在一个普遍的事实：“你再也回不去了。”你不可能真正还原，成年人不可能变成孩子。你也不可能“删除”你已经习得的知识，也不能重新变回纯粹，一旦你看到了某些事物，就无法从意识中将其删除。知识是不可逆的，感知是不可逆的，认知是不可逆的，从这个意义上说，你再也回不去了。你不能真正回归，甚至不能完全放弃你的理智或力量，你不能渴望回到神话般的伊甸园，如果你是一个成年人，你不能渴望回到童年，因为时间不可倒流。对于人类来说，唯一可能的选择就是继续向前，继续成长，直到找到“第二纯粹”，找到复杂的纯粹，找到统一的意识，理解 B-认知，以便在 D- 领域中将其变为可能。人类只有依赖真知，依赖成长，通过完全的成熟，才能超越 D- 领域。

因此，有必要在此强调一下“suchness”与以下三者是有区别的：①陷入具体感知的人，包括脑损伤者；②尚未成长为能感知抽象的儿童的具体感知；③健康成年人的具体感知，且兼容抽象感知能力。

这种表述同样适用于华兹华斯式的自然神秘主义。儿童实际上并不是自我实现的良好模型，不是存在认知的良好模型，不是具体感知的良好模型，也不是“sonomama”或本性感知的良好模型。这是因为他们没有超越抽象感知，甚至还没有达到抽象感知的程度。

此外，对于迈斯特·埃克哈特、铃木，以及其他神秘主义的宗教人士，有必要指出他们所定义的统一意识的方式，即将永恒与现世融合在一起的方式，是通过完全否定现世来实现的。这些人在否定现实世界的边缘徘徊，却将神圣、永恒或神一样的东西当作唯一的现实。然而，我们只有在瞬间才能看到永恒，只有在世俗中才能看到神圣，只有透过D-领域才能看到B-领域。我还想补充一句，我们不能通过其他方式来看待它，因为就地理意义上说，不存在彼岸或与世界截然不同、不同于它本身、不同于亚里士多德意义上的非世界的存在领域。只有当下这一个世界，将B和D融合在一起的关键是能够同时保留这两种态度来认知这唯一的世界。如果我们没有保留这一认知，那么就会陷入“来世”谬论的陷阱中，最终变成一种关于天堂的神话，就好像存在一个我们可以看得见、摸得着、感受得到的地方。在那里，宗教成了超自然的存在，而不是现世、人本主义和自然主义的存在。

谈论B-领域和D-领域可能会让人误以为这种谈论指向的是实际的物理空间或实际的物理时间中相互分离、相互独立的两个领域，因此，我认为最好强调一下，B-领域和D-领域的谈论实际上是关于两种感知、两种认知、对一个世界的两种态度的谈论。我们最好探讨一下统一的态度，而不是统一的意识。通过将B-认知和D-认知的概念视为两种感知方式或感知风格，就可以避免铃木书中出现的某种混淆，即铃木认为有必要谈论转世、化身、轮回、灵魂等这类东西。这是将态度实体化为真实、客观事物的结果。如果我将这两种认知方式视为态度，那么这些转世、化身等说法就不再适用了，就像一个人在学习了音乐结构课程后对贝多芬的交响乐产生了一种新的感知方式一样。这也意味着，贝多芬交响乐的意义或结构在他上课之前就已经存在了，只因为这个人消除了某种无知，才终于可以感知了。现在他感受到了，因为他有了正确的态度，知道要寻找什么，如何寻找，可以看到音乐的结构和音乐的意义，以及贝多芬想要传达的情感和理念等。

第二十章　对认知的进一步讨论

存在认知的特征与世界认知的缺失[①]

B- 认知与 D- 认知的特性

B- 认知	D- 认知
(1) 视世界为整体、完全、自给自足、统一的。要么是宇宙意识（帕克），在这种意识中，整个宇宙被感知为单一的实体，自己属于其中；要么是看到的人、物体或世界的一部分，为整个世界，即除此之外，忘记世界上的其他一切。完整地感知统一性，感知到的世界或物体的统一	(1) 世界被视为部分，不完整、非自给自足的，依赖其他物质

① 本段摘自 Maslow 的《走向存在心理学》第 6 章。关于巅峰体验中的自我 B- 认知的特性，请参见第 7 章。

续 表

B– 认知	D– 认知
(2) 纯粹、完全、集中地关注；沉浸、迷恋、全神贯注；全身心地投入趋于将形象和背景大致区分开来丰富的细节；从多个角度观察全心全意地、强烈地，完全地、投入地观看。完全地投注感情相对的重要性变得不重要；所有方面同等重要	(2) 同时关注与之相关的所有因素明确的主体与背景分化，被视为与世界中的所有其他事物之间的关系，作为世界的一部分框定的；只从某些方面看；选择性关注并对某些方面不加注意；随便看，仅从某个视角观看
(3) 不进行比较。就其本身来看，独立地来看。与其他任何事物无关是本类别中的唯一成员（就哈特曼的意思而言）	(3) 放在连续体或系列中的；比较、判断、评估。作为实例、样本，视为一个类别的成员
(4) 与人无关	(4) 与人类关注点相关。例如，它有什么好处，可以用来做什么，对人有好处还是有害处，等等
(5) 通过反复体验而变得更丰富感知得越来越多。“客体内部的丰富性”	(5) 重复的体验使体验感变得贫瘠，降低其丰富性，使其变得不那么有趣和吸引人，消减其需求特性熟悉会导致厌倦
(6) 被视为不必要、无目的、无欲望、无动机的感知。被感知，但好像脱离了感知者的需求。因此可以被视为独立、具有自身价值的	(6) 有目的的感知。客体被视为满足需求的物品，有用或无用

续　表

B- 认知	D- 认知
（7）以客体为中心。忘我的、超越自我的、无私的、公正的。因此，以客体为中心。感知者与被感知者的认同和融合。如此沉浸和投入体验，以至于使自我消失，整个体验可以围绕客体本身作为中心点或组织点来组织。客体不受自我影响和混淆。否定感知者自身	（7）围绕自我组织，这意味着将自我投射到知觉中。感知不仅仅是对客体的感知，更是客体与感知者自我的融合
（8）允许物体自我呈现谦逊的、接受的、被动的、无选择的、无要求的道家思想，不干涉客体或感知让其顺其自然去接受	（8）感知者的主动塑造、组织和选择他改变它、重新设置它他，为此而努力工作。这比 B- 认知更令人疲惫，而 B- 认知还有消除疲劳的作用尝试、拼搏、付出、意志力、控制
（9）被视为目的本身，自我验证、自我评判。因其本身而具有内在兴趣具有内在价值	（9）手段、工具，没有固有的价值，只有交换价值，或代表其他东西，或是通往其他地方的门票
（10）超越时间和空间被视为永恒的、普遍的，“一分钟像一天；一天又像一分钟”。感知者在时间和空间上迷失了，也不注意周围环境知觉与周围环境无关非历史性	（10）在时间和空间中有时效性，有地域性在历史进程和现世世界中可被观察到的
（11）存在的特性被感知为存在的价值	（11）D- 价值是手段，即有用性、可取性与不可取性、适合某一目的评估、比较、谴责、赞同或不赞同、对其进行判断

续 表

B- 认知	D- 认知
(12)绝对的(因为超越时间和空间，因为与背景脱离，因为被视为其本身，因为世界和历史的其余部分都被遗忘)这与知觉过程和知觉内部的活体组织的感知是兼容的，但它严格限制在感知之内	(12)与历史、文化、性格学、当地价值观、人类的兴趣和需求相关可以感知到这是短暂的过渡。它的存在依赖人：如果人类消失，它也会消失整体上从一个综合体转移到另一个综合体，即它现在是这个综合体的一部分，现在是那个综合体的一部分
(13)二元对立、两个极端、冲突的解决不一致性被视为同时存在且有意义和必要，即被视为更高的统一或整合，或从属于一个超越分歧的整体	(13)亚里士多德式的逻辑，即将各个事物视为分离、割裂且彼此完全不同的，互相排斥的，经常带有敌对的利益
(14)具体(和抽象的)感知所有方面都一次性呈现因此，对于普通语言来说，它是难以形容的；如果可以描述，只能通过诗歌、艺术等来描述，但即使这样，只有已经有过同样体验的人才能理解本质上是美学体验(在诺斯罗普的意义上)。无选择、无偏好或选择以其实际情况来看(不同于小孩、不成熟的成年人或因脑损伤而具有具体感知的人，因为它与抽象能力共存)	(14)只是抽象的、分类的、图解的、规定的、概念化的回归到抽象化思维

续　表

B- 认知	D- 认知
（15）带有自身特性的客体；具体独特的实例不可能分类（除了抽象方面）因为它是这一类别的唯一成员	（15）法定的、普遍的、统计的合法性
（16）增加内外世界之间的动态同构。当一个人感知到世界的本质存在时，他同时更接近自己的存在；反之亦然	（16）同构性减少
（17）客体经常被感知为神圣的、圣洁的、“非常特殊”的它“要求”或“呼唤”敬畏、虔诚、惊奇	（17）客体“正常”的、日常的、普通的、熟悉的、没有什么特别的，“习惯性消失”
（18）世界和自我经常（但不总是）被视为有趣的、好玩的、滑稽的、好笑的、荒谬的、可笑的；但也同样深情笑（接近于泪）哲学式的幽默，世界、人等被视为可爱的、荒谬的、迷人的、讨喜的可能引起混合的笑与哭合并喜剧与悲剧的二元对立	（18）如果有幽默感的话，也是较低的形式严肃的事情，与有趣的事情完全不同，具有敌意的幽默，缺乏幽默感庄重
（19）不可交换不可替代其他人都不行	（19）可互换、可替代的

纯粹的认知（作为存在认知的一个方面）

在纯粹的认知中，即对于纯粹的人来说，一切都变得有可能发生；一切都同样重要；一切都同样有趣。想要真正理解这一点，最好的办法就是通过儿童的眼睛去看事情。例如，对于儿童来说，“重要性”这个词是没有什么意义的。任何引人注目的事物、任何闪闪发光的东西或偶然走入视线的东西与其他东西一样，没什么分别，即便有，也似乎只有最基本的结构和环境的区分（什么呈现为主体，什么退回到背景）。

如果一个人什么都不期待，没有任何预期或担忧，那么从某种意义上说他是没有未来的（因为儿童的活动全部发生在“此时此地”），所以也就不会有任何惊喜，也没有任何失望。一件事之后，就是另一件事，这是一种“完美的等待”，没有谁提出任何要求，也就是说关于一件事发生或不发生，没有任何预见性。因为没有预见性，也就意味着没有担忧，没有焦虑，没有恐惧或不祥的征兆。例如，儿童对疼痛的反应都是不加以控制的，他们的整个身体都会痛得尖叫。这可以理解为对此时此刻的具体反应。这是有可能的，因为对未来没有期望，所以不会准备迎接未来，也不会预演或期待未来。当未来是不可知的时候，也就没有了任何渴望（“我等不及了”），当然也就不会缺乏耐心。

在儿童身上发生的任何事情，都会不加质疑地完全接受。这是由于他们的记忆很少，能依赖的过去也很少，很少将过去带入现在或未来。结果是，儿童完全活在此时此刻，或者可以说是天真无邪的，或者是完全没有过去和未来的。这都是进一步定义具体感知，和儿童的存在认知，以及已经成功达到“第二天真”的复杂的成年人偶然的存在认知的方法。

这与我提出的创造性人格的概念相关，即这样的人完全生活在此时此刻，没有过去或未来。换句话说：“创造性的人是天真的。”天真可以定义为一个仍然可以像儿童那样感知、思考或做出反应的成年人。正是这种天真在“第二天真”中被找回，或者我也许会称之为成功恢复了像儿童一样的能力的智慧老人的“第二天真”。

纯粹也可以被视为对存在价值的直接感知，就像安徒生的童话中，所有的成年人都被愚弄，认为国王穿着衣服，只有那个男孩子能指出国王没有穿衣服（就像阿希从众实验）。从行为方面看，天真是在痴迷状态下的不自觉的反应。这意味着缺乏自我意识，意味着失去自我或超越自我。然后这样的行为完全是由有趣的外部世界所引发的，这意味着“不试图对旁观者产生影响”，即没有设计或预谋，甚至没有意识到自己是被审视的对象。这样的行为是纯粹的经验，而不是为了实现某种人际关系而采取的手段。

Part 7

第七部分

超越与存在心理学

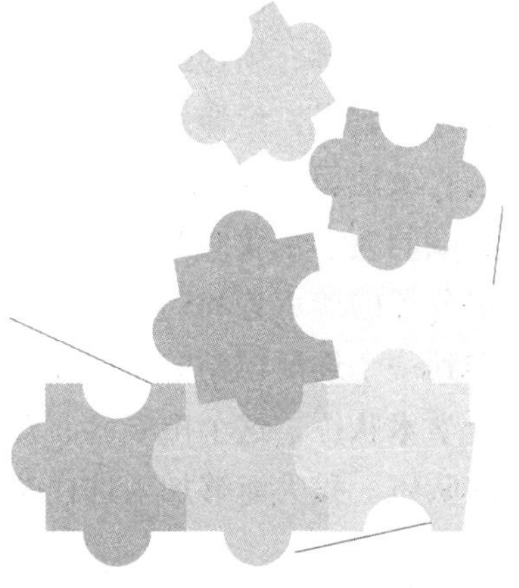

第二十一章 “超越”的多种含义

1. 超越是在自我意识、自我觉察以及青春期人格解体型的自我观察意义上的丧失。这与被吸引、被迷住、集中精力时的忘我属于同种类型。从这个意义上讲，对心灵之外的东西进行冥想或集中注意力，可以产生忘我境界，并因此丧失自我意识，这是特定意义上的超越了自我或超越了意识的自我。

2. 超越在形而上学的意义上是超越自己的皮肤、身体和血液，仿佛与存在价值相同，使它们成为自我的内在部分。

3. 超越时间。例如，我在一个学术典礼上感到无聊，我觉得戴着学士帽、穿着礼袍有点可笑，突然我就变成了一个永恒的符号，而不仅仅是此时此刻这个特定时刻和特定地点的一个无聊、烦恼的个体。我展开了想象，这条学术队伍无限延伸起来，延伸到遥远的未来，远到我看不见的地方，站在它最前面的是苏格拉底，意味着那些已然矗立在遥远队列前端的人，是我们的先辈，而我是所有伟大学者、教授和知识分子的继承者和追随者。然后，我又想象我身后的队伍延伸到一个逐渐模糊的无限中，有一些还未出生的人将加入这个学术队伍，这个由学者、知识分子、科学家和哲学家组成的队伍。我为能够加入这样的队伍而激动不已，感受到了它的庄严肃穆，而我的礼袍，让我感到作为其中一员的荣耀。也就是说，我成了一个符号，成了某种象征，独立于我的肉体之外。我不仅仅是一个独立个体，我还是永恒教师中的一个“角色”。我是教师的柏拉图式的实质。

这种超越时间的感觉在另一种意义上也是真实的，即我可以极其个人的充满深情的方式与斯宾诺莎、亚伯拉罕·林肯、杰斐逊、威廉·詹姆斯、怀特海等人建立友情，就仿佛他们仍然活着似的。也就是说，他们完全可以通过某种方式仍然活在我们中间。

从另一种意义上，人可以超越时间，即为尚未出生的子孙后代和其他后继者努力工作。这在艾伦·威利斯的小说《探索者》中有所描述，他让主人公在临死之际想到，他还可以为后人栽树。

4. 超越文化。从某种特定的意义上说，自我实现的人，或称超越自我实现的人，就是普遍意义上的人，是人类的一员。他根植于某种特定的文化，但他超越了那种文化，可以说在各种方式上独立于这一文化，并从高处俯视它，就像一棵树根植于土壤中，其枝杈高高展开，使其能够俯视土地。我曾写过一篇文章是探讨自我实现者对文化适应抵抗的。人可以某种超脱、客观的方式审视自己所植根的文化。这与心理治疗的过程相似，体验的同时，进行一番自我观察，且持某种批判、评论或超脱的态度，从而可以批评、赞成或反对并控制它，因此就有了改变它的可能性。一个人对文化的态度，以及他有意识地接受的文化的部分，与盲目、不加区分地与文化完全认同的态度大不相同。

5. 对过去的超越态度。人们可以采取两种不同的态度来面对自己的过去。一种是超越性的态度，意味着人能够接受并融合过去到现在的自我中，实现对自己的完全接纳。这种态度包括因理解自己而实现的自我宽恕，能够超越遗憾、后悔、内疚、羞愧和尴尬等负面情绪。这与另一种观点形成对比，后者认为个人对过去的事件无能为力，一切都是外部因素所决定。超越性态度实际上是一种对过去承担责任的表现，意味着把自己视为一个行动者，就如同在现在仍然是行动者一样。

6. 超越自我。当我们回应外部的任务、原因、责任以及对他人和现实世界的义务时，实际上达到了超越自我、自身利益和自私的状态。在履行职责时，也可以视为从永恒的视角出发，代表了一种超越自我的低级需求。这是一种超越动机的体现，是对行动呼唤的认同，反映了对超心理需求的敏感性。这同样体现了一种道家的生活态度，意味着与超心理现实和谐共处，仿佛与之合为一体。

7. 超越作为一种神秘体验。不管是与某人、整个宇宙还是介于两者之间的任何事物融合的神秘体验，都是超越的一种形式。这里讨论的是宗教文献中经常描述的那种神秘体验。

8. 超越死亡、痛苦和邪恶。当个人达到足够高的意识水平时，他们可以与死亡、痛苦等达成和解。从奥林匹斯诸神或如神一般的视角看，所有这些都是必然的，并且是可以理解的。达到这种境界意味着苦难、反抗、愤怒和怨恨可能会消失或至少大为减少，正如在存在意识中所能实现的那样。

9.（与上述重叠）超越是完全接受自然世界，以道家的方式保持其本真，这是自我低级需求的超越。也就是说，超越自我肤浅的需求，超越自我中心对外在事物的判断，如危险与否、可食与否、有用与否等。这是“客观地看待世界”

这一说法的最终意义。这也是存在意识的一个必要方面。存在意识意味着一个人对自我、低级需求、自私等的超越。

10. 超越我们与他们的对立。超越人与人之间的零和博弈（一方得益，另一方必然失利）。这意味着上升到协同效应的水平（人际协同效应、社会制度或文化的协同效应）。

11. 超越基本需求（要么满足它们，使它们从意识中正常消失；要么主动放弃这种满足感并征服需求）。这是另一种“主要由超越的动机驱使”的方式。它暗示着对存在价值观的认同。

12. 认同之爱表现为一种超越，比如对孩子或朋友的无私之爱，超越了自私自利。它扩展了我们的认同圈，使我们能够与更多人建立联系，最终达到与全人类的认同。这种爱促进了更为包容的自我，使我们体验到自己是人类大家庭的一员。

13. 安吉亚尔类型的宏观例子展示了从高级到低级的各种情况。

14. 超越限制的比喻包括“脱离旋转的木马”“穿越屠宰场而不沾血腥”“出淤泥而不染”。这意味着超越广告、束缚、奴役等的影响，保持独立和清醒。即便面对集中营等极端情况，人们也能从更高的角度客观观察，保持对人性的同情和宽恕。

15. 超越他人意见意味着坚持自我决定，即使面对不受欢迎的情况，也能做出自主的选择。这种人能够抵抗社会压力、宣传和标签，真正成为自己，不受外界影响。

16. 超越弗洛伊德的超我，实现内在良知和责任感，达到真正的懊悔和适当的羞愧水平。

17. 超越个人的弱点和依赖，成为自己的母亲和父亲，即成为一个负责任和有能力的成年人，超越孩提状态。

18. 从科特·戈德斯坦的视角看，超越当前情境，意味着看待存在的可能性，而不仅仅局限于当前的实际情况。

19. 超越二元对立，从对立中升华到一个更高的整体理解，实现分层整合，超越简单的分割。这种超越帮助我们将宇宙视为一个统一的整体，从而理解自私与无私、男人与女人间、父母与子女、教师与学生等二元对立的和谐统一。

20. 在 B- 领域中超越 D- 领域。（当然，这与其他任何种类的超越都有重叠。事实上，它们彼此之间存在重叠。）

21. 超越自己的意志（为了“你的意志，而不是我的意志”）。屈服于自己的命运或命中注定，并与之融合，像斯宾诺莎或道教那样接受它，热爱它，深情地拥抱它。这是超越个人意志，掌控它，并按需采取措施的表现。

22. “超越”这个词也意味着“超过”，简单地说，就是能够做到比自己认为能做到的或过去做到的更多。例如，跑得比以前更快，成为一个更好的舞者或钢琴家，成为更好的木匠，等等。

23. 超越也意味着变得神圣或像神一样超凡脱俗，超越了人类的水平。但在这里必须小心，不要因这种说法而将任何东西神化或超自然化。我正在考虑使用“超人”或“B- 人”这样的词，以强调这种变得非常高或神圣或超凡的能力，尽管在现实中很少看到，但它仍然是人性的一种潜能。

24. 超越“我们”与“他们”或“我们—他们”之间的二元分化的民族主义、爱国主义或民族中心主义，或者阿德里的“敌意—友情”复合体。例如，皮亚杰描述的一个日内瓦小男孩，他无法想象自己既是日内瓦人又是瑞士人。他只能认为自己要么是日内瓦人，要么是瑞士人。要达到更具包容性和更高级的状态需要进一步的发展和整合。我对民族主义、爱国主义或自身文化的认同并不意味着与我对人类或联合国的更具包容性和更高级的爱国主义的认同相冲突。事实上，这种更高级的爱国主义不仅更具包容性，还更为健康，更具人性，而不是被视为与其他人相对立或排斥他人的严格的地域主义。也就是说，我可以是一个好的美国人，并且必须是一个美国人（这是我成长环境赋予我的文化，我永远无法摆脱它，也不想为了成为一个世界公民而摆脱它）。要强调的是，那些没有根基的、不属于任何地方的、完全而仅仅是世界性的世界公民并不如那些生长在一个家族、从属于特定的地方、具有独特语言和独特文化的世界公民更好。为了满足更高的需求和超越的需求，必须要有归属感。成为人类的完整成员并不意味着否定较低的层次；相反，它意味着必须包含他们所处的不同层次的整合，如文化多元论。享受差异性，享受不同的餐馆和不同的食物，享受到其他国家旅行，享受对其他文化的人类学研究，等等。

25. 超越可以意味着生活在 B- 领域，使用 B- 语言，获得 B- 认知和稳定的生活。它可以意味着平静的 B- 认知，以及高潮的巅峰体验式的 B- 认知。在洞察、伟大的转变、神秘的体验、重大的启示或完全的觉醒之后，当新奇消失，人们开始习惯于美好或伟大的事物时，就可以收获平静，仿佛重返伊甸园，安详、永恒、无限。对于已经觉醒并习惯于这种转变的人，也就是说那些生活在伊甸园中的人，需要用一种措辞来表述这种转变或启示。这样觉醒的人通常会以统一的方式或存在认知的方式获益，就像日常生活一样，但是否要这么做取决于他们是否想这么做。这种平静的 B- 认知或平稳认知是受他们自己控制的。人们可以根据自己的意愿打开或关闭它。

实现完全的人性，或终结，或作为一个目标本身，这都是超越的例子。

26. 达到道家的（B- 层次的）客观性，这超越了非参与、中立、不关心、旁观者类型的客观性（它本身超越了纯粹的以自我为中心和不成熟的非客观性）。

27. 超越事实与价值之间的分裂。事实和价值融为一体（参见第八章）。

28. 对负面事物（包括邪恶、痛苦、死亡等，但也包括更多）的超越，在巅峰体验的报告中可以看到，人们接受世界是美好的，并能主动与所感知到的邪恶和解，但这也是对抑制、阻塞、否认和拒绝的一种超越。

29. 超越空间。最简单的意义是，人们对某事物过于专注时，常会忘记自己身在何处。但这可以升华到最高的意义，即一个人对整个人类产生认同，因此地球另一端的同胞也成为他的一部分，从某种意义上说，一个人就表现为既在这里，又在地球的另一端。存在价值观的投射作用也是如此，因为它们无处不在，而它们是自我定义的典型特征，所以一个人的自我也就成了无处不在的。

30. 与上述几点重叠的是超越努力和追求、愿望和希望、任何有方向或有意图的特性。最简单的意义是，这是对满足状态的纯粹享受，是对希望的实现和获得、对达到目标而不是努力到达那里、对已经到达而不是朝向目标旅行的享受。这也有“命运使然”的意味，或者加勒特夫人使用的“极度无所谓”的说法。这是一种道家的感觉，即让事情自然发生而不是强迫它们发生，并对这种不去追求、不去期望、不去干预、不去控制、无欲无求的状态感到十分快乐的感觉。这是超越野心、超越功利的状态。这是拥有的状态，而不是没有的状态。那么，在这种状态下，一个人就自然不缺少任何东西。这意味着人们可以转为满足、幸福和对现状的满意的状态，纯粹欣赏，纯粹感激。好运、幸运、感恩的状态，且不求回报的感恩。身处一个终结状态意味着超越了各种方式的手段，但这必须仔细地阐释清楚。

31. 从研究和治疗的角度来看，值得注意的是从特殊的超越中挑选出来的，那就是超越恐惧进入无所畏惧、充满勇气的状态（两者并不完全相同）。

32. 巴克的宇宙意识理论也很有用。这是一种特殊的现象学状态，在这种状态下，个人以某种方式感知整个宇宙，或至少感知宇宙的统一和整合，以及其中的一切事物，包括他自己。然后他觉得他似乎有权归属宇宙，成为大家庭的一员，而不是一个孤儿。他有权在宇宙内部占有一席之地，而不是只站在外面张望。宇宙的浩瀚，让他感到了自己的渺小，但因为他在这里有绝对的权利，所以又让他觉得自己很重要。他是宇宙的一部分，而不是什么陌生人或入侵者。在这里，他获得了强烈的归属感，与被放逐、隔离、孤独、被拒绝、没有根基、不属于任何特定地方的感觉形成鲜明对比。在这样的感知之后，显然，人可以永久地感受到这种归属感，觉得自己拥有一席之地、拥有绝对的权利，等等。

33. 或许应该专门陈述超越的特殊意义，即对 B- 价值观的投射和认同，以及之后主要受它们驱动的状态。

34. 人们甚至可以在非常特定的意义上超越个体差异。对个体差异的最高态度是意识到它们、接受它们，但也享受它们，并最终为它们是宇宙美妙性的一个实例而深怀感激——认识到它们的价值，并对个体差异感到惊奇。这是一种更高的态度，因此我认为这也可以作为一种超越。但是，与这种对个体差异的终极感激之情完全不同的是，另一种态度超越了个体差异，认识到人类的基本共同性和相互归属感，以及与各类人种属性的认同，在终极的人性或种族中，意识到每个人都是自己的兄弟或姐妹，那么个体差异甚至性别之间的差异就可以一种非常特殊的方式被超越了。也就是说，有时候人们可能很容易意识到个体之间的差异；但在另一个时候，相对于人与人之间的普遍人性和相似性而言，人们可能会认为这些个体差异在那一刻相对不那么重要了。

35. 对于某些具有理论研究目的的特殊种类的超越是向人类的极限发起挑战，超越人类的不完美、缺点和局限。这要么在完美的终极体验中出现，要么在完美的平稳体验中出现，这时，一个人可以是目标本身、一个“神”、一种完美、一种本质、一种存在，是（而不是成为）庄严而神圣的。这可以表述为超越日常的、普通的人性或超人性等。这可以是一个实际的现象学状态，可以是一种认知方式，也可以是哲学或理想中的一个预设的极限（如柏拉图式的本质或思想）。在这样的高强度时刻，或者在某种程度上的平稳认知中，一个人可以变得完美，或者可以被看作完美的。例如，在那一刻，我可以爱所有人，接受所有人，原谅所有人，甚至与伤害我的邪恶和解。我可以理解并享受事物的现状。然后，我甚至可以主观感受到与之相当的，只被归因于神的那种主观体验，即全知、全能、无所不在（在某种意义上说，人在这种时刻可以幻化为神、圣人、神秘主义者）。为了强调这是人性的一部分，哪怕是最好的部分，所用的恰当的词语就是超越人性。

36. 超越个体自身信念、价值观或信仰体系。由于在心理学中的特殊处境，第一力量、第二力量和第三力量被许多人视为相互排斥的，这是值得单独讨论的问题。不过，这种看法必然是错误的。人本主义心理学更倾向于包容而非排斥。它是后弗洛伊德派和后实证主义科学。与其说这两种观点是错误的，不如说它们是局限和片面的。它们的本质非常适合融入更大且更包容的结构中。当然，将它们整合到这种更大、更包容的结构中，肯定会在某些方面改变它们、纠正它们，指出它们的某些错误，但会容纳它们最本质的特质，即使这些特质存在局限性。在知识分子之间，可能存在“敌意—友情”复合体，那些对弗洛伊德、克拉克·赫尔的忠诚，或者对伽利略、爱因斯坦、达尔文的忠诚与尊敬，可以成为一种地方性的排外的爱国主义，人们因此而形成一个俱乐部或兄弟会，为的是排除一些人而不是接纳某些人。这是包容性或层次性整合或整体论的一个特殊案例，但这对心理学家、哲学家、科学家和其他学术领域的学者是有益处的，因为该领域依然倾向于划分所谓的“思想学派”。这就是说，人们可以采取二元对立或整合的态度来谈论某个学派的思想。

在此，对本章进行一个简明扼要的总结：超越指的是人类意识、行为和关系的最高级、最包容和最整合的层次，对自己、对重要的人、对普遍人类、对其他物种、对自然和对宇宙而言，它是作为目的而非手段的。（这里假定了层次整合的整体观念；同样，也假定了认知和价值的同构性。）

第二十二章　Z理论

我最近发现越来越有必要区分两类（或更好地说，两种程度）的自我实现者了：一类是那些明显很健康但很少或没有超验经历（超越性经验）的人，另一类是那些超验经历对他们来说很重要，甚至具有核心意义的人。第一类健康的人，我可以列举出来的有埃莉诺·罗斯福夫人、杜鲁门和艾森豪威尔。第二类人，我可以列举出奥尔德斯·赫胥黎、施韦策、布伯和爱因斯坦。

遗憾的是，在这一层面上，我无法进行理论性的简单分类了。我发现不仅是自我实现的人在超越，那些非健康的人、非自我实现的人也存在十分明显的超验经验。就我所定义的这个词的意义来讲，我似乎在许多非自我实现者之外的人中也发现了某种程度的超越。更好的技术和更好的概念有待开发，到时我们会发现更为普遍的超越现象。我在这里报告的只是我在初步探索中获得的初步印象。我的初步印象是，超越认知不仅仅停留在自我实现者中，在高度创造性或有才华的人、高度智慧的人、性格坚强的人、有权力和责任感的领导者和管理者、特别善良（有品德的）的人和“英雄般的”人中都能找到超越性认知。

在某种尚未知晓的程度上，后者（有超验的自我实现者）

是我所说的“巅峰者”而非“非巅峰者”，是肯定者而非否定者，是积极生活的而非消极避世的（按照莱希的意义），是对生活充满热情而不是厌倦或愤怒的。

前者，也就是健康的自我实现者，通常是非常务实、现实和世俗的人，他们的生活重心在于满足当前的需求和认知，这是一种以实际、具体、立即和实用的方式看待人和事物的生活方式。这种人生观把人或事物视为满足需求的资源或障碍，即有用或无用、有益或有害、重要或不重要的存在。“有用”的概念既包含对生存有利的方面，也包括有助于自我实现和从基本需求中解放的方面。具体来说，这种生活方式和世界观不仅源自基本需求层面（如生理需求、安全、归属感、尊重和自尊），也源自个人特有潜能的需求（如身份认同和真实自我的实现）。这类人能够有效地掌握和利用现实世界，以实现积极的目标，他们更倾向于行动而非沉思，注重效率和实际成果。

后者，存在超越倾向的人对存在领域有更多的觉察，更多地生活在目的和内在价值的层面上，受到超越动机的推动，并经常体验到统一意识和巅峰体验，这些体验伴随着对世界和自己的深刻洞察和认知的改变。这类人不仅满足于健康的自我实现者所追求的目标，还追求更高层次的存在状态。

对于那些基本满足了麦格雷戈的 Y 理论期望的“仅仅是健康的”自我实现者而言，他们的生活符合 Y 理论的描述。然而，超越自我实现的个体不仅满足了 Y 理论，还超越了 Y 理论的范畴。为了方便描述，我们可以将这类人置于所谓的 Z 理论层次上，这个理论位于 X 理论和 Y 理论之上，形成一个层次结构，代表着更高的存在状态。

显然，我们在这里处理的是非常复杂的问题，事实上，是一个关于生活哲学的问题。对这一问题的扩展和详细的论述需要更多的章节。

所以，我想借助表 1 做一个简短的开端。我在基思·戴维斯制作的简易表格的基础上，进行了扩展。虽然它不能说是简明易懂的，但我认为真正好奇或感兴趣的人一定可以了解我试图传达的内容。更详细的论述可以在参考文献中列出的书目和文章中找到。

最后提醒：我们应该注意，这种按级别分层进行的排序，留下了一个复杂的、尚未解决的问题，就是以下进展或层次之间重叠和相关的程度。

1. 需求的层次结构（可以按照埃里克森式的方式理解为在时间进程中达到危机，或保持年龄恒定不变）。

2. 从婴儿期到儿童、青年、成年、老年的基本需求满足的进展，在任何时候都是不变的。

3. 生物学、种系的进化。

4. 从疾病状态（萎缩、发育迟缓）到健康和完全人性。

5. 从在恶劣的环境条件下生活到在良好的环境条件下生活。

6. 从本质或一般意义上（生物学家意义上）来说的“不良样本”到在动物管理员意义上的“优良样本”。

当然，所有这些复杂性使得“心理健康”这一概念比通常意义上的更加模糊，这使我们不得不加强使用“完全人性”这一概念以适用于所有这些变种，使其没有任何障碍。反之，我们也可以使用“人性的萎缩或发育不全”这一概念，来替代不成熟的、不幸的、病态的、天生有缺陷的、弱势的等。“人性萎缩”涵盖了所有这些意思。

组织管理水平与其他层次变量间的关系[①]

	专制型	保守型	激励型	合作型	Z 理论的组织管理和超越
取决于	权力	经济资源	领导艺术	互助、敬业	对存在和存在价值的无私奉献
管理导向	权威	物质奖励	鼓励	整体化	无论发起者还是跟随者，假设所有人都能无私奉献
员工导向	服从	安全	绩效	职责	赞美，热爱，接受实际优势
员工心理	依赖个人	依赖组织	参与	自律	奉献，自我牺牲
员工需求的满足	生存保障	生活费用	高级	自我实现	超越性需求，存在价值
精神面貌	顺从	满足	有积极性	献身于工作和团队	献身于存在价值
与其他思想理论的关系					
麦格雷戈理论	X 理论		Y 理论		Z 理论

① 该表格是作者在基思·戴维斯的表格基础上有所添加完成的。

续 表

	专制型	保守型	激励型	合作型	Z理论的组织管理和超越
马斯洛的需要优先模式	生理需求	安全保障	中级	高级	超越需求，存在价值
赫茨伯格因素	维持生活	维持生活	动机	动机	
W.H. 怀特命题		组织管理者			
布莱克和莫尔顿的管理网格	9.1	3.5	6.6	8.8	
动机环境	外在的	外在的	内在的	内在的	融合的
动机风格	消极的	在工作中大多是中立的	积极的	积极的	
管理风格	专制的	中立的	参与的		首位的，卓越的；超越个人的，自愿放弃权利
个人发展的模式水平	所有者	老板，父亲，家长	不成熟的平等	健康的，成熟的	超越的；超越个人的存在水平

续 表

	专制型	保守型	激励型	合作型	Z理论的组织管理和超越
人的形象	被利用的事物，可以替换的，非个体性；所有者	宠物，孩童，玩偶，或仁慈的独裁者	共同利益和共同需求得以满足的伙伴关系；缺失的爱	每个人都是一样的；强烈的认同感；独立个体之间的联合；真正的自我；自我实现	贤者，圣人，政治家，自由主义者；神秘主义者，菩萨，正义，宗教式的奉献，赫拉克利特式的
客观性	不相容的，拥有的，不认同的，客观的拥有，客观的旁观者			客观—存在—爱—融合	道家的客观性，超越的客观性，不干预的客观性，爱的客观性
政治策略	奴隶，所有物	家长制的	为了共同的利益而联合	议员制的；每个人都相同；完全的自主权	存在的政治策略；无政府主义；存在的谦卑；分权，非人性，超越人性

续 表

	专制型	保守型	激励型	合作型	Z 理论的组织管理和超越
宗教性	恐惧与愤怒之神	父权之神	爱与仁慈	人本主义	超人本主义（以宇宙为中心，而不是以人类为中心）
男性与女性	占有者，剥削	责任和情感的占有者	爱与仁慈；彼此需求的满足	彼此尊重；平等；存在的爱；完全的自主权	存在的爱；融合；轻松自如的状态
经济	维持生存；实利主义；满足最低需求的经济活动	仁慈的占有者；贵族式的恩惠	民主的，伙伴式的；较高需求的经济活动	伦理经济学，道德经济学；统计报告制度中的社会指标	无政府主义，分权制，存在价值是最高价值；精神经济学；超越性需求经济学；超个人经济学
科学水平	物化的科学	低于人类的科学—人本主义科学			超人类的科学，以宇宙为中心的科学和超个人的科学
价值水平	脱离价值	低于人类的“价值”—人本主义价值			超人类的价值，存在价值，宇宙价值

续 表

<table>
<tr><th></th><th>专制型</th><th>保守型</th><th>激励型</th><th>合作型</th><th>Z理论的组织管理和超越</th></tr>
<tr><td>方法</td><td colspan="5">原子论的—二元对立的—还原的—分析分层次的整体论；协同作用；整合的</td></tr>
<tr><td>畏惧与勇气</td><td colspan="4">畏惧—勇气</td><td>勇气和畏惧的超越；勇气与畏惧</td></tr>
<tr><td>人性的程度</td><td colspan="4">削弱的人性；不健全的—完全的人性</td><td>超越人类的一切限制；超越个人的</td></tr>
<tr><td>矢量方向</td><td colspan="5">倒退，形成—进步—成长—存在</td></tr>
<tr><td>优越性</td><td colspan="5">优越程度的增长</td></tr>
<tr><td>心理健康</td><td colspan="5">完全人性—健康与人性程度的增长</td></tr>
<tr><td>教育</td><td>培训</td><td>主导性教育，外在教育</td><td>共同的教育</td><td>内在教育，即兴教育；充满信心地面对未知的情况</td><td>超越人类限制的教育，个性化教育，道家的教育；赫拉克利特式的人；奉献；拥抱命运；责任</td></tr>
</table>

续 表

	专制型	保守型	激励型	合作型	Z理论的组织管理和超越
治疗师与治疗水平	外科医生	兽医；家长式的权威；发号施令	仁慈而全能的慈父；像镜子一样	存在主义的；同事般的，兄长般的；发现认同，发现命运，发现价值	道家式的指引；咨询顾问；圣贤；存在价值的分享；菩萨；公义；悲与爱的同情心
性	肮脏的，邪恶的，单方面的，短暂的；糟蹋地利用	“本能的”，世俗化的	因爱而性；狂喜，欢乐	圣洁的；通往天堂的途径；密宗的	天堂的存在状态。超越性欲的
沟通风格或水平	命令式的	命令式的		相互关系	存在的语言
怨言的水平	低	中等		高	超级怨言
报酬；工资；奖励	物资和财产	现在和未来的安全保障	友谊，情感，团队归属感	尊严，地位，荣耀，赞誉，光荣，自由，自我实现	存在价值；正义；美，善，卓越，完美，真实，等等；巅峰体验，高原体验

超越者和健康者之间（在程度上）的差异

非超越的自我实现者和超越的自我实现者（或称 Y 理论人和 Z 理论人）在自我实现的特征上有许多共同点，唯一的例外体现在是否有巅峰体验、B- 认知以及阿斯拉尼所说的平稳体验（宁静的和冥思的 B- 认知，而不是高潮般的体验）的存在或缺乏，或者更可能的是这些体验在数量和重要性上的差异。但我有一种强烈的感觉，即非超越的自我实现者不具有或者比超越者更少地具有以下特征：

1. 对于超越者来说，巅峰体验和平稳体验是他们生活中最重要的事情，甚至是他们生命中的高光时刻，是验证生活的方式，是生活中最宝贵的东西。

2. 超越者能够轻松、自然地使用那些诗人、神秘主义者、先知和深信教义的人士所特有的存在性语言（B- 语言）。因此，他们对寓言、比喻、悖论、音乐、艺术和非语言交流有更深的理解。

3. 这些个体能够以一种统一而神圣的方式看待世界，即使在最日常的场景中也能感受到万物的神圣的一面。他们能够在永恒的视角下看待一切，这种能力并不排斥对现实的良好判断。

4. 他们由超越动机驱动，更多关注存在的价值和将事物同时视为事实和价值，如完美、真理、美、善、统一和超越二元对立等。

5. 他们似乎在首次见面时就能相互认出并迅速达到亲密相交和互相理解，不仅可以通过言语交流，也能通过非言语方式沟通。

6. 他们对美的敏感度更高，倾向于美化一切，包括识别和欣赏传统意义上不被视为美的事物的美。

7. 与健康的自我实现者相比，他们对世界有一个更整体的观点，超越了国家利益、世代信仰或人类之间的差异等概念，更容易、更本能和自然地接受所有人为兄弟姐妹。

8. 他们在心理、人际关系、文化和国家层面上展现出更强的协同倾向，超越了自私与无私的二元对立，推动竞争和零和游戏向合作和共赢转变。

9. 这样的人更容易超越自我和个人认同。

10. 这类人不仅可爱，如同所有高度自我实现的人一样，他们还可能更受尊敬、更显超凡脱俗、更具神性和圣洁，经常令人赞叹“这是一个伟大的人”。

11. 所有这些特质相结合后，超越者更倾向于成为创新者、新事物的发现者，健康的自我实现者则更容易在“现实世界”中做好必须做的事情。超越体验和启示给人带来了对 B- 价值观、理想、完美、什么应该做、实际上可能是什么、存在的潜力等方面更为清晰的视野，因此也带来了对可能实现的事物的认知。

12. 我有一种模糊的印象，那些超越者并不如健康的人“快乐”。他们可能更加欣喜若狂，更加陶醉，也比那些健康快乐的人更能体验到更为高级的“幸福”（这个词还是太弱）。但有时我觉得，他们或许更容易，甚至更倾向于对人们的愚蠢、自我摧毁、盲目、自相残杀、短视产生宏观的哀伤或存在的哀伤。这或许是由于超越者能清晰而鲜活地看到现实与理想世界之间的对比，而理想世界在理论上容易实现。也许，这是这些超越者为了直接看到世界的美丽、人性中可能的神性、人类不必要的邪恶、美好世界显而易见的必要性。例如，建立世界政府，协同的社会制度，为了人类的善良而不是拥有更高的智慧或某种原子化工作的专业性而施展教育。任何超越者都可以坐下来，在 5 分钟内写出一个实现和平、兄弟情谊和幸福的处方，且这个处方是可行的，是完全可以实现的。然而，当他看到这些事情并没有被实践，或者非常缓慢地实践，以至于还未实现，灾难可能率先到来，那么他们自然会感到悲伤、愤怒或不耐烦。但与此同时，从长远角度来看，他们还是满怀乐观精神的。

13. 关于自我实现学说固有的“精英主义”的深层次的冲突。毕竟，在进行比较时，超越者比仅仅是健康的自我实现者更优越，所以也更容易解决（至少能更好地控制）。这得益于他们能更容易地同时生活在 D- 领域和 B- 领域中，他们也更容易地神圣化每一个人。这意味着他们可以更容易地调和两方面的矛盾，一方面是在 D- 领域中对某种形式的现实检验、比较、精英主义的绝对需求（你必须为了做好工作选择一个技艺高超的木匠，而不是一个笨拙的木匠；你必须区分罪犯和警察、病人和医生、诚实的人和撒谎者、聪明的人和愚蠢的人），另一方面则是每个人都拥有无限的潜能，拥有不可比的神圣性。从实证和实际需求的意义上说，卡尔·罗杰斯谈到了“无条件的积极关注”，这是有效心理治疗的先决条件。我们的法律禁止“残忍和非常规”的惩罚；也就是说，无论一个人犯了什么罪，他都必须得到相当的尊重，而不能毫无底线地贬低他。正如有神论者说的那样，“每一个人都是上帝的孩子”。

每个人，每一个生物，以及那些美丽的非生命体，在其现实存在中所包含的这种神圣性，对每一个超越者来说都可以轻松被感知，以至于无法忘怀。与他在 D- 领域中高度优越的现实检验相结合，他可能是神一般的惩罚者、比较者，但绝不会做一个轻视者，哪怕他在 D- 领域中真实地认识到这些等级特质时，也绝不利用别人的弱点、愚蠢或无能来实施剥削。于我个人而言，我喜欢用这样的方式去表述这种悖论：实际优越的超越型自我实现者总是像对待兄弟一样对待实际劣势的人，无论他做了什么，都要像家庭成员一样得到爱和关心，因为他就是家庭的一员。但他仍然可以充当严厉的父亲或哥哥的角色，而不是总充当宽容的母亲或仁慈的父亲。这种惩罚与神性的无限的爱是相容的。从超越的角度不难看出，哪怕出于违反者本人的利益，让他受点惩罚、受点挫败、对他说“不”，也比满足他或取悦他更有益。

14. 我特别注意到，那些有超越经验的人在知识增长和对神秘与敬畏感增长之间展示出强烈的正相关性，而不是常见的负相关性。对大多数人而言，科学知识往往可以解开神秘的面纱，减少恐惧。因为他们相信未知带来恐惧，追求知识就是为了降低焦虑。但对那些经历过巅峰体验的人和自我实现者来说，神秘不仅吸引人还充满挑战，而不是令人害怕。自我实现者有时可能对已知感到厌倦，不管它们多有用；而对于那些经历过巅峰体验的人更是如此，他们视神秘和敬畏为奖赏而非惩罚。

我发现，那些最具创造力的科学家，知识越丰富，越容易体验到一种几乎是狂热的状态。在这一状态中，他们对自己的谦逊、自认无知以及在宏大宇宙面前的渺小感到震撼，像一只蜂鸟或一个婴儿引发的神秘感一样，成为他们主观而积极体验的奖赏。因此，这些伟大的科学家通过自己的谦逊和对“无知”的自觉认识来寻找幸福。我认为，我们所有人，尤其是在童年，都可能经历过类似的时刻，只是不像这些超越者那样频繁和深刻，也不将其视为生活中的高峰时刻。这适用于科学家、神秘主义者、诗人、艺术家、商人、政治家、母亲以及许多其他角色。总之，我认为知识与神秘、敬畏、谦逊、对终极无知的认识、崇敬和奉献是正相关的关系。

15. 我相信，超越者相比其他自我实现者更能接受“疯子”和“怪人”，因此更可能成为选择创新者（有时候看似疯狂或古怪）的优秀选拔者。我猜测，自我实现者一般更重视创造力，因此在选拔时会更加高效（他们是理想的人力资源经理、选拔官或顾问），但欣赏像威廉·布莱克这样的人才，基本上需要那些有更多超越经验的人来完成。反之亦然，超越者也更擅长筛选出那些并非真正具备创造力的“精神残疾者”和“怪人”，我认为这样的人更加常见。

我现在所做的并不是关于实际经验的报告。这是基于理论得出的一个易于检验的假设。

16. 从理论上讲，超越者应该更容易“与邪恶和解”，这意味着理解邪恶发生的不可避免性和在更广泛意义上的必要性，即从“上面”看，使用上帝视角。这意味着对邪恶有着更深的理解，它即能够产生更大的同情心，又能带来更坚决的反抗。这听起来像一个悖论，但稍加思考就可以看出它们其实并不自相矛盾。理解得越深入，意味着在这个层面上有更强大（而不是更弱小）的力量，更为果断，少了冲突、矛盾和遗憾，从而能更迅速、稳定和有效地采取行动。如果这是必要的，一个人就可以抱着悲悯同情之心打倒邪恶的人。

17. 我预计在超越者中会出现另一个悖论：他们更倾向

于视自己为才华的承载者、超个人的工具，是所谓的更高的智慧、技能、领导力、效率的临时保管者。这意味着他们对自己有一种特定类型的客观性或超脱性的认知，这在非超越者看来，可能认为他们是傲慢、自大的，甚至是妄想的。我觉得最能说明问题的例子就是孕妇对自己和未出生孩子的态度。什么是自我？什么不是？她有权苛求、自我赞美、傲慢吗？

我想我们会对这样的判断感到震惊："我是这个工作的最佳人选，所以我请求把这个工作交给我。"我们同样会对另一种判断感到震惊："你是这个工作的最佳人选，所以你有责任接替我完成这项工作。"超越带来了超个人的自我丧失。

18. 原则上，超越者（我没有相关数据）更倾向于"宗教"或"灵性"特质，有神论如此，无神论也是如此。巅峰体验和其他超越体验实际上也可以被看作"宗教或灵性"的体验，只要我们重新定义这些术语，排除它们在历史、传统、迷信、机构上的附加意义。单纯从传统观点来看，这样的体验实际上可以被视为"反宗教"的，或者被视为宗教的替代品，或者被称为"曾经被称为宗教或灵性的新版本"。不过这也存在悖论，有些无神论者比一些神父更具"宗教性"，要想验证这点很容易，因此更具实操性。

19. 也许这两类自我实现者之间存在另一种数量上的差异（我对此并不完全确定），我怀疑，超越者可能更容易超越自我、超越认同、超越自我实现。更明确地说，对于仅仅健康的自我实现者的描述，主要停留在强烈的身份认同上，即知道他们是谁，他们要去哪里，他们想要什么，他们擅长什么，在某种程度上，他们作为一个坚强的自我，可以依照自己的真实本性，有效地使用自己的力量。当然，这些描述并不充分。他们确实如此，但远不止此。

20. 我会推测——请允许我再次根据我的印象，而拿不出具体的数据——由于超越者更容易感知 B- 领域，他们可能比更实际的自我实现者拥有更多的终极体验（对于本质而言的）和痴迷的体验，就像孩子们总是沉迷于水坑中的颜色、窗户上滴落的雨滴、皮肤的光滑度、毛毛虫的运动。

21. 理论上，超越者应该更具道家特质，而仅仅健康的自我实现者更为务实。B- 认知使得一切看起来更加奇妙、更加完美，正如它本应该的那样。因此，他们很少产生改造事物的冲动，更不需要改进或干扰。那么，他们更多的冲动是就那么简单地盯着它看，仔细观察，而不对它们做任何事情。

22. 有一个与弗洛伊德的理论紧密相关的概念，虽然它没有增加新的内容，但我认为“后矛盾”这个词更能描述所有的自我实现者的特性，并且适用于某些超越者。它意味着完全的、全心全意的、没有冲突的爱、接受和表达，而不是常见的混合了爱和恨的所谓的“爱”或友情、性、权威或权力等。

23. 最后，我想指出“薪酬水平”和“薪酬种类”问题，尽管我不确定我所说的两类自我实现者在这方面是否存在太大的差异。至关重要的是，除了金钱薪酬之外，还有许多其他种类的薪酬。随着财富的增加和性格的成熟，金钱本身的重要性会逐渐减弱，而更高级别的薪酬和超薪酬的需求会逐渐增加。此外，即使处于仍然很重视金钱报酬的地方，人们往往也不是在意金钱本身和它具体的特性，而是更为在意地位、成功、自尊等象征性的东西，以赢得爱、钦慕和尊重。

这是一个容易研究的课题。我已经收集了一些广告，这些广告旨在吸引专业人员、管理人员和执行人员，还有一些是与美国和平部队及美国服务志愿队等类型的工作相关的广告，有时甚至是针对技能较低的蓝领工人的广告。这些广告所提出的诱人的条件不仅仅是金钱，还有满足高级需求和超越需求的条件，如友好的同事关系、良好的工作环境、稳定的收入、挑战性的工作形制、发展前途、理想的满足、责任、自由、某种重要的产品、对他人的同情心、有益于人类、有益于国家、能将个人想法付诸实践、值得骄傲的公司、完善的学校制度，甚至惬意的钓鱼环境、可供攀登的山脉等。和平部队更是将低工资和极为艰苦的环境、自我牺牲等作为诱饵，试图说明所有这些都是为了帮助他人。

我认为更为健康的心理状态会使这种类型的薪酬变得更有价值，尤其是在有足够的金钱和稳定收入的情况下。当然，大部分自我实现者可能已经把工作和玩耍融为一体了，即他们热爱他们的工作。我们可以说，工作已经成了他们的爱好，从事工作既能让他们感到满足又能让他们得到报酬。

关于这两类自我实现者，我能想到的唯一不同，可能会在进一步的研究中被发现，即超越者可能更积极地寻找那些更容易获得巅峰体验和存在认知的工作。

在这个背景下提及这一点的原因是，我坚信在规划优心态文化和美好社会（理想社会）时，领导权必须与特权、剥削、财产、奢侈、地位、统治他人的权力等分开。我唯一能想到的保护那些更有能力的领导者和管理者免受弱者、劣势者、能力较差者、需要帮助者的嫉妒和仇视，即能让他们免受仇视和颠覆的方法，是给他们支付较少的而不是更多的金钱，也就是用“更高级别的薪酬”和“超越薪酬”进行支付。迄今为止，这种方法是有本书和其他著作的理论支撑的，它将使自我实现者和心理发展较差的人感到满意，并能阻止那些在人类历史上愈演愈烈的互相排斥和敌对阶层或种姓的不断升级。为了实现这种后马克思主义、后历史主义，我们要做的就是学会不过分追求金钱，即更重视高级别的需求而不是低级别的需求。此外，这里还需要对金钱进行非符号化处理，也就是说，不能再把金钱当成成功的象征、值得尊重或值得喜爱的象征。

这些变化原则上是很容易实现的，因为它们已经符合自我实现者在潜意识或无意识中的价值观。这种世界观是否更具特色地表现在超越者身上仍有待发现。我有这样的怀疑，主要是基于历史上的神秘主义者和超越者更自发地喜欢简朴，避免奢华、特权、荣誉和财产。在我的印象中，“普通人”正因此才表现出更爱戴和尊敬他们，而不是害怕和憎恨他们。因此，也许这可以帮助我们设计理想的世界，在这个世界中，最有能力的、最觉醒的、最具理想的人会得到拥戴，他们可以是领导者，可以是老师，也可以是仁慈无私的当权者。

24. 我不能自已地还想表述一个尚停留在推测上的模糊直觉：我认为我所说的超越者似乎可以按照谢尔登式的分类成为外胚型体型，而较少超越的自我实现者似乎更常见于是中胚型体型 (我之所以提及这一点，因为它在理论上是可以验证的。)

总 结

很多人可能对此难以置信，所以我必须明确声明：我发现在商人、工业家、经理、教育家、政治人士中的超越者与我在专业“宗教人士”、诗人、知识分子、音乐家和其他被认为是超越者并被正式标记为超越者的人中发现的数量大致相当。我必须说，这些“专业”有着不同的风俗习惯、不同的行话、不同的人格面具和不同的着装风格。他们都会侃侃而谈，即使他们对超越一无所知。而大多数实业家会把他们的理想主义、超越动机和超越体验小心谨慎地隐藏起来，用“坚韧”“现实主义”“自私”和各种词语伪装起来，以表示他们是肤浅的和防御性的。对于那些更为真实的超越动机，他们所采取的态度往往是不去压抑，而只是禁止谈论。我发现，有时直接对峙和提问，就能轻易突破这个保护层。

我必须谨慎，不给出关于受访者的数量（只有三四十人进行了比较仔细的交谈和观察，而对另外一二百人，仅仅做了一般性的交谈和观察，也没有仔细或深入地翻阅资料）或我获取信息的可靠性（这都是前期的探索、调查或考察，而不是详细的最终研究结果，是初步的估计而不是后期的常规验证的科学），或关于我选择的样本的代表性（我使用了我能得到的所有样本，但也集中选择了那些最好的样本，包括智力、创造力、性格、强度、成功等）。

同时，我必须坚称这是一项实证探索，并报告我的实际感知，而不是我的凭空想象。我发现，如果我愿意将其称为预科学而不是科学（对很多人来说，这个词意味着验证而不是发现），将有助于消除我在自由探索、确认和假设阶段所产生的不安全感。无论如何，本文中的每一个论断在理论上都是可验证的，可以被证明或被驳斥的。

Part 8

第八部分

超越动机

第二十三章　超越动机理论：价值生活的生物根源

一

自我实现的个体（更成熟、更完全的人性），顾名思义，他们的基本需求已得到了适当满足，现在正受到更高层次的方式的驱使，即“超越动机”。[①]

按照定义所说，自我实现的人在所有基本需求上（如归属感、爱、尊重和自尊）都得到了满足。这意味着他们有一种归属感和根基感，他们在爱的需求上得到了满足，拥有朋友，并且感到被爱和值得被爱，他们在生活中有一定地位，在某方面深得他人的尊重，他们有合理的自我价值和自尊感。如果我们从反面来描述这些需求的挫败和与之相关的病理状态，那么就可以说自我实现的人不会（长时间地）感到焦虑、无安全感，也不会感到孤独、被排斥、无依无靠或被

① 这里用黑体列出的二十八条论点被认为是可测试的命题。

孤立，不会感到不值得被爱、被拒绝或不被需要，也不会感到被轻视和被鄙视，更不会有深深的不值得感，以及严重的自卑或无价值感。

当然，我们也可以用其他方式来描述。例如，由于基本需求被认为是人的唯一动机，所以在某些情境下，把自我实现的人描述为“无动机的”是有意义的。也就是把这些人与东方的哲学的健康观念结合起来，认为健康是一种超越努力、渴望或需求的状态。（罗马的斯多葛派也有类似的观点。）

我们也可以将自我实现的人描述为一种表达而非应对，并强调他们是自发的、自然的，比其他人更容易做自己。这种描述有一个额外好处，即神经症被视为一种可以理解的应对机制，它是一个合理（尽管愚蠢和恐惧）的努力，以满足更深层次、更内在、更生物学上的自我需求。

每一种描述在其特定的研究背景中都有其自身的操作用途。但对于某些目的而言，最好能这样问一句：“驱动人们自我实现的东西是什么？自我实现中的心理动力是什么？是什么促使他们行动、奋斗？是什么驱使（或吸引）这样的人前进？他们被什么所吸引？他们希望实现什么？是什么使他们愤怒，或全心投入，或自我牺牲？他们忠诚于什么？他们致力于什么？他们重视、渴望、向往什么？让他们愿意为之赴死（或生）的是什么？”

显然，我们必须立即区分自我实现水平以下的人的普通动机，即那些受基本需求驱使的人和那些在所有基本需求上都得到了足够满足，不再受这些需求驱使，而受“更高”的动机驱使的人的动机。为了方便描述，我们将自我实现者的这些更高的动机和需求称为“超越需求”，并将动机这一范畴与“超越动机”这一范畴区分开来。

（现在对我来说，有一点已经相当明确，即基本需求的满足并不是超越动机的充分条件，尽管它可能是一个必要的前提条件。在我的研究对象中，个别明显表现出基本需求的满足与“存在主义神经症”、无意义状态、无价值感或类似情况是相容的。现在，基本需求满足后，超越动机似乎不会自动产生。我们还必须对“对抗超越动机的防御”这一额外的变量加以讨论。这意味着，从沟通和理论建构的层面看，有必要在定义自我实现的人时增加一些内容，即他不但摆脱疾病，基本需求上得到了足够的满足，能积极地使用他的能力，还会受到一些他努力追求或探寻、并忠实于此的价值观的驱使。）

二

所有这样的人都献身于某种任务、召唤、职业或热爱的工作（“超越自我”）。

研究自我实现的人时，我发现，在我们的文化中，他们都是一群有奉献精神的人，献身于“超越自我的”某种任务、职责、热爱的工作。通常，这种奉献和忠诚非常显著，以至于我们可以使用一些老式词语，如“职业”“召唤”“使命”，来恰如其分地描述他们对其“工作”的热情、无私和深沉的情感，甚至使用“命运”“宿命”这样的词语也不为过。有时，我甚至将其与宗教意义上的奉献相提并论，即为了某一特定的任务、某一超越自我的、大于自我的事业，将自己献身或奉献于祭坛之上。这并非纯粹的自私，而是超越个人的一种奉献。

我认为，对于“命运”或“宿命”的观念，可以深入探讨。这是对自我实现者（及其他一些人）谈论他们的工作或任务时，我所获得的感觉的一种表达，虽然这种表达还不够准确。你会感觉这像一个奉献爱心的工作，且这个人似乎正是为这个工作而“生”的，他是如此适合这份工作，就像是他生来就应该做的。一个人与一份工作实现了完美结合，就像一把钥匙配一把锁一样完美，或者像一首歌中的曲调与钢琴和弦产生的共鸣一样和谐。

值得一提的是，上述观点对于女性研究对象来说同样适用，尽管意义上有所不同。我有一个女性研究对象，她将自己完全献身于做母亲、妻子、家庭主妇和女性家长的职责。她的“职业”，可以很合理地描述为抚养孩子、取悦丈夫、维系亲戚关系。她十分擅长这项工作，也很享受这一切。她十分热爱她的生活，不渴望其他的，而且在这个过程中她很好地发挥了她的特长。其他女性研究对象则在家庭生活和职业规划间进行了各种协调，这也带给她们一种对某事既热爱，又觉得重要和值得做的奉献感。某些女性也曾让我想到，她们至少在某段时间内，会把“生孩子”当作最完整的自我实现。但是，每每谈到女性的自我实现时，老实说，我依然不太自信。

三

理想情况下，内在需求与外在需求是一致的，“我想要”与“我必须”是一致的。

在这种情况下，我能够区分出两种主要的影响因素，它们有时能够独立变化。我们有个体的内在驱动，这种驱动是一种深刻的吸引力，如同人们对婴儿、艺术作品、科学研究或政治权力的迷恋，它们之于人类总有一种无法抗拒的吸引力。这可以被称作“内在需求”，它更倾向于自我满足而非责任感。这与“外在需求”形成对比，后者是对环境、情境、问题或外部世界的需求的回应，如同应对火灾、照顾无助的婴儿或纠正不公正之事。这种情况下的感受更多的是出于责任、义务，与个人的计划或愿望无关，更多的是“我必须”而非“我想要”的体验。

理想的情况是，“我想要”与“我必须”完美匹配，幸运的是我有过这样的经历。在这种情况下，内在需求与外在需求达成了和谐一致。这种不可抗拒、命中注定的感觉通常会让观察者深感震撼。进一步地，这不仅仅是“它必须如此”，而且“它应该如此，这是对的、适宜的、恰当的”。这种归属感给我带来了一种整体感，一种将合二为一的感觉。

我不愿将其简单地归类为“有目的性”，因为这可能暗示它完全基于意志、目的、决策或计算，而忽略了被动地被吸引、意愿的妥协，或顺从命运、欣然接受的情绪。在理想情况下，人会发现自己的命运，且命运不是被创造或构建的，而是被识别和确认的，好像长久以来就在等待着被发现。这更像一种“斯宾诺莎式”或“道家式”的选择、决策或目的，甚至是意愿。

与难以直接理解这种感觉的人沟通时，拿“恋爱”来比喻可能是最好的方式。这与仅仅出于责任或逻辑行动完全不同。如果我们要讨论“意愿”，它在这里的含义也是非常特殊的。当两个人相爱时，他们体验到彼此之间磁铁般的吸引力，这种相互吸引的美好感觉是无与伦比的。

四

这种理想情境能产生一种幸运感、矛盾感及无价值感。

这个模式也有助于传达那些难以用言辞表达的感受，即他们对幸运、无功受禄、侥幸心生敬畏，对自己能被选中感到惊喜，一种混合着骄傲与谦卑的特殊感情、对不幸者的怜悯之情，都是在恋人中经常出现的。

当然，幸运和成功的可能性也会引发各种神经质的恐惧、无价值感、反价值观、约拿效应等。在真心接受最高价值之前，我们必须克服那些指向我们的最高可能性的防御机制。

五

这个层次已经超越了工作和娱乐的二元分化；报酬、爱好、假期等必须被放在更高的层次上讨论，才能得到合理定义。

当然，我们就可以真的定义这样的人是他自己那种类型的人，或这就是他的本性，或实现了真正的自我。如果抽象表达，我们从最初观察到最终的完美推理如下：这个人是全世界最适合该特定工作的人，而这个特定的工作对于这个特定的人及其才干、能力和品位来说最为匹配。就像他为此而生，而这工作也为他而设。

当然，一旦我们接受了这一点并对其有所感悟，我们就进入了另一个讨论范畴，即存在的领域、超越的领域。现在，我们只能在存在的语言中进行有意义的交流（“存在语言”，在神秘层面的交流等）。例如，这样的人显然完全超越了工作与娱乐之间常规的二元对立。也就是说，这样的人在这样的情境下，工作和娱乐于他而言毫无差别。他的工作就是娱乐，他的娱乐就是工作。如果一个人热爱工作，爱到比世界上的任何活动都更享受它，并且总是心甘情愿去做，一旦中断就急切渴望返回工作，那么我们该如何谈论在反对个人愿望的情况下强迫他去做某事，并称其为“劳动”的概念呢？

对这样的人来说，“休假”这个概念又有什么意义？我们经常能观察到，这些人在休假期间，也就是在他们完全可以自由选择他们想做的事情，而没有对任何人承担任何外部义务时，他们会愉悦而全心全意地投入“工作”中。那么，“寻找乐趣”“寻求娱乐”又该怎么理解呢？这时，“娱乐”这个词又该如何解释呢？这样的人是怎样“休息”的呢？他的“职责”“责任”“义务”是什么？他的“业余爱好”又是什么？

在这种情境下，金钱、报酬或薪水有什么意义？显然，任何人都能遇到的最美好的命运、最美妙的好运就是因他热爱的工作而获得报酬。这正是我的很多（或大多数）研究对象的现实情况。当然，人们都喜欢金钱，一定数额的金钱也是必需的，但它肯定不是终极目标（对富裕社会中的幸运者而言）。他们获得的薪水只是“报酬”的一小部分。自我实现的工作或存在层面的工作（B-工作），本身就已经是一种内在奖励了，它使金钱或薪水成了一个副产品，一个附带现象。当然，这并不能代表大多数人的情况，多数人干着并不想干的工作，只为了获得金钱，然后用这些金钱去得到他们真正想要的东西。在存在领域，金钱所扮演的角色与在缺陷领域和基本需求领域中所扮演的角色是截然不同的。

这些都是科学问题，可以用科学的方法进行研究，而且它们已经在猴子和类人猿中得到了一定程度的研究，这将有助于说明我的观点。最明显的例子，当然是关于猴子的好奇心以及人类对真理的渴望和满足的大量研究文献。但理论上，探索猴子、类人猿和其他动物在恐惧条件下、无恐惧条件下、健康或不健康的情况下、选择好或选择不好的条件下的审美选择同样容易。对于秩序、统一、正义、法律性、完善等其他存在价值，也可以通过动物、儿童等研究对象进行探索。

当然，“最高程度的”往往意味着“最脆弱的”“最容易被牺牲的”“最不紧要的”“最不明显的”“最容易被压抑的”。作为先行的条件，基本需求被推到了队列的前端，可以说，它们对生命本身、对单纯的身体健康和生存更为必要。然而，在自然界和普通人中，超越动机确实存在。这一理论既不需要超自然的干预，也不需要人为或先验地发明存在价值，它们也不仅仅是逻辑产物或意志行为的产物。任何愿意并能够重复这些操作的人都可以发现或发掘它们。也就是说，这些命题是可以得到验证或驳斥的，它们是可以重复进行的。它们可以操作性的方式去陈述。很多命题是可以公开或得到证明的，即可以被两个或更多的研究者同时感知。

因此，如果更高价值的生活对科学研究是开放的，并明确属于（人文定义的）科学的权限，我们甚至有理由断言这一领域的研究在未来有可能取得非凡的进展。更高价值生活的知识进步不仅可以增进相互理解，还能为自我提高、人类种族的提高及其所有社会机构开辟新的前景。毋庸置疑的是，我们不需要因“同情策略”或“精神技术”而感到恐惧。显然，它们必须与我们现在已知的“低级”策略和技术在种类上截然不同。

六

这些热爱事业的个体往往倾向于将自己与他们的“工作”相认同（内化、融合），并将其作为自我特质的定义，从而成为自我的一部分。

如果你问自我实现者或热爱工作的人“你是谁”或“你是什么人”，他们往往会根据自己的“职业”来回答，如“我是律师”“我是母亲”“我是精神病医生”“我是艺术家”等。也就是说，他在回答你时，已经将自己的职业身份与自我相认同了。这成了他整个人的标签，也就是说，工作成了这个人的定义性特征。

或者，如果你问他：“假设你不是科学家（或老师、飞行员），那你想成为什么？”“假设你不是心理学家，会怎么样呢？”我的印象是，他们的回答可能是困惑的，或表现为若有所思，或被吓一跳，也就是说，他没有现成的答案。或者他的反应可能仅仅是觉得这很有趣、很好笑。实际上，答案往往是这样的：“如果我不是母亲（人类学家、工业家），那我就不是我了。我会是另外一个人，而且我无法想象自己成为别人。”

这种回应与“假设你是一个女人而不是男人”给我带来的混淆相似。

这就让我们得到了一个初步的结论，即在自我实现的对象中，他们深爱的事业往往被视为自我的定义性特征，从而被认同、融合、内化。它成为与他们的存在密不可分的一部分。

[我没有刻意向不容易满足的人提出这个问题。我的印象是，上述概括对某些人（对于他们来说，职业是一个外在的工作）来说不那么准确，而在其他个体中，工作或职业可以变得具有自主功能性，也就是说，这个人只是一个律师，并不是除此之外的什么人。]

七

他们为之献身的工作似乎可以被解释为内在价值的体现或化身（而不是作为工作本身之外目的的手段，也不是作为功能自主性）。他们之所以热爱（并内化）这些工作，是因为这些工作体现了某些价值。也就是说，最终人们热爱的是这些价值，而不仅仅是工作本身。

如果你问这些人为什么热爱他们的工作（或更具体地说，工作中哪些时刻是最令他们满足的，哪些时刻所获得的奖励使这些琐事变得值得并可接受，哪些是巅峰时刻或巅峰体验），我们会得到很多如下表中所列举的具体答案。

追求自我实现的人通过他们的工作和其他途径获得激励和满足

追求自我实现的人通过他们的工作和其他途径获得激励和满足
在实现正义时感到欣喜
喜欢阻止残忍和剥削
反对谎言和不真实
喜欢看到美德得到回报
似乎喜欢大团圆结局和圆满完成
讨厌邪恶得到奖励，讨厌恶人逍遥法外
是邪恶的严厉惩罚者
努力纠正错误，清理糟糕的情况
喜欢行善
喜欢奖励和称赞承诺、才能、美德等
避免公众关注、名誉、荣耀、奖励、受欢迎、成名，或者至少不追求它。它似乎不是特别重要
不需要每个人都爱他们
通常会选择他们的事业，而这些事业往往数量有限，而不是回应广告、运动或他人的劝告
倾向于享受和平、宁静、安详等，不喜欢混乱、争斗、战争等（他们不是在每一个战线上都是斗士），但他们可以在“战争”中享受自己
喜欢有效，而不喜欢无效
在处理这些问题时似乎很实际、精明、现实
他们的斗争不是敌意、偏执狂、自大、权威、反叛等的借口，而是纠正错误。它是以问题为中心的
他们设法在爱世界的同时试图改善它

续 表

在所有情况下，他们都希望人们、自然和社会能得到改善
在所有情况下，他们似乎都能真实地看到善与恶
他们对工作中的挑战做出反应
改进情况或操作的机会是一大奖赏
观察通常显示，他们非常喜欢孩子，并帮助孩子成长为优秀的成年人
他们享受改进事物
他们不需要、不寻求甚至不太喜欢恭维、掌声、受欢迎、地位、声望、金钱和荣誉等
他们经常表示感激，或至少意识到他们的好运。他们拥有一种高贵的义务感
对于那些有洞察力和知识的人来说，对待他人要有耐心和宽容，就像对待孩子一样
他们更倾向于被神秘、未解之谜、未知和具有挑战性的事物所吸引，而不是被其吓倒
他们喜欢在混乱、杂乱无章或肮脏的环境中建立法律和秩序
他们憎恶（并对抗）腐败、残忍、恶意、不诚实、自大、虚假和假装
他们试图从幻觉中解脱出来，勇敢地面对事实，摘下眼罩
他们觉得天赋被浪费是令人遗憾的
他们不会做刻薄的事情，并对其他人的刻薄行为感到愤怒
他们认为每个人都应该有机会发展到他的最大潜能，有公平的机会、平等的待遇
他们喜欢做好事，做好工作，“做好需要做的事”。许多这样的表达可以总结为“在工作中展现匠人精神”

续　表

做老板的一个好处是有权分配公司的资金，选择支持哪些有益的事业，他们乐于为他们认为重要、有价值的事业捐款，他们乐于做慈善
他们享受观察和帮助他人，特别是年轻人，实现自我
他们喜欢看到幸福并乐于促进幸福
他们从认识到优秀的人（如勇敢、诚实、高效、正直、伟大、有创造力、圣洁的人）中获得巨大的快乐“我的工作让我接触到许多优秀的人”
他们喜欢承担责任（他们能够很好地处理）并且当然不害怕或逃避他们的责任，他们对责任做出回应
他们普遍认为他们的工作是有价值的、重要的，甚至是必要的
他们喜欢提高效率，使操作更加整洁、紧凑、简单、快速、便宜，输出更好的产品，减少零件使用、操作次数，不那么笨拙、不那么费力，更加傻瓜式、更安全、更“优雅”，不那么麻烦

当然，我们还会得到很多类型的“终结答案”：“我就是爱我的孩子，仅此而已。至于我为什么爱他？就是天性吧。”“我真的很喜欢提高工厂的效率。为什么？就是因为这能让我感到巨大的满足。”无论程度如何，巅峰体验、内在的快乐、有价值的成就都不需要进一步的证明或验证。它们是内在的强化因素。

可以将这些回报时刻进行分类，并归结为少数几个类别。当我尝试这样做时，很快就明显意识到，最佳且最“自然”的分类方式大多是抽象的、最终且不可还原的“价值”，如真实、美丽、新奇、独特、正义、简洁、简单、善良、整洁、效率、爱、诚实、天真、改进、有序、优雅、成长、清洁、真实性、宁静、平和等。

对于这些人来说，职业似乎不是功能自主的，而是最终价值的载体，是一种工具或一个化身。对他们来说，法律这种职业是实现正义的手段，而不是目的本身。或许我可以这样表达这种微妙的区别：对于一个人来说，他爱法律是因为它代表正义；而另一个人，比如说对一个纯粹的价值中立的技术专家来说，可能仅仅因为法律本身的规则、先例、程序就去热爱它，而不考虑其使用的目的或成果。他可能只是喜欢这个工具本身，而不是它的目的，就像人们喜欢没有什么目的的游戏（如国际象棋）一样。

我已经学会了对某一“事业”或职业进行多种区分。职业可以很容易地成为掩盖和压抑目的的手段，就像它可以成为目的本身一样。或者，更确切地说，它可以受到缺陷需求或神经质需求以及超越需求的驱使。它可以由所有这些激励和满足来做出多重决定或过度决定，这些都是自我实现者通过他们的工作而获得的。（这些是基本需求满足的补充。）

任何模式中都有基本需求和超越需求。从这句简单的陈述“我是律师，我热爱我的工作”中，我们无法做出太多的假设。让我印象深刻的是，一个人越接近自我实现、越接近全人类的状态，就越有可能他的“工作”是由超越动机驱使的，而不是由基本需求驱使的。对于更高层次的人来说，“法律”更可能是寻求正义、真理、善良的途径，而不是为了经济保障、钦佩、地位、声望、支配权、男子气概等。当我这样提问：“你最喜欢你工作的哪些方面？”“它在什么时候、哪些方面给你带来了最大的乐趣？”“你什么时候对你的工作感到兴奋？”这样的人多半会从内在价值、超越自我、非自私的、利他主义的满足感等方面进行回答，如正义得到伸张、工作完成得尽善尽美、惩恶扬善等。

八

这些内在价值与存在价值有很大程度的重叠，或许它们本来就是一致的。

尽管我的“数据”（请允许我这样称呼它们）尚不足以让我做出确切的描述，但我已经按照之前发布的B-价值分类表进行了操作，因为我认为这与上述列出的终极或内在价值非常接近，在这里非常有用。显然，这两个列表之间有相当大的重叠，甚至近乎相同。我觉得使用我对B-价值的描述是可取的，这不仅是因为我找到了合理的理论依据，还因为它们可以通过很多不同的方式进行可操作性界定。也就是说，它们在许多不同的研究途径的终点被发现，以至于让人们不得不怀疑这些不同路径之间是否存在某种共性，如教育、艺术、宗教、心理治疗、巅峰体验、科学、数学等。如果这是事实，我们也许可以将“事业”“使命”“职业”，以及自我实现者所谓的“工作”视为通往最终价值的另一条途径。（这里谈论B-价值也有理论上的优势，因为我深刻地感觉到，自我实现或更为完整的人，无论是在工作之时还是工作之余，都显示出对存在价值的热爱和满足感。）

换句话说，那些在所有基本需求上相对得到满足的人，现在开始将会受到存在价值的“超越动机”的驱使，或至少会受到“最终”的终极价值在不同程度上的驱使。

换种表述方法：自我实现的人多半不受基本需求的驱使；他们主要受超越需求的驱使（由超越性需求——B- 价值所驱使）。

九

这种内化意味着自我已经扩展，延伸到了世界的各个方面，因此，自我与非我（内在与外在）之间的区别已经被超越。

这些 B-Values 或超越动机不再仅仅是心理内部或有机体内部的。它们同样是内在和外在的。在它们是内在的程度上，以及所有在个人之外的所需，都成为彼此的刺激和响应。它们逐渐难以区分，也就是说，朝着融合的方向发展。

这意味着自我与非我之间的区别已经被打破（或被超越）。与此同时，世界与个人之间的差异减少了，因为个人已经将世界的一部分纳入了自我，并以此来定义自己。我们可以说，个人已经成了一个扩大后的自我，如果正义、真理或合法性对他来说变得如此重要，以至于他将以它们之名定义自己，那么它们又在哪里？在他的躯体之内还是躯体之外？不过，到了这时，这种区分已经变得毫无意义，因为他的自我不再受限于他的躯体。此时，内在的光已经变得与外在的光无异了。

在这里，单纯的自私已经被超越，必须在更高的层次上才能定义。例如，我们知道一个人在看着自己孩子吃食物而不是自己吃食物时，完全有可能获得更多的快乐（自私？无私？）。这时，我们说他的自我已经扩展到了他的孩子身上。伤害他的孩子就等于伤害他。很明显，这个人的自我已经不再是那个由心脏供应血液，并借此得以生存的生物学意义上的实体了。心理上的自我显然已经比自身躯体大多了。

就像人们会把所爱的人纳入自我，成为自我定义的特征一样，人们同样可以把所爱的事业和价值以同样的方式纳入自我。例如，很多人为了制止战争、停止种族歧视、消除贫穷等而心甘情愿抛头颅、洒热血，甚至献出自己的生命。显而易见，他们绝不是为了生物学意义上的个体的正义才这样做的。此时，一些事物已经超越了他们的躯体。他们已经将正义当作一种普遍的价值，一种于每个人的正义，一种原则上的正义。对存在价值的攻击，也就是对每一个将这些价值纳入自我的人的攻击。这样的攻击已经变成了一种关乎个人荣辱的东西。

将自己的最高境界与世界的最高价值认同，某种程度上意味着与周围世界，包括自然和他人，融为一体。这意味着一个人在自我实现过程中珍视的那部分，与其他自我实现者珍视的相同部分重合。这种重叠的自我不仅仅局限于自然界，也适用于人际关系。

这种价值融入自我的过程，还引出了一些重要的影响。例如，你可能会因朋友追求真理和公正而感到高兴，反之，当他们背离这些原则时，你会感到失望。这是容易理解的。但是，当你自己成功地向着真理、公正、美和美德前进时，你可能发现自己在一种特殊的自我的超然和客观中，开始爱上并欣赏自己，正如弗洛姆所说的那种健康的自爱。你会尊重并赏识自己，温柔地关照自己，奖励自己，认为自己具有道德价值，值得爱和尊重。因此，一个人可能会站出来保护他的才华和自我，仿佛他是那些既属于自己又超越自己的价值的守护者。可以说，这个人转变成了他自己价值的保护者。

十

较为初级的人似乎常常通过工作来实现基本需求，神经质需求的满足，他们将工作视为达到某种目的的手段，或回应文化期望等。但这些可能只是程度上的差异。或许所有人在某种程度上都（潜在地）受到“超越动机”的驱使。

尽管这些人实际上是在为法律、家庭、科学、精神病学、教育、艺术等传统的工作范畴服务，受其激励，忠于它们，但他们似乎也受到内在的或终极的价值（或终极事实、现实的各个方面）的驱使，在这些价值面前，职业只是一种工具。从对这些人进行的长期观察和采访中，我获得了这样的印象，例如，询问他们为什么喜欢医生这一职业，或者在操持家务、主持会议、养育孩子、写作时，哪些时刻最让他们感到有价值。他们可能会给你一个意味深长的答复，如他们是在为真、善、美而工作，为法律秩序、公正服务。如果我把类似问题（诸如关于人们渴望的是什么、什么使他们满足、他们珍视什么、他们为什么日复一日工作，以及他们为了什么工作）所得到的数百条的回答归纳为十几种内在的价值（或存在的价值），那么就会得到以上答案。（当然，这还包括较低的价值。）

我并没有刻意与一个特定的对照组（研究那些非自我实现的人）一起工作。可以说，大部分的人类都可以作为一个对照组，这是事实。我对普通人、不成熟的人、神经质和边缘人、精神病患者等对工作的态度有相当丰富的经验，毫无疑问，他们的态度主要集中在金钱、基本需求的满足（而不是 B- 价值）、纯粹的习惯、刺激约束、神经质的需求、传统和惰性（未经审查和未经质疑的生活），以及做其他人期望或要求的事情。然而，这种直觉的常识或自然的结论很容易受到更仔细、更有控制、预先设计的检查的影响，这种检查可能得到证实或得到驳斥。

我有种强烈的感觉，我所选择的追求自我实现的研究对象和其他人之间并没有明确的界限。我相信，与我合作过的每一个自我实现的研究对象或多或少都符合我做出的上述描述；但健康状况较差的人似乎也在一定程度上受到 B- 价值的驱使，特别是具有特殊才能的人和处于特别有利环境的人，这也是事实。这是否说明或许所有人在某种程度上都受到超越动机的驱使。①

传统的职业、事业或工作范畴都可以作为许多其他种类动机的实现渠道，更不用说纯粹的习惯、传统或功能自主性。它们可能满足或徒劳地试图满足所有基本需求和各种神经质需求。它们可能是“宣泄”或“防御”活动的渠道，也可能是真正满足感的来源。

我做了一个大胆的猜测，它既基于我的“经验性”印象，

---

① 对此我有足够的信心，建议创立一些专门进行超越动机研究的公司。这些公司应该和那些专门进行所谓的动机研究的公司一样有利可图。

又基于一般的心理动力学理论，即我们最终会发现，所有这些习惯、决定因素、动机和超越动机同时在一个非常复杂的模式中起作用，这个模式更偏向于某种类型的动机或决心。也就是说，我们已知的处于最高度发展水平的人在很大程度上受到超越动机的驱使，并且较少受到基本需求的驱使，而普通人或发展水平较低的人则不然。

我的另一个猜测是，“困惑”的程度也与之相关。我已经谈过这个观点，即在我的自我实现的研究对象中，他们似乎能轻易并果断地为自己“分辨是非”。这与当前广泛盛行的价值混淆形成鲜明对比。其实不仅限于混淆，甚至还有黑白颠倒，以及对好人（或试图变得好的人），或对优越的、卓越的、美的、有才能的人的仇恨。

> 政治家和知识分子让我感到厌烦。他们似乎都不真实；如今我经常见到的人，对我来说似乎更真实：妓女、小偷、瘾君子等。（摘自与纳尔逊·艾格林的访谈）

我称这种仇恨为“反价值”。我也可以称之为尼采式的“无名怨恨”。

十一

要全面定义人或人性，我们必须将内在价值视为人性的一部分。

如果我们试图定义真正的自我、身份认同或真实个体最深层、最真实、最本质的方面，我们会发现，为了做到全面，我们不仅要考虑个体的体质和气质，解剖学、生理学、神经学和内分泌学，个人的能力、生物特性、基本本能需求，还要考虑存在价值，这也是他的存在价值。（这应该被理解为对萨特类型的任意存在主义的坚决否决，即自我是由命运创建的。）它们与他的“低级”需求同时存在，构成了他的“本性”、定义或本质，至少我的那些自我实现的研究对象是如此。在对“人”、完整的人性或“个体”的最终定义中，必须包含以上这些。

尽管这些价值在大多数人中并没有完全显现（变得真实并实际存在），但据我目前所掌握的，地球上的任何人都不排除拥有这些潜能。（当然，也许将来有可能发现新的数据来反驳这一假设。而且，最终会涉及严格的语义和理论构建，如我们该如何让一个智力低下者理解“自我实现”这一概念？）但无论如何，我坚信，至少对某些人来说，这个观点是正确的。

对一个完全发展的自我或个体给予的完整定义，应当包括这种由超越动机驱使的价值体系。

十二

这些内在价值在本性上是类似本能化的，它们的作用：①为了避免疾病；②为了实现最完全的人性和成长。因为缺乏内在价值（超越需求）而产生的“疾病”，我们可以称

之为超越病理。因此，最“高尚”的价值观、精神生活、人类的最高愿景都是科学研究和探索的主题。它们存在于自然界中。

透过我的观察，我想提出另一个论点，这些观察主要基于我的研究对象与一般人群的对比。我认为可以将基本需求称为本能化或生物学上的必需，原因有很多，但主要是因为个人需要基本的满足来避免疾病，避免人性的缺失，而且从正面来看，这是为了向前和向上迈进，实现自我实现或完全的人性。我强烈感觉到，自我实现者的超越动机与其类似。在我看来，它们也是生物学上的必需：从消极方面看，它是为了避免“疾病”；从积极方面看，它是为了实现完全的人性。既然这些超越动机是生命的内在价值，无论单独还是组合在一起，都意味着存在价值在本性上是类似本能的。

这些“疾病”（由于缺乏存在价值或超越需求或存在事实而产生的）是新的，尚未被描述为病理，除了一些有意无意的提示，或者像弗兰克那样以非常普遍和包容的方式进行描述。一般来说，在过去的几个世纪里，探讨这些问题的都是宗教学者、历史学家和哲学家，而不是医生、科学家或心理学家。这在一定程度上与社会学、政治紊乱、“社会病理”等发生了重叠。

我愿称这些“疾病”（或更好地说，人性的缺失）为“超越病理”，并定义它们为由于缺乏存在价值而导致的疾病，无论这种缺乏是总体的还是特定的。根据之前我对各种存在价值进行的描述和分类，形成了一种周期表，其中列出了尚未发现的一些疾病，以供将来查找。只要它们能被发现和被描述，我的观察和假设就能得到证实。（我已经将电视和电视广告当作各种超越病理的丰富来源，即所有内在价值的庸俗化或破坏。除此之外，还有许多其他的数据来源。）

普遍意义上的超越病理

异化；冷漠；疏远
缺乏道德规范，精神颓废
丧失生活热情
无意义感
不懂得享受；对一切提不起兴致
无聊；厌倦
生活不再拥有内在价值和自我验证
存在的真空
神经症
哲学危机
无情、隐退、宿命论
价值缺乏感
生活的世俗化
精神疾病和危机；“枯燥”“死板”“陈腐”
价值论的抑郁症
求死；放任；对死亡无动于衷
无用感、不被需要感、无所谓感；徒劳无益
绝望、冷漠、失败、无反应、屈服
感觉完全被动；无助；丧失自由意志

续 表

极端质疑什么是值得的？什么是重要的
绝望、痛苦
闷闷不乐
徒劳
愤世嫉俗；不相信所有高级价值，丧失信心，或用还原论解释
满腹牢骚
毫无目的地破坏、怨恨
疏远长辈、父母、权威，脱离社会

存在价值和特定的超越性病症

序号	存在价值	致病因素	特定的超越病症
1	真实	欺骗	无信念；怀疑；猜疑；愤世嫉俗
2	善良	邪恶	极度自私；仇恨；排斥；厌恶只依赖自己、只为自己；虚无主义；愤世嫉俗
3	美好	丑恶	粗俗；特定的不快、不安、丧失情趣、紧张、疲倦；庸俗；苍凉
4	统一	混沌论；原子论；丧失关联性	解体；认为世界正在瓦解；武断

续　表

序号	存在价值	致病因素	特定的超越病症
4a	超越二元对立	黑与白的二元对立；丧失层次和程度感；强制性的极化，强制性的选择	非此即彼的思维方式；将任何事物都看作决斗、战斗或冲突；低协同作用；简单化的生活观
5	活跃；发展	死气沉沉；机械化的生活	完全被动；情感缺失；厌倦；丧失生活热情；空虚
6	独特性	千篇一律；一致性；可互换性	缺乏自我感和个体感；感觉自己是可以和他人互换的，没有个性特征，感觉不被别人需要
7	完美	有缺陷；凌乱；质量低劣，粗制滥造	沮丧；绝望；无所事事
7a	必要性	意外；偶因论；不一致	混乱；不可预测；缺乏安全感；警惕
8	完成；结局	未完成	持续性的未完成感；绝望；停止努力和回应；无效的尝试
9	公正	非公正的	不安全感；愤怒；愤世嫉俗；怀疑；无法无天；混乱的世界观；极端自私
9a	秩序	无法无天；混乱；权威的崩溃	不安全感；戒备心；丧失可预见性；需要警惕、持续紧张
10	单纯	令人困惑的复杂性；脱节；瓦解	过于复杂；混乱；困惑、冲突、迷失方向

续 表

序号	存在价值	致病因素	特定的超越病症
11	丰富；整体；全面性	贫乏；片面	抑郁；不安；失去对世界的兴趣
12	轻松自如	费力	疲劳、紧张、努力、笨拙、尴尬、粗俗、僵硬
13	趣味	缺乏幽默感	冷酷；抑郁；偏执、缺乏幽默感；丧失生活热情；不懂得享受
14	自我满足	偶然；意外；偶因论	依赖于？感知？成为责任
15	富有意义	无意义	无意义；失望；无意义的生活

表 3 的第四列只是一个最初步的尝试，只是为了指向未来的任务，不必过于认真对待。这些具体的超越病理似乎是普遍超越病理背景之下的特定表现。我唯一详细处理过的具体超越病理只有第一个，并且我认为这本出版物可以作为对描述其他超越病理的工作起到激发作用。我怀疑阅读宗教病理学文献，尤其是神秘传说，会得到启发。我推测还可以在“时髦”艺术、社会病理学、同性恋亚文化、否定存在主义文献等领域找到线索。存在主义心理治疗的病例史、精神疾病、存在真空，存在主义者的“枯燥”和“贫瘠”，一般语义学家分析的二元对立、语言化和过度抽象，艺术家反对的市侩主义，社会精神病学家谈论的机械化、机器化和去人性化、异化、身份丧失、过度惩罚、抱怨和无助感，荣格的宗教病理学，弗兰克尔的心灵性失调，精神分析家的性格障

碍——这些和许多价值紊乱无疑都是相关的信息来源。

总结一下：如果我们同意这样的观点，即认同这些紊乱、疾病、病理或缺失（由于无法满足超越需求而产生）确实是完全人性的缺失或人潜能的缺失，而且我们同意存在价值的满足或实现增强或实现了人的潜能，那么这些内在和最终的价值显然可以被视为本能化的需求，与基本需求在同一个话语领域，并在同一个层次上。尽管这些超越需求存在一些特殊的特点，使它们与基本需求区别开来，但在同一个话语和研究领域中，它们和基本需求相差无二，就像人体对维生素C和钙的需求一样。它们属于广义上的科学领域，肯定不是神学家、哲学家或艺术家的专属领地。他们的精神或价值生活完全属于自然领域，而不是一个不同或相对立的领域。它可以作为心理学家和社会科学家热衷研究的对象，并在理论上成为神经学、内分泌学、遗传学和生物化学研究的对象，然后在这些学科中开发出适当的研究方法。

十三

富裕和放纵的年轻人的超越病理部分源于内在价值的匮乏，他们对社会的“理想主义”遭受幻灭而饱受挫折，因为他们（错误地）认为社会只是基于低级的、动物性的或物质的需求而被驱使的。

这种超越病理的理论提出了一个观点：富裕阶层中许多社会问题的根源在于内在价值的缺失。换言之，很多基本需求得到满足的富裕和特权阶层中的年轻人，其不良行为往往源自对理想主义的挫败感，这种情绪在年轻人中尤为常见。我认为，这些行为反映了对某种信仰的持续寻求和接连的失望。

当然，这种理想主义的挫败感和偶尔的绝望部分源自全球普遍存在的狭隘的动机理论。除了行为主义和实证主义——它们往往选择忽视问题本身，即精神分析学上的否认，年轻人还能从哪里获得支持呢？

19 世纪的官方科学和主流心理学没有为他们提供任何有价值的东西，而主导大众生活的主要动机理论往往会让人感到抑郁或愤世嫉俗。即使是弗洛伊德学派，至少在其正式著述中也倾向于对所有更高级的人类价值持还原论态度，将最深层和最真实的动机视为危险和邪恶，而将最高的人类价值和美德视为虚伪和掩饰。

我们的社会科学家大多让人失望，许多社会学家和人类学家仍然坚持文化决定论，这种观点不仅否认高级动机的存在，有时甚至否认人性本身，这无疑是危险的。无论在西方还是东方，经济学家基本上是物质主义者，经济学这门“科学”通常只是对人类需求和价值的一种技术应用，而这些理论仅仅承认低级需求和物质需求的存在。

面对这一切，年轻人如何不感到幻灭呢？当他们实现了所有物质和生理的满足后，却发现自己并没有如理论家、父母、老师的传统智慧或广告所承诺的那样快乐，他们还能期待什么呢？是所谓的“永恒真理”、终极真理吗？大多数社会阶层选择将其托付给教条化、制度化、传统化的宗教组织，这实际上否认了人性的高尚品质。这相当于说，年轻人追求的东西不可能在人性本身找到，而必须寻找终极的、非人性的、非自然的来源。现在许多聪明的年轻人已经看穿并拒绝了这种观点。

> 如此过度放纵的结果是，物质价值越来越占据主导地位。因此，人们对精神价值的渴求始终得不到满足。于是，文明已经达到了灾难的边缘。（E.F. 舒马赫）

我在此特别关注年轻人的“理想主义受挫”，因为我认为这是当今热门的研究话题。但是，我认为任何人的所有超越病理都源自这种“理想主义受挫”。

十四

这种价值匮乏和价值渴望既源于外在的剥夺，也源于我们内在的矛盾和反价值观。

我们不仅被环境剥夺价值而导致超越病理，还害怕内在的和外在的最高价值。我们不仅被最高价值所吸引，也对其感到敬畏、震惊、恐惧。也就是说，我们往往是矛盾和冲突的。我们为了保护自己不受存在价值的影响，用压抑、否认、反应形成等所有的弗洛伊德防御机制来对抗我们内在的最高价值，就像鼓励它们对抗我们内在的最低价值一样。谦逊和价值欠缺都可以导致回避最高的价值。同样，被这些价值所淹没的恐惧也可以导致逃避。所以，我们有理由假设，超越病理会因为自我剥夺和外部施加的剥夺而产生。

十五

基本需求的层次是超越需求的先决条件。

基本需求与超越需求共同构成了向完全人性、幸福、心理成功、巅峰体验和存在增长的推进力。这两种需求虽然在某些方面不同，但都属于生物学上的理想，促进了生物学上的成功。生物学价值通常被看作消极的，比如维持生命、避免疾病、保证个体及其后代的生存。但我们也强调了积极的生物学或进化标准，不仅仅是生存，还包括实现自我价值。满足这些需求有助于创造出生物学上优越的个体，即在生物统治层次中处于较高位置的个体。这不仅意味着更强大、更有支配力的动物能获得更多满足、更好的领地和更多的后代，还意味着更优秀的个体能享有更充实的生活、更多的满足、更少的挫折、痛苦及恐惧。在这一点上，我们不是在讨论动物的幸福——尽管这是可能的——我们可以合理地询问，一个印第安农民和一个美国农场主，在相同的情况下繁衍后代，他们的生物学和心理生活是否毫无差别。

首先，满足基本需求是实现超越需求的前提，换言之，超越需求是在基本需求得到满足后才出现的（不那么紧迫或要求不那么强烈）。这可以被视为一个总体的观察，尽管某些个体可能由于特殊天赋或独特敏感度，对真、善、美的追求比基本需求更为迫切。其次，基本需求被视为缺陷需求，具有缺陷需求的特点，超越需求则显示出“成长动机”的特性。

十六

平均来说，超越需求之间的效力是相同的，也就是说，我无法察觉到任何一个普遍先决条件的层次差别。但在任何特定的个体中，他们可能会且经常会根据特有的天赋和体质差异按照等级进行层次划分。

据我所知，超越需求（或B-价值、B-事实）并未按先决条件的层次进行排序，但它们都拥有均等的效力。换一种对其他目的有用的表述方式，那就是每个个体似乎都有其自身的优先顺序、层次，或先决条件，这是根据其天赋、气质、才能和潜能来判断的。对一个人而言，美比真理更重要，但对于他的兄弟来说，可能恰恰相反，两者发生的可能性是相同的。

十七

看起来，任何固有内在价值或存在价值都是由大部分或所有其他存在价值来完整定义的。也许它们形成了某种统一，每一个特定的存在价值从另一个角度看就是存在价值的整体。

在我的印象中（但并不确定），任何存在价值都是由其他所有存在价值完整且充分地定义的。也就是说，为了完整和完全地定义真理，它必须是美丽的、善良的、完美的、公正的、简单的、有序的、合法的、有生命的、全面的、统一的、超越二元对立的、毫不费力的和有趣的。（“真相，完整的真相，除了真相什么都没有”的配方当然是不充分的）。完全定义的美必须是真实的、善良的、完美的、有生命的、简单的等。好像所有的存在价值都有某种统一性，每一个单独的价值都像是这个整体的一个方面。

十八

价值生活（精神的、宗教的、哲学的、价值论的等）是人类生物学的一个方面，并与“较低级”的动物生活处于同一连续体中（而不是在分离的、二元对立的或相互排斥的领域内）。尽管它必须通过文化来实现存在，但它也可能是种族范围内的、超越文化的。

这意味着，精神生活或价值生活与我们的物质生活或动物性生活不是对立的，而是构成了同一连续体的两端。换句话说，精神生活或价值生活是我们生物存在的一部分，代表了这一存在的“最高级”层面。它是人类本性不可分割的一部分，缺少它，人就不完整。精神生活反映了我们的真实自我，是我们身份、本质和完整人性的核心。只要有可能表达纯粹的自我或自发性，超越需求就能得到满足。各种治疗和成长方法，如“揭示”技术、道家方法、存在主义治疗、意义治疗或个体发展技术，旨在揭示并加强超越需求，就像加强基本需求一样。

深度诊断和治疗应揭示这些超越需求，因为我们的“最高本质”也是我们的“最深本质”。价值生活与动物性生活不处于两个分离的领域，而是密不可分，可以通过人类的努力实现的。尽管传统的物理学和无价值的科学将精神生活排除在外，人文科学仍可以将其作为研究对象重新纳入。这些复杂的问题虽然难以研究，但对于理解人类而言至关重要。实现超越动机的生活需要的条件比实现基本需求的生活多得多，不仅需要满足所有基本需求，还需要创造有利于较高生活的更好条件，如改善环境、消除经济匮乏、提供自由选择等。我们必须认识到，实现更高级生活虽在理论上可能，但并非易事。

需要明确指出的是，超越动机是全人类共有的，跨越文化界限，是人类共同的遗传特质，尽管它们有潜在性而非现实性。文化是实现这些需求的关键，但也可能阻碍它们的实现。这表明存在一个超越文化的标准，可以基于其促进或抑制个人成长和超越动机的程度来批判文化。文化可以与人类生物学本质协同，也可以与之对立，说明文化和生物学并非不可调和的对立面。

那么，我们是否可以说，每个人都渴望更高级的生活、更高级的精神和存在价值呢？这里，我们彻底沦陷于语言缺陷中了。原则上我们当然可以说，每一个新生儿都必然拥有这种潜能，除非你能拿出有力的证据予以驳斥。也就是说，最好的猜测是，如果这种潜能丧失了，那么它也一定是在出生后丧失的。在当今社会，因为贫穷、剥削、偏见等原因，大多数新生婴儿的潜能或许永远没有机会得到开发，他们永远不可能达到最高水平的动机。事实上，当今世界的确存在机会不平等。对于成年人来说，他们的人生际遇因生活方式、栖居地、社会经济政治环境、精神病理程度等方面的差异而迥然不同。然而，放弃任何一个人性上的完全和实现超越生活的可能（至少作为一种社会策略），都是不明智的，因为在精神领域，以及在自我实现的意义上，“无药可救”的人最终都被“治愈”了，在锡南浓就有过这种案例。当然，放弃未来几代人来实现这种可能性也是愚蠢的。

所谓的精神（或超越、价值论）生活显然根植于我们这个种族的生物学性质。它是一种“高级”的动物性，其前提是一种健康的“低级”动物性，即它们是按等级结构整合的（而不是相互排斥的）。但是，这种更高级的、精神层面的“动物性”是如此脆弱，极易失去，极易被更强大的文化力量压垮，只有在一个赞同人性并因此积极促进其充分成长的文化中，它才能广泛实现。

基于这种考虑，我们获得了解决许多不必要冲突和分歧的可能途径。例如，如果黑格尔的“精神”和马克思的“自然”实际上在同一连续体上呈层次性整合，这也意味着通常意义上的“唯心主义”和“唯物主义”，那么这种层次连续体的本质会提供给我们各种解决方案。例如，较低的需求（动物、自然、物质）在相当具体、经验性、操作性、有限的意义上优于所谓的高级基本需求，后者又优于超越需求（精神、理想、价值观）。这就是说，“物质”的生活条件在有意义的前提下优于高尚的理想，甚至在明确定义和有限的方式上优于意识形态、哲学、宗教、文化等。但这些更高级的理想和价值观远不是较低级价值观的单纯衍生品。它们在生物学和心理学现实中具有相同的特质，即使它们在强度、紧迫性或优先性上表现出不同。在任何层次性的先后顺序中，如在神经系统中，或在一个社会的等级中，无论高级还是低级，都是同样真实且人性化的。人们可以自上而下地看历史，即从一种向着完全人性的方向努力的角度，或从展现出固有的、德国教授式的观点看历史。人们也可以自下而上地看问题，即在物质环境中找到最初的、最基本的或最终的原因。（在优先性的意义上，人们可以接受“利益是一切人性的基础”这一说法为真实的。但从描述所有人动机的充分性来看，它又是不真实的。）针对不同的知识目的，它们都是有用的理论，而且都有可以分配的心理学意义。我们不需要争论“精神高于物质”，或“物质高于精神”的问题。就像今天的俄国人担心理想主义和精神哲学的出现，那真是完全没有必要。从我们对个人和社会发展的了解，物质满足后，有可能产生一定程度的精神性后果。（为什么物质富足会让一些人追求成长，又让其他人停留在严格的“功利主义”水平上，这于我而言是一个谜题。）但同样的情况也见于宗教信徒，即培养精神价值观，最好从衣、食、住、行开始，这比单纯布道来得更实在。

将我们较低级的动物性遗传与我们“最高级的”、最精神性的、有价值的、“宗教的”放在同一尺度上（从而说明精神性也是动物性的，即更高等动物），有助于我们超越其他分歧。例如，恶魔的声音、堕落、肉欲、邪恶、自私、以自我为中心、追求自我等，都与神圣、理想、善良、永恒的真理、最崇高的抱负形成对立。有时，神圣被认为存在于人性之内。但在人类历史上，善更多地被认为是超越人性的，是高于人性、超越自然的。

我有一个不太清晰的印象，即人性所固有的是，大多数宗教、哲学或意识形态都多多少少会接受邪恶和最坏的东西。但我们“最坏”的冲动有时也被具体化为诸如撒旦的声音或类似的一些东西。

通常，我们“最低级”的动物性会自动地被贬低为“坏”的东西，尽管理论上它同样能被轻易认作“好”的——在某些文化中，无论过去还是现在，依然如此。也许，对我们低级动物性的贬低，部分归因于这种二元对立本身（二元对立导致了病态，病态鼓励了二元对立，这在整体性的世界中通常是不正确的）。如果是这样，那么超越动机的概念应该为解决所有这些（大多数）虚假的二元对立提供一个理论基础。

十九

快乐和满足可以按照从低到高的层次进行排序。同样，享乐主义理论也可以看作一个从低到高的排序，即超越享乐主义。

存在价值作为超越需求的满足，也是我们所知的最高级的快乐和幸福。

我曾在其他地方提到过，需要意识到存在一个这样的快乐分层，如从缓解疼痛、热水澡的满足、与好友相聚的快乐、伟大音乐带来的欢愉、拥有孩子的幸福，到最高爱情体验的狂喜，再到与存在价值观的融合。

这样的一个层次体系为享乐主义、自私、义务等问题提供了一个解决方案。如果我们把最高级的快乐纳入一般的快乐，那么追求真正意义上的完全人性就等于在追求快乐，即超越性快乐。也许我们还可以称之为“超越享乐主义”，然后指出在这个层次上，快乐和义务之间就没有矛盾了，因为人类的最高责任是追求真理、正义、美等，但这也是人类物种可以体验的最高的快乐。当然，在这个层次上，自私和无私之间也就不存在排斥了。对我们有益的就是对所有人都有益的，令人满足的就是值得赞美的，我们的欲望也就变得值得信赖、理性和明智，追求我们的（最高）善也就是追求普遍的善，等等。

如果我们讨论低需求的享乐主义、高需求的享乐主义和超越需求的享乐主义，那么这就是一个从低到高的顺序，含有各种可操作和可测试的意义。例如，我们抵达的层次越高，会发现这一层次的人越少，所需的前提条件越多，所需社会环境越好，所需教育的质量也必须越高，等等。

二十

既然精神生活是本能的，那么所有“主观生物学”的技术都适用于它的教育。

精神生活，包括追求价值和超越需求，是真实自我的核心部分。由于真实自我具有本能特质，我们原则上可以通过内省来探索它。尽管与基本需求相比，这些超越需求的内在呼声更为微弱，但它们仍然可以被察觉，属于我们“主观生物学”的一部分。实际上，任何帮助我们发展感官意识、身体意识和对内在信号敏感度的方法和练习，都适用于培养我们对美、法、真理和完美等超越需求的感知。我们甚至可以使用“丰富体验”这一概念来描述那些对内在声音极其敏感的人，他们能够通过有意识的内省来感知并享受超越需求。

理论上，这种丰富的体验是“可教导的”，或至少在一定程度上可以被恢复。可能的方法包括适当使用致幻剂、采用非言语的伊莎兰式方法、通过冥想和沉思技巧，以及进一步研究巅峰体验或存在感知等。我并不认为这些内在信号应被视为神圣不可侵犯。虽然自我体验的知识是所有知识的起点，但它不应是终点。它是必要的，但不足以解释一切。即使是最明智的人，其内在的指引也可能出错。因此，将内在体验的知识与外部现实相结合进行检验是非常必要的，以确保其真实性和可靠性。尽管我们高度重视内在体验，但仅凭个人良知来决定一切，忽视其他知识和智慧，也的确是不明智的。

二十一

存在价值似乎与存在事实相同，现实最终会成为事实价值或价值事实。

在最高水平的明晰度（启示、觉醒、洞察力、存在认知、神秘认知等）下，存在价值也可以被称为存在事实（或最终的现实）。当人格发展的最高水平、文化发展、明晰度、情感的释放（从恐惧、禁忌、防御中释放）和非干预全部重合时，就有了一些很好的理由去确认，独立于人的现实在其自身的本性中可以清晰地被看到，极少被观察者干扰。这时，现实被描述为真实的、良好的、完美的、整合的、有生命的、合乎规律的、美丽的等。也就是说，所感知到的最准确、最合适的描述现实的词，恰恰等同被传统地称为价值的词语。传统上将“是”和“应该是”进行二元对立，最后被证明是低水平生活的特征，因为它们在事实和价值相融合的最高水平的生活中已然被超越。显然，那些同时具有描述性和规范性的词可以被称为“融合性词汇”。

在融合的基础上，对内在价值的爱与对终极现实的爱显然是相同的。忠诚于事实在这里不仅仅意味着对事实的尊重，也意味着对事实的深爱。为了更客观地认识世界，即尽量减少观察者的恐惧、渴望和自私算计的影响，产生了一种情感的、审美的和价值观的认识。这正是伟大的哲学家、科学家、艺术家和精神领袖所追求的。

在这里，对终极价值的沉思与对世界本质的沉思变成了一回事。追求真理与追求美、秩序、一体性、完美和正义成了相同的过程，真理也可以通过探索其他存在价值来寻找。这是否意味着科学、艺术、宗教和哲学之间没有区别？基础科学的发现是否也成了一次精神或价值观的确认？如果是这样，那么我们对现实的态度，在我们处于最佳状态时所看到的现实，不仅仅是冷静的、纯粹认知的、理性的、逻辑的、超脱的、与自我认同无关的。这种现实也激发了温暖和感性的反应，一种爱、奉献和忠诚的反应，甚至是巅峰体验。在其最佳状态下，现实不仅是真实、合理、有序和整合的，它也是美好、美丽和值得爱的。

从另一个角度看，这是对伟大的宗教和哲学问题如生命的意义、宗教追求和哲学追求的隐含回答。这里提出的理论结构是一系列待验证或驳斥的假设，构成了一个由各种层次的科学事实、临床和人格研究报告，以及直觉和预感组成的网络。我相信并有信心这种验证将来会实现，但作为读者，你们应保持谨慎，即使感觉它是正确的，也应进行验证。这只是一套理论，可能是真实的，但最好是经过检验的。

如果存在价值成了自我定义的一部分，这是否意味着现实、世界、宇宙也成了自我定义的一部分？这种说法意味着什么？这似乎是古典神秘主义者与世界、与他的信仰合一，也让人想到东方哲学中个人与整个世界融合并了无痕迹的解释。

我们是否可以说，这在某种意义上提升了绝对价值的可能性，至少现实本身可以被认为是绝对意义的？如果事物的某些方面变得有意义，那么它仅仅是人文的，还是超越人类的？

到此为止，我们已经达到了语言能够传达的意义的极限。我提及这些是出于保持开放性的原则，问题仍然悬而未决，未得到解答。很明显，这不是一个封闭的系统。

二十二

人不仅是自然的一部分，人的存在必须与自然有着某些同构性（与之相似）。自然进化了人。因此，人与超越自身的存在进行的交流并不一定要被定义为非自然或超自然，它也可以被视为一种“生物学上的体验”。

赫歇尔曾说：“人的真正自我实现在于与超越自己的事物的交流。”这句话在某种意义上是准确的，但需要进一步阐述。

我们已经认识到，人与超越自己的现实之间并没有不可逾越的鸿沟。人能够与这个更广阔的现实认同，把它视为自己的一部分，忠诚于它，就如同对自己的忠诚一样。这样，人和这个现实相互成为对方的一部分，彼此交融。这种说法搭建了一座桥梁，通向人类生物学进化的讨论领域。人不仅仅是自然界的一部分，在某种程度上，人的存在是与自然界同步的。也就是说，人不能与自然界截然不同，否则就无法生存。

人之所以能在自然中存在，说明人至少与自然相容、被自然接受。人满足了自然的需求，并作为一个物种，至少是为了生存而顺应这些需求。自然界没有排斥人。从生物学的视角看，人是合理的，顺应自然的规律，如果违背这些规律，人将无法生存。因此，人与自然和谐共存。这意味着，人必须在某种程度上与自然相似。当我们讨论人与自然的融合时，这一点是需要强调的。也许有一天，我们会理解，人对自然的敬畏（将自然视为真实、善良、美好的）是一种自我认同或体验，是真正成为自己、发挥潜力的方式，是一种在家的感觉，一种生物学上的真实性，一种“生物学上的神秘体验”。也许我们不仅可以将这种神秘或巅峰体验视为与最值得爱的事物的交流，还可以真正成为那个存在的一部分，即成为家族的一员。

……我们越来越确信，我们与宇宙基本上是一体的，而不是宇宙的陌生人。（加德纳·墨菲）

这种从生物学或进化论角度看待的神秘体验或巅峰体验，可能与精神或宗教体验并无二致，这促使我们必须抛弃将“最高的”与“最低的”或“最深的”对立起来的陈旧观念。在这里，“最高的”体验被看作与人类所能想象的极致愉悦的融合，同时是我们作为个体和作为物种所能体验到的“最深的”体验，是一种认识到我们与自然本质上的一致性的深刻生物学体验。

这样一种实证的或自然主义的视角使得将“超个人的”定义为非人类、非自然或超自然的，如赫歇尔所建议的，看起来不再那么必要或吸引人。个体与超越自我的事物之间的交流可以看作一种生物学上的体验。虽然我们不能说宇宙爱着人类，但至少可以认为宇宙以一种非敌对的态度接纳了人类。世界允许人类继续存在和成长，偶尔还能让他们体验到非凡的快乐。

二十三

存在价值并不等同我们对这些价值的个人态度，也不等同我们对它们的情感反应。存在价值在我们身上产生了一种“必须有”的感觉，以及一种不配拥有的感觉。

我们应当尽可能地区分存在的价值观和我们对这些价值的态度。对终极价值（或现实）的态度可能包含爱、敬畏、崇拜、谦逊、尊重、羞愧、惊讶、赞美、感激、恐惧和快乐等情感反应。这些通常是个人在面对与自己有所不同的事物时产生的情感和认知反应。在巅峰体验和神秘体验中，个体与世界融合，这种区分性的内在反应可能减少，自我作为一个可识别的实体可能变得模糊。

保持这种区分性的一个主要原因——除了理论研究的明显优势之外——是因为巅峰体验、神秘的融合不是常态。即便是在最敏感的个体中，这些特殊时刻也只占据相对较少的时间。更多的时间是花费在相对平静的沉思上，享受那些在伟大启示中被揭示的终极事物，而不是与之完全融合。因此，讨论对终极事物的忠诚、责任和奉献是非常有意义的。

此外，这种理论框架并不意味着对存在价值的反应是随意或偶然的。从之前的讨论中，我们自然会认为这些反应在某种程度上是被期望的、合适的，也就是说，存在的价值在某种意义上被视为值得的，值得我们去爱、敬畏和奉献。实现了人性完满的人似乎总是自然而然地产生这样的反应。

我们不应该忘记，见证这些终极事实（或价值）往往使人深切地意识到自己的不足，作为人和人类物种的一员，在终极的存在意义上何其渺小、有限和无力。

二十四

描述动机的词语必须是分层的，特别是因为超越动机（成长动机）与基本需求（缺失需求）的特征必须有所不同。

内在价值与我们对这些价值的态度之间的差异，也产生了对动机进行分层描述的词语（广泛且包容地使用这种词语）。在其他地方，我曾提到满足、快乐、幸福的层次对应于需求到超越需求的层次。除此之外，我们必须记住在超越动机或成长动机的层次上，当满足的概念本身被超越，那么满足就可以实现永无止境。幸福的概念也是如此，幸福在最高层次上也可以被完全超越。然后，它可能会变成一种无止境的悲伤、清醒或不带情感的沉思。在最基本的需求层次上，当切断氧气或体验巨大痛苦时，我们当然可以说我们被驱使，并且绝望地渴求、努力或需要。当我们沿着基本需求的层次继续攀登时，像期望、希望或喜欢、选择、想要等词语就显得更为合适了。但在最高层次上，即超越动机层次上，所有这些词在主观上都变得不够充分了，而“向往”“致力”“渴望”“爱”“崇拜”“欣赏”“崇敬”“被吸引”或“被迷住”等词反而能更准确地描述超越动机的感受。

除了这些感觉，我们还必须面对一项艰难的任务，即寻找能够准确传达情感的词语，用以正确表述关于适当的、负责的、合适的、纯粹正义的、对固有的值得爱的、需要甚至命令爱的、呼唤爱的、应该爱的含义。

但所有这些词在需求者及所求之间依然呈现出了一种分离。当这种分离被超越，而且在希望的人与他所希望的事物之间达成了某种同一性或融合时，我们应该如何描述？

这也可以被描述为一种对自由意志与决定论二元对立的超越。在超越动机的层次上，人们自由、快乐、全心全意地接受自己的决定因素。人们不是不情愿、不是与自我不和谐，而是充满爱意和热情地选择并接受自己的命运。洞察越深，这种自由意志和决定论的融合就越能自我和谐。

二十五

存在价值需要行为上的体现或“庆祝”，同时诱发主观状态。

我们必须同意赫歇尔对“庆祝”的强调，他将其描述为“对自己需要或尊重的事物表示尊重或崇敬的行为……其本质是呼吁人们关注生活中崇高和庄严的一面……庆祝是分享更大的快乐，参与到永恒的戏剧中”。

值得注意的是，最高的价值不仅是享受和沉思，也包括表达和行为响应，这当然比主观状态更容易研究。

在这里，我们发现了“应该感觉”的另一种现象学意义。

庆祝存在价值，让人感觉是合适的、恰当的、愉悦的，这就像一种被迫的职责，仿佛我们应该这样做，至少应对此心怀歉疚，仿佛我们应该保护、培养、增强、分享和庆祝它们是公平、正义、自然的。

二十六

区分存在的境界（或层次）与匮乏的境界（或层次）以及认识这些层次的语言差异，能带来一定的教育和治疗上的益处。

我发现对我自己来说，区分存在的境界（B- 境界）和匮乏的境界（D- 境界），即区分永恒与实践是非常有用的。仅仅作为一种让我们生活得更好、更充实，以及能够主动选择自己的生活方式而不是被动承受的策略和战术，是有帮助的。在匆匆忙忙的日常生活中，年轻人很容易忘记终极目标。我们通常只是单纯的反应者，只是在对刺激、奖励和惩罚、紧急情况、痛苦和恐惧、其他人的要求、肤浅之事做出简单的反应。至少在一开始，要想转而关注内在的事物和价值需要特定的、有意识的努力，例如寻求现实的独处，只在伟大的音乐、善良的人、自然之美面前敞开心扉等。只有通过实践，这些策略才变得简单，变得自然，这样人就可以在不需要向往或尝试的情况下生活在“B- 境界”中，即“统一的生活”“超越的生活”“存在的生活”等。

我发现这种词语无一不是在教人们更加清晰地意识到存

在的价值、存在语言、存在的终极事实、存在的生活、统一的意识等。这种词语的确笨拙，有时还刺激感官，但它确实起到了作用。无论如何，它在研究计划中已经被证明是有用的。

我偶然观察到，一个次要假设，即高度发展或成熟的个体（“超越的人”？），即使是第一次见面，也可以在最高的生活层次上，用我所说的存在语言，与对方快速展开沟通。目前，我只能说如果存在价值的存在是真实的，是容易被某些人感知的，对另外一些人则相反，即便如此，对另外一些人而言，沟通也是真实存在的，但这种沟通必须发生在更低级、更不成熟的意义上。

此时，我不知道如何检验这一假设，因为我发现有些人可以使用这个词，但并不真正理解其含义，就像有些人可以流利地谈论音乐或爱，但不能真正理解它们。

其他更模糊的印象是，在运用这种 B- 语言轻松沟通的同时，可能存在一种亲密感与其为伍，一种对共同忠诚的东西分享之感，一种为工作共同奋斗之感，一种同情，一种亲缘，甚至是共同为某事奉献的情谊。

二十七

“内在的良心”和“内在的罪恶感”在根本上都是生物学上的产物。

弗洛姆关于“人本良知”的讨论和霍尼对弗洛伊德“超

我”的重新考量启发了我，其他人本主义的作家也认为，除了“超我”，还有一个“内在良知”，以及由于背叛内在自我而应得的“内在罪恶感”的惩罚。

我相信，超越动机理论的生物学基础可以进一步明确和巩固这些概念。

霍尼和弗洛姆反对弗洛伊德的本能理论的具体内容，也可能是由于过于轻易地接受了社会决定论，拒绝了任何形式的生物学理论和“本能论”。在本章的背景下，我们可以很容易发现这是一个严重的错误。

一个人的个体生物学现象无疑是“真实自我”的必要组成部分。做自己，保持自然或自发，保持真实，表达自己的身份特性，所有这些都是生物学上的陈述，因为它们都意味着接受自己的体质、气质、解剖结构、神经系统、激素和本能动机。这种说法既符合弗洛伊德的观点，也符合新弗洛伊德的思路（更不用提罗杰斯派、荣格派、谢尔登派、戈德斯坦派等）。这是对弗洛伊德初步探索的一种澄清和修正。因此，我认为这符合经典弗洛伊德派或后弗洛伊德派的传统。我认为弗洛伊德试图用他的各种本能论来表达这样的观点。我也相信，这种说法是对霍尼关于真实自我概念的接受，并在其基础之上进行了改进。

如果我对内在自我更偏向生物学的解释得到证实，那么它也会支持将神经性罪恶感与内在罪恶感区分开来，而这种内在罪恶感是由于违背自己的本性和试图成为自我之外的人而产生的。

但考虑到上文观点，我们应该在这个内在的自我中包含内在价值或存在的价值。从理论上讲，背叛真理、正义、美或任何其他存在价值都应该产生内在的罪恶感（超越罪恶感？），这种罪恶感是应得的，并在生物学上是合理的。这就相当于说痛苦最终不过是化了妆的祝福，因为它告诉我们，我们正在做一些对我们有害的事情。当我们背叛存在价值时，我们会受伤，从某种意义上说，我们应该会受伤。此外，这意味着重新解释了什么是“受罚的需求”，从积极的意义上，它也可以表述为通过赎罪，再次感到“纯洁”的一种愿景。

二十八

许多最终的宗教功能都因这一理论结构而得以满足。

从人类一直追寻的永恒和绝对的角度看，存在价值在某种程度上也是为了满足这一目的。它们本身就有存在的权利，不依赖人的变幻莫测来存在。它们是被感知到的，而不是被创造出来的。它们超越人类、超越个体，超越了个体的生命生活。它们可以被认为是一种完美。可以确信的是，它们可以满足人类对确定性的渴望。

然而，它们在特定意义上也是人类本身的。它们不仅属于他，也是他本身。它们命令人们崇拜它、尊敬它、庆祝它、为它牺牲。它们值得人们为之生、为之死。沉思它们或与它们融为一体，可以给人类带来所能体验到的最大的喜悦。

在这一背景下，不朽也具有了非常明确的经验性的含义，因为这些价值已被纳入个人生命的定义特征中，而这些价值在他死后仍继续存在，即在某种真正的意义上，他的自我超越了死亡。

对于宗教组织试图满足的其他功能也是一样。显然，所有或几乎所有的传统宗教的典型经验，都用它们自己特有的措辞描述了出来，无论是有神论还是无神论，无论是东方的还是西方的，都可以被归纳到这一理论结构中，并以一种经验性的有实际意义的方式来表达，即以一种可验证的方式来表述。